JERUSALEM'S TRAITOR
JOSEPHUS, MASADA, AND THE FALL OF JUDEA

by Desmond Seward

约瑟夫斯与第一次犹太战争

[英]德斯蒙德·苏厄德 著
杨迎 译

民主与建设出版社
北京

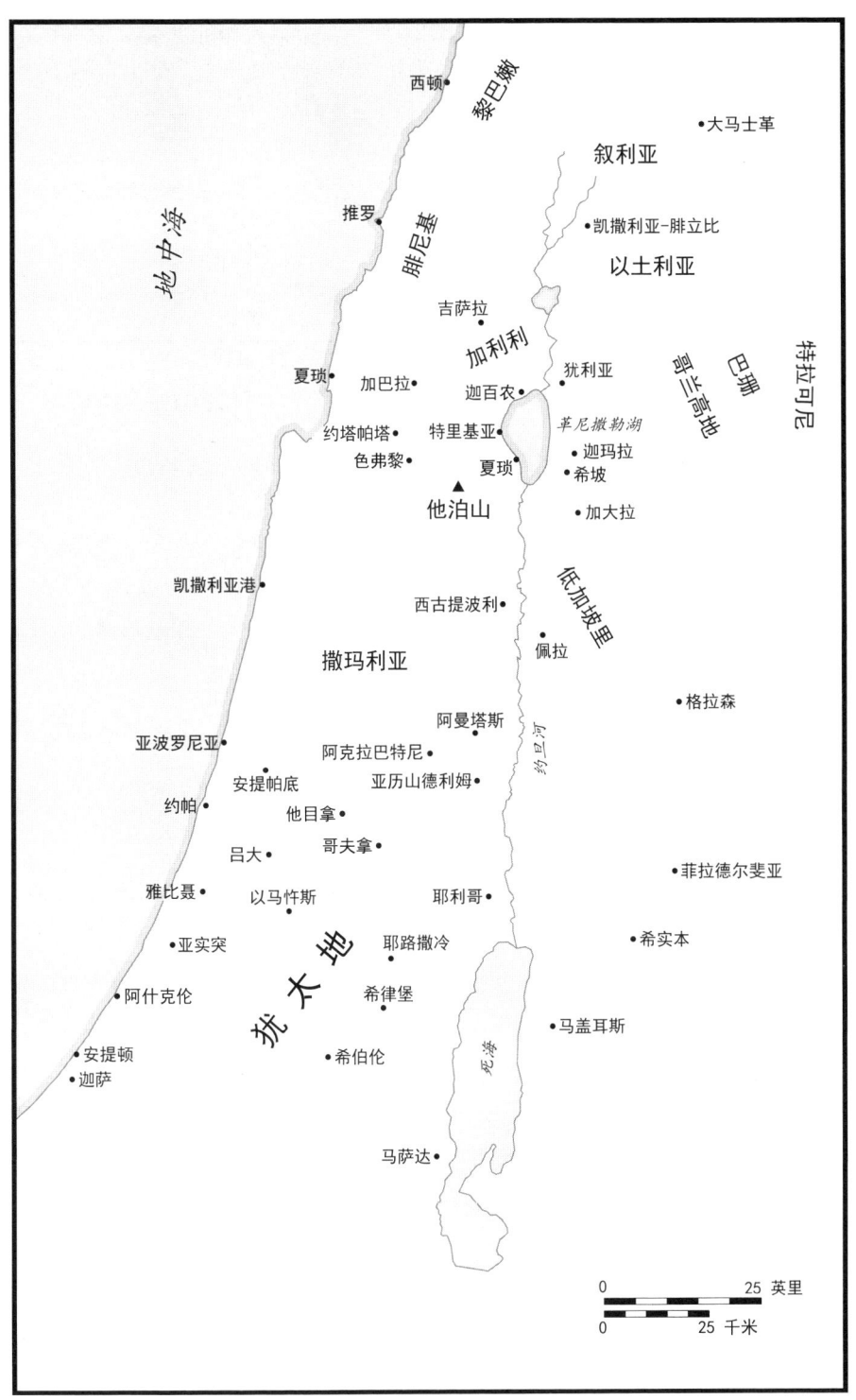

地图 1　约瑟夫斯时代的圣地

* 本书地图均系原书地图。

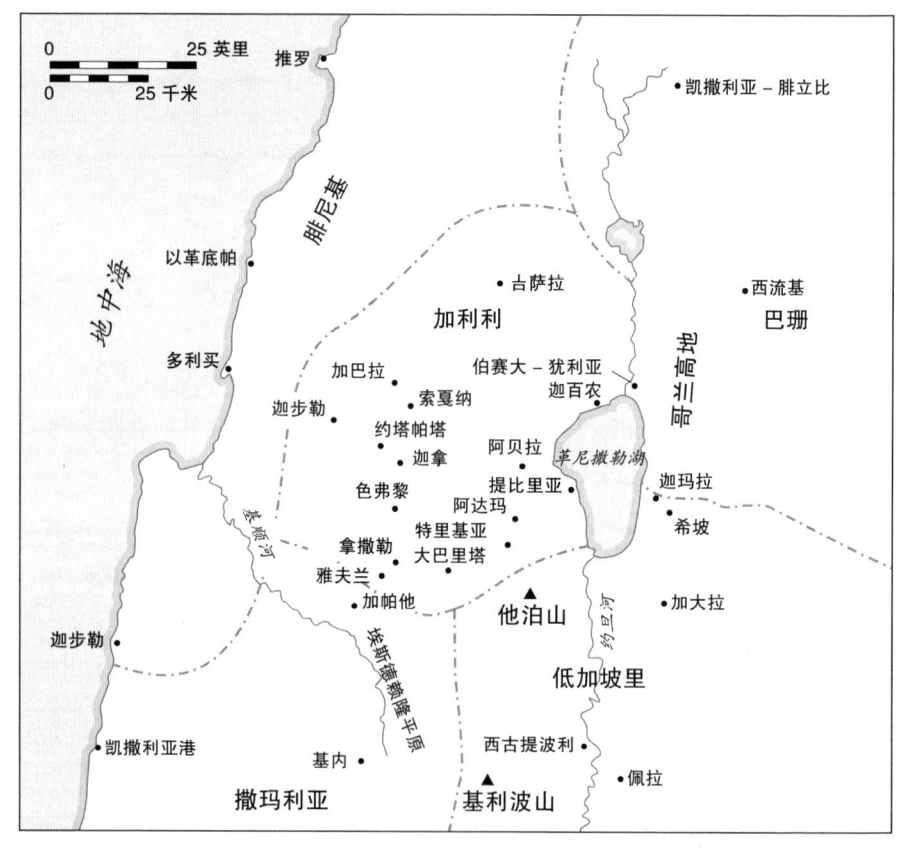

地图 2　加利利

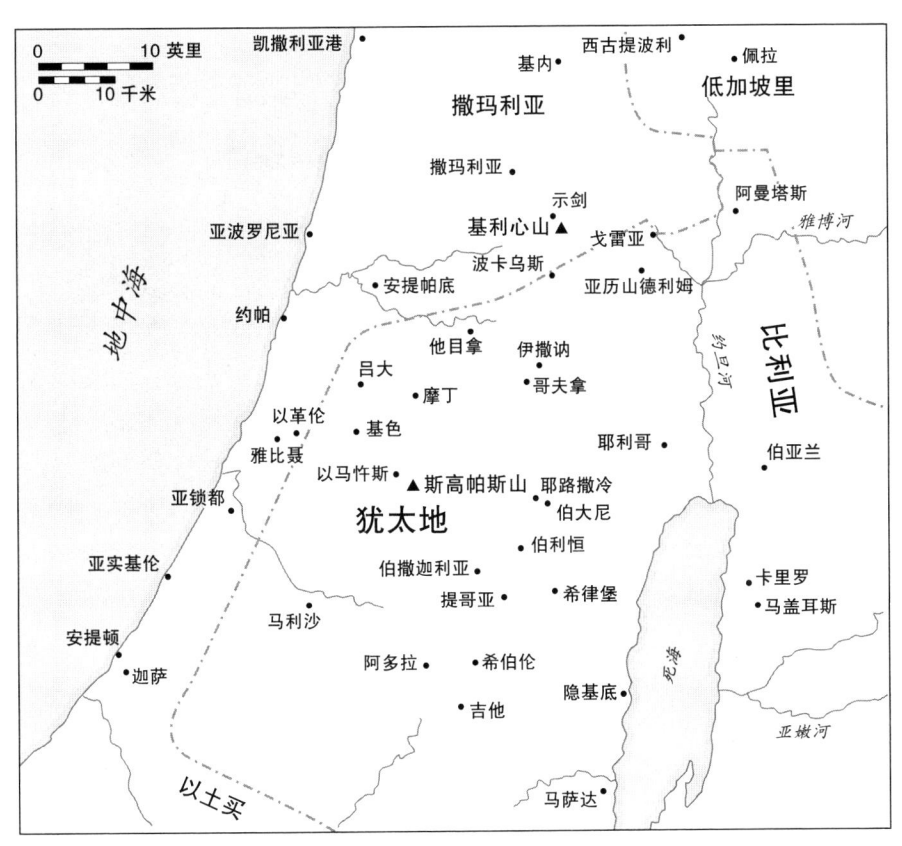

地图 3 犹太地

地图 4 耶路撒冷

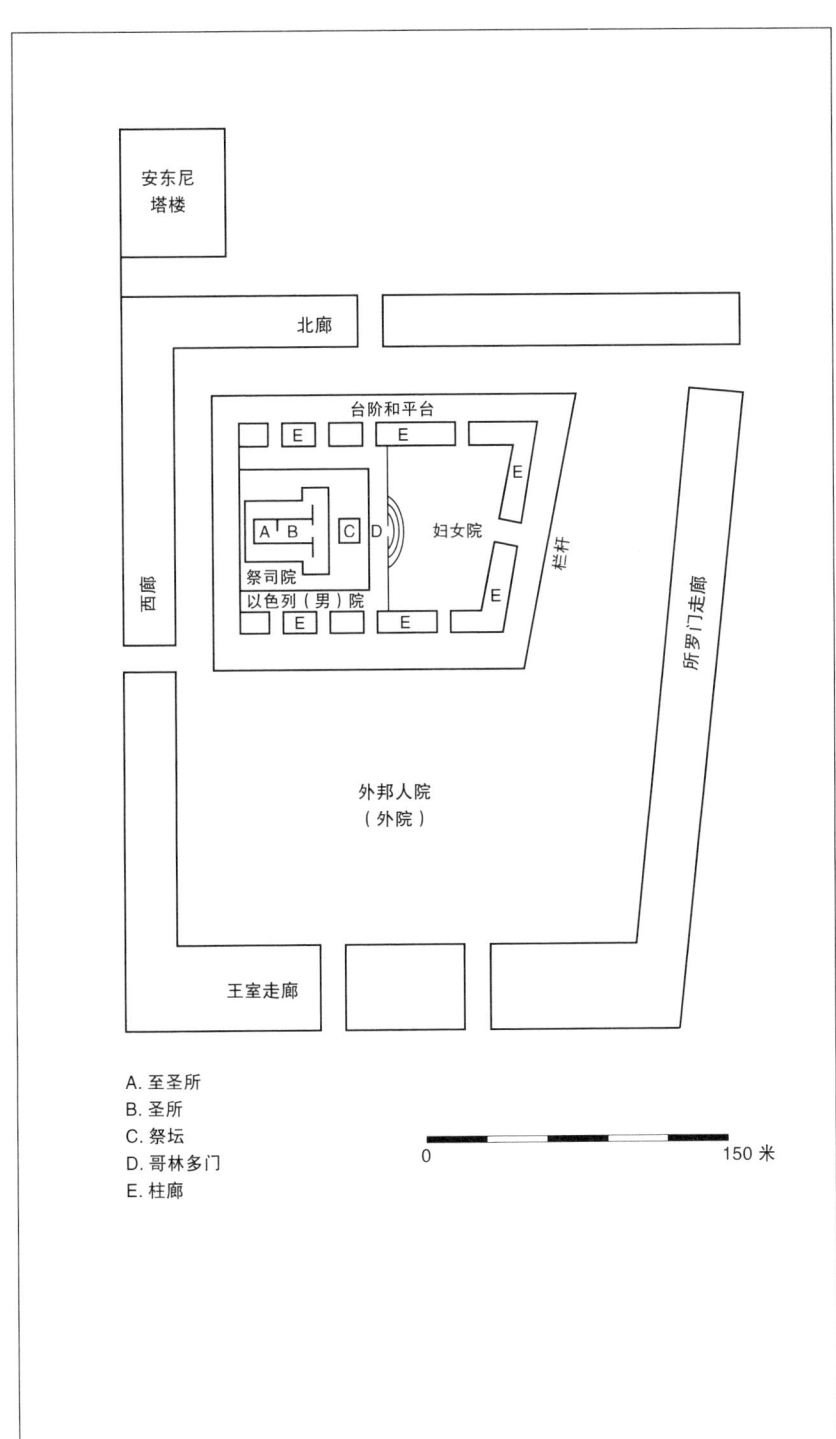

地图 5 圣殿

因我必使灾祸与大毁灭从北方来到。

——《耶利米书》(4:6)

献给希格蒂夫妇

目 录

致 谢 … 1

序 言 "马萨达永不再陷落" … 3

引 言 约瑟夫斯的出生地 … 8

1 年轻的贵族 … 1
2 被占领的国家 … 12
3 罗马与波贝娅 … 23
4 诱战犹太人 … 38
5 战火硝烟 … 46
6 加利利的总督 … 57
7 罗马军团再临 … 79
8 约塔帕塔大围攻 … 85
9 洞穴与预言 … 96
10 约瑟夫斯被囚 … 106
11 吉萨拉的约翰到访耶路撒冷 … 120
12 奋锐党的革命 … 131

13	夺回犹太地	138
14	西门·巴尔·吉奥拉	145
15	四帝之年	153
16	提图斯掌权	164
17	围攻之始	179
18	圣城之内	198
19	木制城墙	208
20	圣殿之殇	224
21	犹太大屠杀	241
22	宣传之人	261
23	马萨达与最后的奋锐党人	268
24	罗马公民	282
25	历史的评判	295

注　释	299
参考文献	318
出版后记	329

致　谢

我对约瑟夫斯的兴趣遗传自我的父亲，他曾于第一次世界大战期间在巴勒斯坦服役。他一直认为自己是飞越马萨达的第一人，当时是 1916 年，他在试图拦截两架德国飞机时迷失了方向。滞留在西奈沙漠期间，威廉·威斯顿翻译的《犹太战争》成为他最喜爱的书籍之一，他开始尊敬古代和现代犹太人的战斗特质，他也与我分享了这一点。他非常钦佩约瑟夫斯所记载的犹太人在罗马斗争的历史，并且对作者本身的个性也产生了浓厚的兴趣。而我在阅读了里昂·孚希特万格根据约瑟夫斯的生平所写的小说后，对他的兴趣变得更加浓厚。

本书旨在为普通读者，而非学者介绍约瑟夫斯，我希望这个要旨会随着阅读变得更清晰。但是，我必须感谢这些学者，是他们的工作使我能够理解他，我会在参考书目中列出他们的名字。

此外，我还特别感谢里昂·孚希特万格的侄子埃德加·孚希特万格，他给予了我许多鼓励，并吸引我去关注安德拉·邦泽尔最近对他叔叔小说的研究。我特别感谢那些花时间阅读全部或部分稿件的人和那些给予我有用的批评或鼓励的人：安德烈·杰哈诺维斯基、安娜贝尔·埃尔韦-巴瑟斯特、斯特拉·莱塞（她为我阅读了引证）、玛戈特·洛弗尔、杰奎琳·米切尔、艾丹·尼克尔斯、查尔斯·塞巴格-蒙蒂菲奥里、约翰·施特林和达米安·汤普逊。我也很感谢莎拉·阿耶和大卫·普赖斯-休斯，后者帮助我找到了插图。

我也非常感谢大英图书馆、剑桥大学图书馆和伦敦图书馆的所有员工，谢谢他们的耐心帮助。

序　言
"马萨达永不再陷落"

马萨达堡伫立在一座高耸入云的山丘上，俯瞰着死海西岸附近的一个岬角，是全犹太地最为坚固的堡垒之一。它曾经是希律王的避难所，他为它添置了一座宫殿、一座犹太会堂和一个武器库。岩石中的蓄水池储蓄了充足的雨水。公元70年耶路撒冷落入罗马人之手后，马萨达仍坚持了三年，数百名犹太革命党人捍卫着它，他们由以利亚撒·本·亚伊尔指挥，被称为奋锐党人，相信马萨达永远不会陷落。然而，罗马军团不仅到达并围攻了马萨达，而且在几个月内建造了一座400英尺高的斜坡，从那里，他们终于可以用攻城车攻破之前难以穿越的围墙。

在罗马人最后一次袭击的前夜，以利亚撒发表了慷慨激昂的讲话，命令他的士兵自杀并杀死他们的家人。第二天早上，当敌人冲进来时，他们发现了近千具整齐排列的尸体。只有两个隐藏在水池中的妇女和一些孩子还活着，他们解释了发生的事情。军团的士兵并没有感到胜利的喜悦，反而肃然起敬。

现代以色列军队的座右铭之一就是"马萨达永不再陷落"，并且新兵们在最后一夜的训练中要穿越沙漠，从巨大的城堡上观看破晓的晨曦。

我们故事的全部来源都是弗拉维奥·约瑟夫斯，他本名约瑟夫·本·玛他提亚·哈科恩，在围攻的时候并不在场，并且鄙视奋锐党人，认为他们只是出身低下的狂热分子。尽管如此，他从军团处得知马萨达所发生的一切之后，还是被深深地打动了。他先是作为一名犹太将军，后来作为一名罗马囚徒，目睹了公元66—70年的战争，这场战争是从公元前6世纪巴比伦之囚到20世纪纳粹大屠杀，他的人民遭受的最惨痛的灾难。他在罗马写下了《犹太战争》和他的自传，向我们提供了关于第一次犹太-罗马战争的目击证明。马萨达的故事恢复了约瑟夫斯的民族自豪感，这激励他又写了两本书，一本是关于犹太宗教和文明的历史研究，另一本是对犹太教的捍卫。

《犹太战争》读起来像一个冒险故事，而且具有第一人称历史小说的直接性，就像罗伯特·格雷夫斯的《我，克劳狄乌斯》(*I, Claudius*)。这部作品不仅叙述了一个旧贵族的成员以某种方式逃脱了外国侵略和内部革命的双重威胁，还描绘出一幅生动得令人惊讶的作者自画像，即使它并非完全坦白。很容易理解，为什么几个世纪以来，除了各版本圣经之外，《犹太战争》一直是最受古代犹太作家青睐的书籍之一。它是唯一一部幸存下来的希律王时代、《死海古卷》时代和拿撒勒耶稣时代当时人写的关于巴勒斯坦地区的历史书。

"罗马人和犹太人之间的战争是我们时代最伟大的战争，在某种意义上，也比其他任何战争都更伟大，"他声称，"为了所有在罗马统治下的人，我决定把我用母语写成的一本书翻译成希腊语，便于远方的野蛮人阅读。"他自豪地补充道："我自己是希伯来人，是来自耶路撒冷的祭司。"

《犹太战争》再现了那场他亲身经历的战争，从他的眼光审视了犹太人如何与占绝对优势的敌人战斗，这场战争以种族灭绝告终。它描述了罗马如何用残暴的统治迫使一个国家反抗最终将之毁灭。犹太人反对罗马军团的高潮不是马萨达——无论那场战役有多么波澜壮阔——而是围困耶路撒冷，在围困期间，守军中的敌对派系在罗马进攻的间隙彼此屠杀。当围攻结束时，耶路撒冷已成废墟，有100万人死亡，幸存者被钉死在十字架上，或被送往竞技场或奴隶市场。然而，约瑟夫斯相信，这场战争本可避免，他也坚持认为，他们可以既做犹太人又做罗马人。再加上他的乡愁，他心爱的耶路撒冷已永远消失，他的叙述变得非常辛酸。

其他的古代作家中，没有任何一位对自己有这么多的剖析，这使我们对他个人的了解超过了对当时其他任何一个犹太人的了解，虽然他时常吹嘘自己，总是以有利的方式刻画自己。按任何标准来看，他的性格似乎都非常复杂，但评论家太容易忘记他的民族自豪感，他也无法忍受读者认为犹太人可能是懦夫。《犹太战争》是他最著名的作品，此外，他还有一本可以被称作自传的短小的《人生》(*Vita*)，从很大程度上来讲，这部自传其实是自我辩护，是为了洗白他在加利利担任将军时的行为的。在他冗长的《犹太古史》(*Antiquities of the Jews*)中，也有一些关于他自己和这场战争的信息，《驳阿庇安》(*Contra Apionem*)中给出了更多细节，这是他的一部关于犹太宗教和文化的热情洋溢的护教作品。我们可以从所有这些作品中窥见他的思想。由于除了塔西佗和迪奥·卡西乌斯的寥寥几页叙述，约瑟夫斯对围困的描述是唯一幸存的资料，我们无法验证他所言是否属实。然而，我们偶尔可以发现扭曲的叙述，这显然是出于偏见，他在涉及奋锐党人时尤其如此，时常玷污和诽谤他们，虽然有时他也不能否认他们的勇敢。

我们只能从他满怀敌意的记录了解到这群人，这就好像我们只能从一些白俄将军的回忆录中了解 1917 年的俄国革命者那样。他淡化了一个事实，就是奋锐党大量成员来自他那个阶层。然而，在《犹太战争》的末尾，他对信仰和民族的骄傲已经超过了他对奋锐党人的厌恶，他给我们描绘了更公平的画面，讲述他们在马萨达拒绝投降，并承认他们中间有不少英雄。

同样，他记录的伤亡数字往往无法令人信服，肯定会受到质疑。当他在说明被杀、受伤、饿死或被卖为奴的人数时，他似乎总是夸大其词。他似乎渴望给读者留下深刻的印象。

几个世纪以来，为约瑟夫斯著书立说的人对他的看法截然不同。有些人认为，他是一个卖国贼——就这个词的 20 世纪的意义来说——尽管这种观点禁不起检验。其他人则表示，他用自己的方式深爱自己的国家。问题是，虽然人们可能会质疑他的记载，但没有任何东西可以代替它。我们只能说，当他谈论他自己或奋锐党人时，并非总是可信的，但当他在描述这场战争的时候，即使没有一直，也似乎在大部分时候传达真相。

为了尽可能对他进行全面的描述，我不仅利用了他在《犹太战争》和《人生》中的自我描述，而且还利用了他在其他著作中的自我袒露，有时这种袒露是无心的。我试图将他放置于其生命后半部分这个背景中，那时他是一个学者、作家和罗马公民。然而，最能告诉我们的是他在与罗马交战期间的行为，这需要仔细的调查和持续的质疑。

近年来，一些杰出的学者对约瑟夫斯的作品一再进行检视，特别是对《犹太战争》和他所谓的自传，这些学者对他的真实意图提出了微妙的新解释，这些解释数量稀少，仅供纯粹的学术阅读。我们缺少的是那些为想了解他的普通读者所写的简明叙述。我希望在此献上一个谦虚的、易读的尝试,以填补这个空白,并向更广泛的大众介绍一个非凡的人物,以及这场他亲身经历的战争。

引　言

约瑟夫斯的出生地

> 他们的土地的东面是阿拉伯,南面是埃及,西面是腓尼基和大海,在北面,人们可以看到叙利亚的很大一片山地。
> ——塔西佗,《塔西佗历史》第五卷

罗马游客会惊讶地发现,这个国家如此之小,而塔西佗却忘记向他的读者提到这一点。[1] 从现代的角度来看,它的面积不超过威尔士,只有伊利诺伊州的八分之一大,但它的重要性与它的面积完全不成比例。在约瑟夫斯的时代,它早已经不再是以色列,但还尚未变成巴勒斯坦。然而,虽然那里还有许多"希腊"居民,即讲希腊语的叙利亚人,但罗马人仍然把它看作犹太人的土地,尽管犹太地也是罗马的一个行省,叫"犹太省"。

犹太地传统的分界线是"从但到别是巴",界内有多样的地貌,混合了肥沃的平原、干燥的沙漠、多石的丘陵和绿色的森林,让人惊叹不已。当地的居民也各不相同。沿海地区大部分是"希腊人",而南边则是以土买人(即阿拉伯人)。犹太省内部全是犹太人,但相邻的撒玛利亚地区住满了混血种族,他们信奉犹太教的一种异端。加利利居民的起源也不确定,虽然他们宣称自己信仰纯正的犹太教。

有一个复杂的情况是，无论是内陆城市还是沿海城市都有许多"希腊人"，尤其是在加利利，那里的提比里亚，甚至首府色弗黎几乎全城通用希腊语。除此之外，还有"低加坡里"，它由10个希腊城市组成，大部分地区都远在约旦河以东，而西古提波利位于约旦河西边，介于加利利和撒玛利亚之间。

约瑟夫斯最了解的行省应该是加利利和犹太。"有两个加利利，称为上加利利和下加利利，夹在腓尼基和叙利亚两国之间。"他写道。"西边与多利买和迦密山接壤，此山过去属于加利利，如今属于提尔，附近是'骑士之城'迦巴，希律王曾出资修建此地来安置骑兵，因此得名。南面是撒玛利亚和西古提波利，一直延伸到约旦。东面是希坡、加大拉、哥兰高地，直到亚基帕统治的边界。北面是推罗和推罗人的地界。下加利利从提比里亚横向延伸至西布伦（与靠海的多利买接壤），它从大平原上的一个小村吉斯绿他泊纵向延伸至别是巴。上加利利从这里开始，穿过推罗边界上的流泪谷，从梅罗他纵向延伸至约旦河旁的一个小村庄特拉。"

"这两个加利利虽然都很小，四周强国林立，但它们总能打退敌人的进攻，加利利人生下来就是斗士，而且一直人口众多，从不缺乏勇气，也不缺少英勇的领袖。该地区土地肥沃，提供了优质的牧场，并适宜种植各种树木，即使最懒惰的农民都愿意辛勤劳作。所以每一寸土地都被居民耕种，连一个角落都没有被荒废。这里有许多城镇，而且因为该地区物产丰饶，多数村庄的人口都很密集，连最小的村子都超过1.5万人。"[2]

然而，约瑟夫斯错误地计算了村庄的人口，因为该省——从北到南只有70英里，从西到东不到40英里——据可信的估计，其中的人口不超过30万。他没有提到该地没有一座大城市，也没有强调上加利利与下加利利的反差，上加利利多山，下加利利地势相对和缓，遍布丘陵和湖泊。但是关于该省肥沃的土壤和农民们旺盛的精力，他倒是所言非虚。他们都是优秀的农民和渔民，大家都说他们是坚韧勤劳的民族。他可能补充说，该省的风景美妙绝伦，在全犹太地首屈一指，尤其是在春天，那里繁花似锦，到处都是果园和葡萄园，枝头挂满了水果，新酒不断。

他没有提及加利利人糟糕的声誉，犹太人都很鄙视他们。除了大量的叙利亚人和阿拉伯人，该省大部分自称犹太人的人都是外国移民，他们的血统非常混杂，从他们粗鲁的口音就能轻易辨认，他们属于一个被鄙视的群体，被称为"阿姆-哈阿莱兹"（'am ha-arez），意为"无知之民"。大多数人都是最底层的劳动者，他们因无知而不严格遵守宗教律法和仪式的洁净标准。有些人养大群大群的猪，就像拿撒勒的耶稣在加大拉所遇到的情形一样。法利赛人、撒都该人和爱色尼人视这些"阿姆-哈阿莱兹"为野蛮的半异教人士；即使在约瑟夫斯出生前几年的犹太大拉比——温和的拉班希勒尔，也视他们为罪犯，比动物好不了多少。该地的阶级斗争十分激烈，居民们很清楚上级蔑视他们，他们对此也非常不满。加利利常常成为社会和政治动乱的温床。[3]

尽管位于约旦河的另一边、在加利利东部的比利亚（即古基列）更大，但它的大部分地区都是山地，有很多砾石和沙漠，虽然有大量羊群，却没有庄稼生长。只有极少部分异常肥沃，适宜种植橄榄、葡萄或棕榈树。除此之外，这里有大量的泉水从山上流下，即使在一年中最炎热的时候也从不断流。"南边界是摩押，东边界是阿拉伯半岛、西伯尼提斯、菲拉德尔斐亚和格拉森。"[4]

"撒玛利亚的地貌特性如同犹太地，"约瑟夫斯解释道，"都是山地和平原，有易于耕种而且又高产的土地，有大量树木，既有野生的，也有种植的，都盛产水果。虽然缺少河流，但降雨量充足，所有泉水都是甜的。牧草茂盛，所以牛产的奶也比其他地方好。密集的人口就是该地区土地肥沃的最佳证明。"

对犹太人来说不可能有"好撒玛利亚人"存在。撒玛利亚人是巴比伦之囚期间进入该地的外国殖民者的后裔，他们发展出了犹太教的一种异端，只接受《摩西五经》（圣经的前五卷），并在基利心山上建造了一座对立圣殿。他们甚至比加利利人还不受欢迎。"当犹太人受敌时，他们就否认与犹太人有任何关联，这么说也完全正确，"约瑟夫斯说，"但当他们见犹太人交好运时，就立刻假装他们也属于犹太人。"[5] 这两个群体之间长期不和。本世纪初，撒玛利亚人把尸体（或死人的骨头）拖入耶路撒冷，玷污圣殿，阻止逾越节的庆祝活动。52年，他们伏击了那些前往圣城朝圣的犹太人。有时，他们还绑架他们的希伯来邻居，卖给别人做奴隶。[6]

约瑟夫斯的家乡是犹太省，虽然该地区缺水干旱，但在人工改良下，部分土地变得极其肥沃。每一块像样的土壤都有人耕种；山坡上有小葡萄园、橄榄林和种植谷物的小块土地。祭祀用的绵羊和山羊在能放牧的地方吃草。约瑟夫斯简洁地记载道："在撒玛利亚的边界，有一个叫阿努阿斯·鲍斯奥斯的村庄，是犹太省的北面界线。纵向量度，犹太省的南边尽头是一个接近阿拉伯边界的村庄，当地犹太人称之为扎丹。横向量度，犹太省从约旦河一直延伸到约帕。正中间是耶路撒冷城，所以有些人非常贴切地称它为'国家的肚脐'。犹太省也并未与海隔绝，因为它有一条海岸带一直延伸到多利买。共分为11个区，以王城耶路撒冷为首……"[7]

  普林尼认为耶路撒冷是东方最辉煌的城市。朝圣者的到来使当地的人口稳定地增长，大部分人口都为此地带来了繁荣。它坐落在三座山上，这也是人们说"上耶路撒冷"的原因之一。（即使在今天，当犹太人打算在那里定居的时候，他们仍然说他们会"上以色列"——用现代希伯来语说是"阿利亚"。）耶路撒冷周围是干燥的乡间，砾石成堆，干旱无水，深谷环绕，这使得敌人难以接近。上城占据了最高的一座山，有一道山谷将它与其他两座山分开。三堵巨大的石墙将整个地区包围起来，每隔100码就有一个堡垒加固。有七扇坚固的大城门，用以防御。墙外是花园和配给的土地，果园和橄榄园，不远处还有一块美丽的林地。

  希律王的宫殿坐落在城市西北侧的山顶上，靠近城墙，边界是三座高大的白色大理石塔，它们分别被命名为希彼克、法西尔和玛利安尼。内部陈设极尽奢华，令人眼花缭乱，有马赛克地砖和镶有珠宝的家具，大部分桌子都由金银制成；不止一间餐厅配备可供100位客人使用的卧榻。它还配有带拱廊的草坪、小树林、林荫大道、池塘和运河，旁边还有一排排的雕像和鸽舍，这是耶路撒冷唯一的大花园。战争一开始，所有这些美丽景致都将化为乌有，约瑟夫斯承认这一损失令他饱受折磨。

  还有其他几座王宫，虽然没有那么宽敞，但也有许多富丽堂皇的家具。最重要的一座是耶路撒冷的藩属王亚基帕二世的宫殿。它在居民中享有特别的威望，因为虽然亚基帕的王国在犹太地之外，但他是最后一任希律王的儿子。

  该城有座堡垒，相当于伦敦城内的伦敦塔，是一座强大的防守堡垒，被称为安东尼堡，其每个角落都有一座巨大的方形塔楼。

它坐落于东北角,俯瞰着更靠北的新城比色他。据约瑟夫斯说,里面有庭院、澡堂和广场,"它实际上是一座城镇"。安东尼堡被罗马驻军永久占领,是耶路撒冷的关键之处,因为它守卫着圣殿。"圣城由圣殿守护。"[8]约瑟夫斯说,单从他的描述中我们就可以了解当时的人们如何看待它。

耶路撒冷的第二圣殿始建于公元前19年,由希律王主持,建在所罗门圣殿的旧址上,要到64年才会竣工,占地面积超过了雅典卫城。[9]圣殿由白色的石头建造而成,大厅(如犹太公会的大厅)镶有大理石或柏木,屋顶由雪松木制成。王室柱廊是三道围有哥林多式圆柱的走廊,这些圆柱比任何一座大教堂内的柱子都要高。"圣殿表面覆盖有厚重的金板,当太阳的第一缕光线照射在上面,它会反射出火焰般耀眼的光芒,使那些想看它的人不得不转过头去,好像看到了太阳本身。"约瑟夫斯如此记录道。[10]

为防止这个神圣的地方被玷污,患麻风、淋病的人,鞋子布满灰尘的人,拄拐杖或者携带包裹的人,圣殿守卫都不允许他们进入。通道有重兵把守,安有两扇镀金和镀银的大门,在此之后,依次有四个大庭院:外邦人院、妇女院、以色列院、祭司院,每个院子都比前一个院子略高,由台阶相连。外邦人院面积极大,两侧立有门廊,廊柱有36英尺高,是所有耶路撒冷人的集会场所。另一个受欢迎的地方是所罗门的走廊,它由金门进入,由两列柱子支撑;它的两个柱廊俯瞰着汲沦谷的坟墓。有木栅栏围着妇女院。栅栏上刻有希腊文和拉丁文铭文,禁止外邦人和妇女越过那些以他们名字命名的院子。

在祭司院内,立着燔祭坛,有一堆未经开凿的石头,有13英尺高,长宽各近50英尺,四角都有石制号角和献血祭的槽。在坛的旁边，有八根香柏木柱子，上面拴着公牛、牛犊、公绵羊、羊羔和公山羊。献祭从黎明时分开始，以两只羊羔开头，最后在日落时分以两只羔羊结束，每天要献祭数百场，在三个仪式的间隔期献祭。这三个仪式是诵经、饮酒和唱诗，唱诗的时候伴随有竖琴、笛、七弦琴、铜钹和公羊角（羊角号）和银制小号的声音。

主祭的祭司们用特制的刀具割开祭牲的喉咙之后，会把它们内脏掏空、剥皮并肢解，然后抬到大理石桌上，并在那里举行仪式，进行焚烧。贵重的香（此香根据秘方制作）燃烧后，与燔祭的烟混合。至少有700名祭司一直默默地工作着。血液通过一套精心设计的清洁系统排干，附近西罗亚池内的冬季雨水填满了34个蓄水池，提供源源不断的用水。在祭坛旁边，有一个大洗濯盆，用于清洁，祭司的助手利未人可以洗净物品准备下一场祭祀。

在庭院的上方有一个圣所，像一条巨大、独立的长廊。它的大门由大杉木制成，镶嵌有黄金，顶上有一棵巨大的金葡萄树，上面结了一串葡萄，足有一人高，门后悬着一条蓝、红、紫三色巴比伦式挂毯，并绣有象征天堂的花纹。在圣所的第一部分立有一盏七枝烛台，烛台以橄榄油为燃料，七根烛枝代表七个行星；里面还有燃烧13种香料的金坛；还有放置陈设饼的黄金桌，陈设饼是12个被献上的无酵饼，每个安息日更换一次。圣所的另一部分，即最里面的部分，挂着一层帘子，叫至圣所，里面曾放置约柜，但现在完全是空的，一片漆黑，除了大祭司在每年赎罪日进入，没有任何人进去过。

许多人喜欢每天都去圣殿，这样，当他们用《示玛》（"以色列啊，你当听，主我们的神是独一的神……"）或十八种祷词祷告时就可以面对圣所,每一个犹太人都需要遵行这个义务。需要2.5万名工作人员来运转圣殿,除了祭司和利未人,还有司库、门卫、乐手和领唱。在他们之上是受膏的大祭司,他是律法的活化身,在赎罪日他头戴金色冠冕,胸前佩戴绣有金线的胸牌,进入圣所,祈求神宽恕他们国家的罪行,他是唯一一个可以进入至圣所的人。同时,所有的安息日、月朔和节日都由他主持,但那时穿着的长袍没有那么夸张。

深受尊敬的犹太教大祭司如同天主教的教皇或伊斯兰教的哈里发,他一个人就可以召集公会。然而,因为犹太地是一个由异教徒殖民统治的神权国家,大祭司常常面临政治上的挑战,大祭司在罗马总督短暂的任期内被罢免的情况已司空见惯。结果,总同时存在几位曾任职过大祭司的人,且仍都被尊称为"大祭司"。欧内斯特·勒南在他的《耶稣传》(*Vie de Jésus*)中把他们比作"围绕圣殿的一个微型枢机主教团,为政治而活,看不出太多的宗教热忱,甚至对它还有点怀疑,对圣洁之人或潜在改革者的各种要求充耳不闻,因为他们把表面工作做得很好"。[11]

一天四次,圣殿里会吹响三声银喇叭,宣告祭祀和仪式暂停。晚上号角声会召集男人和女人祷告。在逾越节前夜,他们的银喇叭会响六声,伴随着羊角号的哀鸣声。吹羊角号是为了要赞美神(而不要受撒旦迷惑,一些非犹太资料认为有这句,但犹太教中并不存在撒旦的概念),也用于宣布安息日和以色列的圣日,比如9月犹太新年的前夜。

圣殿主宰着耶路撒冷。某个炎热的日子里一阵微风吹过,陡峭而狭窄的街道和阶梯上便充满了从祭司院飘来的烧焦的肉和香的气味,这种气味在其他古城也早已为人熟知,但不像这里这样无处不在。被赶去献祭的祭牲堵住了主干道。在像逾越节这样的宗教节日期间，这个城市一定密密麻麻地挤满了朝圣者，如同当今的麦加。罗马人和其他外国人一定觉得很奇怪，不像他们的国家，这里的街道上没有雕像。因为犹太人的宗教禁止制造任何与他们的神相似的物体。对每一个犹太人来说，耶路撒冷的圣殿是宇宙的中心和通往天堂的门户。只有在这里才可以向独一的真神献祭。对于祭司家庭出身的约瑟夫斯来说，在他三十几岁之前，圣殿是所有权力和影响力的焦点。它点燃了他内心的诗意。"当陌生人第一次走近时，从远处看它像一座被雪覆盖的大山，"约瑟夫斯充满渴望地回忆，"因为没有镀金的地方像雪一样白得刺眼。"[12]

显然，年轻的约瑟夫斯是一个内心对耶路撒冷和圣殿有很深情结的人。

1

年轻的贵族

> 这些家谱都是我从公共档案那里原封不动地引用过来的，是对污蔑我的家庭之人的最好回应。
>
> ——约瑟夫斯，《人生》，第 1 节

约瑟夫斯生于 37 年或 38 年，很可能是在耶路撒冷，在盖乌斯·卡利古拉统治的第一年。（100 年前，庞培征服了近东的时候为罗马占领了犹太地，而卡利古拉作为罗马帝国的皇帝，便是犹太地的最高统治者。）"毫无疑问，我出生于一个祭司世家，而非不起眼的卑微家庭，"约瑟夫斯写道，"每个民族有其不同的高贵起源，对于我们（犹太）民族来说，祭司身份是极其耀眼的标志。"[1]

他经常提醒读者，他是一名祭司。但是，那时有 1.8 万名祭司有资格在圣殿献祭，他们每个人都可以声称自己的父系血脉可以追溯到摩西的兄弟、祭司亚伦，从未中断，尽管大多数人有可能一生都不会被召供职。然而，他出生自上层祭司阶层，他们都是具有影响力的巨头，而无名农民则是下层阶级，他们用双手耕耘土地，二者之间有着巨大的差异。

从他高曾祖父"口吃的西门"开始，约瑟夫斯的父系祖先就归属于《申命记》中所记载的，亚伦后裔中 24 个班次的祭司中的头一班。他们的族谱起初通过口述相传，如今已被记录下来，保存在耶路撒冷一个类似于家谱管理处的地方。这个班次的男性后裔只能迎娶其他祭司的女儿。第一班次是耶何雅立的后裔，"是本支派最杰出的一班"。虽然按照古代的惯例，犹太的大贵族是一部分祭司家庭的首脑，他们拥有象征性向圣殿提供燔祭的木柴的权力，在约瑟夫斯的时代，他们还需要更多的财富。然而，作为宗教领袖，他们的地位正在向新兴的文士阶层倾斜，现在后者才是律法的真正捍卫者，他们强调灵性和对经文的研究，这在犹太人的生活中变得越来越重要，已经不亚于圣殿中神圣的仪式。

约瑟夫斯还声称母亲那边也是贵族。"我的母亲还有王室血统。"他告诉我们。[2] 由于"口吃的西门"娶了马加比王朝第一任大祭司约拿单的妹妹，约瑟夫斯也是马加比王室的后裔。后来的几个马加比王既残忍，又不敬虔，激怒了那些更虔诚的犹太人。即便如此，约瑟夫斯明显自豪于自己显赫的出身。

虽然《托拉》中明确规定祭司不能拥有土地，但他的家族在耶路撒冷外仍有大片地产。他自幼便惯于奢侈的生活，是犹太地一小撮拥有地产的阶级人士之一，这些人很享受"人们在市场上亲吻他们的手"，他们"穿着紫色的细麻布衣服"，他们的女人穿着丝绸。他们住在耶路撒冷的大宅邸里，宅邸用精美的石块砌成，上面装饰着壁画和马赛克——20 世纪 70 年代发掘出一座 600 平方米的房子——他们还喜欢举办壮观的派对。他们对乡下的生活避之不及。[3] 除了聘请管家管理他们的地产以外，他们还聘请了一帮武装的仆人，用武力来达成他们的愿望，而且还残忍地对待下等人。

只在公元前1世纪希律王统治期间甚至更近的时期,犹太地才出现贵族。在这样一个国家,庄稼的收成全靠不稳定的降雨,贵族们在荒年向农民放贷,并在他们违约时夺取他们的财产,以此来累积财富。此外,就像先知阿摩司很久以前所写的一样,他们操纵小麦的价格,以便"用银子买贫寒人,用一双鞋换穷乏人"(《阿摩司书》8:6)。所以他们通过这样的方式获得的租户并不喜欢他们,因为他们的贪婪、腐败和炫耀,甚至穷人中崇尚和平的人都厌恶他们。在整个犹太地,这些阶级之间的敌意根深蒂固。

虽然罗马人在这里征收的土地税和人头税并不高于帝国除意大利以外的其他地方,但什一税和圣殿税使多数犹太人陷入了痛苦之中。当干旱、蝗虫或牛群疾病带来瘟疫和饥荒时,征税者和土地所有者都毫不留情,就这样在一次次收成不利之后,许多人都陷入绝望之中。一些人加入了生活在洞穴中的无处不在的土匪团伙;有些人寄人篱下,靠亲人的救济生活。其他人迁居城市,向虔诚的犹太人所经营的慈善机构恳求援助。在希腊城市,特别是沿海的城市,人们越来越野蛮地仇视来自农村的犹太乞丐,很快这就演变成了大屠杀。

约瑟夫斯告诉我们,他的父亲玛他提亚凭其"正直的品格"而著名,尽管他可能只是在自己的阶层比较受欢迎。我们几乎可以肯定,玛他提亚是个法利赛人,非常敬虔,也是非常尊贵的大祭司约书亚·本·迦玛拉的亲密朋友,这表明他惯常出入首都最有影响力的圈子。在接下来的几年中,约书亚将成为约瑟夫斯的盟友,我们将看到约瑟夫斯提到约书亚时,毫不掩饰对他的钦佩。

作为大祭司,约书亚在短暂的任期内主宰了犹太公会。这是一个类似元老院的集会,有70人,由"祭司的首领"(即24个班次的祭司首领）、一些有名望的文士和其他领袖组成。其职能是监督宗教活动和维持标准，以便控制日常生活的方方面面，它甚至还拥有自己的监察机关。它是犹太地最有权力的机构，只对总督负责，并且总是尽量地与总督合作，但往往要面临对方的严重挑衅。尽管约瑟夫斯并没有这么说，但他的父亲可能是这个威严的机构的成员。

约书亚·本·迦玛拉是一个乐善好施的人。他建立了一个系统，为犹太省的每个地区和城镇提供教育，并立法规定，凡子女年满五岁，家长有义务送子女上学，并禁止惩罚懒惰或逃学的学生。他还鼓励建立学校，为智力突出的男孩提供中等教育。[4]

显然，玛他提亚和他的妻子努力教育约瑟夫斯和他哥哥，他哥哥也叫玛他提亚。约瑟夫斯特别提到了"双亲"，这令人惊讶，因为犹太妇女没有受教育的权利，也没有宗教作用。[5]一些拉比热切地希望父亲应该教授自己的女儿《托拉》，但其他拉比则认为这样做是亵渎。他的母亲对于圣经有一些了解，并参与了两个儿子的教育，这个事实表明约瑟夫斯的家庭极富想象力。如果人们愿意相信约瑟夫斯，那证明他的双亲都具有教学的天赋。

即便如此，他也不可能参加拉比约书亚倡导的那种学校。这种学校被称为"学习之家"，隶属于当地的犹太会堂，在那里，学生在哈桑或会堂管理的指导下学习记诵《托拉》，并学习如何解释神圣的律法。《托拉》包含《旧约》的前五卷，内含生命的意义，并向犹太男人和女人解释为什么他们是神的选民，并告诉他们应该如何生活。（理解《托拉》的过程需要借助《塔古姆》，即关键文本的亚兰语译本。）他们还背诵《诗篇》。此外，他们还研究不那么具有新意的著作，尤其是对于《托拉》的评述，特别是解释经文的注译。他们还研究其他的书卷，如非正式的诗篇合集和非正典经卷作品，其中最为著名的是《巴录启示录》和《约拿书》。最后还有犹太伪经，如《亚当与夏娃传》《以赛亚升天记》《摩西升天记》。在其他专门的宗教教学大纲中，学生们会学习如何用希伯来语阅读和写作，还会学习一些历史和地理知识。

值得强调的是，在这个时期，犹太人之间对《希伯来圣经》的理解大不相同，其差异程度令人困惑。虽然所有人都承认每个人的行为都应该遵守律法，但他们并没有按照字面意思遵循这个原则，即每个男人或女人都会自己领受上帝希望他或她做什么。直到19世纪欧洲出现改革派犹太教和自由派犹太教，犹太人在解释经文时才再次出现如此广泛的差异。[6]

"我在学业上取得巨大进步，尤其以卓越的记忆力和洞察力而知名，"约瑟夫斯回忆说，"但我还只是一个小男孩的时候——14岁左右，我就因为酷爱读书而被大家夸赞，以至于耶路撒冷城的祭司长和主要领袖都经常跑来问我律法方面的问题。"（这种说法很可能是真的，因为拉比经常会咨询早熟的孩童，希望能发现一些成人思维想不到的洞见。）"大约16岁的时候，我决定去调查我们民族的各种宗教流派，"他回忆说，"有三种流派……第一种是法利赛派，第二种是撒都该派，第三种是爱色尼派。我的目标就是去了解这三个流派并找出最好的那个。"[7]

爱色尼人是犹太人中的僧侣，了解他们的最佳来源是《死海古卷》和他们在死海边的库姆兰修道院。他们生活在旷野中，共享财产，避开女人，放弃酒肉，施行洗礼，并进行冥想。约瑟夫斯对他们评价极高。他评论道："此外，他们热衷于引领更好的生活，热衷的程度无人可及，这也是值得我们敬佩之处。"[8] "他们用一生的时间学习宗教圣典，经历各种净化，不断思考先知的话，因而有些人声称自己可以预测未来。而他们一旦预言，也很少有被证明不准的时候。"他告诉我们。[9]终其一生，约瑟夫斯都相信，如果一个人足够了解经文并且在某种程度上拥有这份天赋，那么他就有可能洞悉未来。

另一个使他受用终生的爱色尼教义就是对命运的信仰。按照他的思维方式，如果这个世界上的万事是偶然发生的，那么任何预言都不可能准确。"爱色尼派则认为万事皆受命运的支配，除了命定的事以外，没有任何事会降临到人身上。"后来他这样写道。[10]他还评论说："就算我们事先知道，好像也没有办法避免。"他认为命运几乎难以揣测，甚至是恶意的。"它慢慢侵入人的心灵，以悦人的思想触动人心，直到将人带到一个难以挽回的地步。"[11]无论如何，有人认为，约瑟夫斯觉得爱色尼人的神学并不健全，为末世观点所扭曲，而且他对神只愿意做最低程度的崇拜，他也不怎么愿意做祷告。爱色尼人痴迷于天使和魔鬼，对于这点他也不认同。[12]

"我忍饥挨饿并承受着不适去调查这三个流派，遵守了他们要求的各种纪律。"他在自传中告诉我们。[13]"然后我发现有一个名叫班努斯的人，他居住在旷野，穿着树皮做的衣服，吃着自然生长的食物，洗着刺骨的冷水，以控制肉体的欲望。为了净化我自己，我成了他热情的门徒，和他一起生活了三年（大部分时光）。"

"实现了自己的目标后，我回到城市去生活。19岁的时候，我按照法利赛人主张的方式来生活，这个学派有的方面类似于希腊人说的斯多亚派。"[14]约瑟夫斯称："法利赛派被认为是律法最有权威的解释者，他们把所有的事都归于命运或主。是否行善是人的决定，但是无论人做什么，命运都有一定程度的参与。"[15] 他之所以受他们吸引，其中一个原因是他的父亲可能是法利赛人。然而，他从未宣称自己完全忠于这个教派，更别说忠于他们的领导。

"法利赛"意为分开的人，但他们自称为"哈威因"（haberim，意为同伴），而且约瑟夫斯很欣赏他们彼此友爱。他们的基础教义认为，每个男人和女人的行为都应该遵照犹太人的信仰，其结果之一就是，他们认为罗马人的行为方式不洁净，而且与罗马人接触也不洁净，所以他们拒绝进入罗马人的建筑。总之，他们宣称自己是唯一能正确解释律法的人，而且总在寻求鲜活的解释。任何时候，他们的人数都不超过6000，他们很多都来自底层，但是具有非同一般的影响力。他们更注重在会堂里面教导，而非在圣殿里面献祭，虽然有几位大祭司也是法利赛人，而且他们专注于解释《托拉》。同时，他们还试图帮助穷人。

就像清教徒一样，他们中也有大量利己主义者和专业的伪君子，就是这些人被耶稣所攻击，而且人们常常指责他们的伪善。但人们常常忽略的一点是，耶稣只是攻击那些不配尊重的法利赛人，就连《塔木德》也常常谴责他们，耶稣并非攻击整个群体，反而与至少好几个法利赛人关系友好。就连毫不妥协的天主教历史学家亨利·丹尼尔-罗普斯都承认，研究律法的伟大的法利赛博士们"品德高尚，学识渊博，他们形成了一个精英阶层，若没有他们，上帝的选民接下来的日子一定不会是历史中这样"。[16]

尽管他们非常形式主义，又吹毛求疵，但他们的教义充满乐观、期望和安慰。他们相信宗教应该给真信徒以安慰和喜乐，他们的观念中没有惧怕和黑暗。他们也不相信末世和最后的审判。"一想到将要从肉体的束缚中解脱出来，他们就欢喜，如同长期的囚犯将被放出监狱，"约瑟夫斯如此描述法利赛人对死后灵魂的信念，"像希腊人一样，他们教导善良的灵魂最终会在海的那一边找到居所，那个地方不再有雨雪和热浪，柔和的海风带来阵阵凉爽。另一方面，邪恶的灵魂会被囚禁在一个恐怖的山洞中，承受永远的惩罚。""尽心、尽性、尽力爱耶和华你的神；又要爱邻舍如同自己"，他承认《示玛》中的这些戒律是律法的基石。通过它们，每个法利赛人都能期待自己最后能享受微风的吹拂。然而，在另一段中，他暗示他们相信人死后会在另一个身体里复活。[17]

与爱色尼人一样，一些法利赛人被新毕达哥拉斯主义吸引，相信每个灵魂都是某个伟大而神圣的灵魂的一部分，而且最终将重新回到那里。法利赛人亚历山大的斐洛是新柏拉图主义者，他教导说，这就是为什么人类灵魂希望与神联结并通过祈祷的狂喜来超越肉体。毫无疑问，斐洛的意见不寻常，但他的观点没有法利赛人会反对的地方。

法利赛人认为撒都该人缺乏真诚的信仰，是欢迎罗马侵略者的叛徒。约瑟夫斯不可避免地会碰到这些"撒督之子"，这些贵族往往是圣殿的管理人员，但他拒绝接受他们的做法。撒都该人专注于遵守律法，几乎没有时间关心宿命论或来世；他们认为没有天堂，也没有地狱。他告诉我们："他们认为神并不关心我们是否选择作恶。"[18] 与法利赛人不同，约瑟夫斯并不关心撒都该人内部争吵的方式。想到一个弥赛亚将要到来，破坏他们舒适的世界，撒都该人就会陷入不安；他们将法利赛人视为宗教疯子，并将罗马人视为抵抗社会动荡的堡垒。由于撒都该人的教条内在就厌恶思考或热情，它难以吸引理想主义的年轻人。

实际上，撒都该人和法利赛人之间的区别是模糊的，虽然他们的成员有时为了教义而吵架，甚至发展到动手打人的程度。总体而言，大多数犹太人似乎都会前后不一，会从两个教派的方式中分别吸取他们想要的东西，约瑟夫斯似乎就是这个立场。撒都该人并没有垄断大祭司的职位，例如拉班约书亚·本·迦玛拉似乎就是个法利赛人。法利赛人也可能受到某些爱色尼人习俗的影响，例如在没有烤肉的情况下庆祝逾越节。

约瑟夫斯往往对参与政治的法利赛人持敌对态度；我们知道这个教派中的一些主要成员都成了他的敌人。即便如此，他还是继续陈述他们关于死后生命的教义，也许部分是因为他们的自律和宿命论表面上与当时流行于罗马贵族间的斯多亚主义相仿。历史学家们激烈地争论，他到底从多大程度上算个法利赛人。[19] 至于撒都该人，他可能会同意他们的政治态度，但同时又拒绝他们的宗教观点。根据他们的思维方式，犹太教是一个世界性的宗教，所以与罗马占领者合作并没有错，只要保留摩西传扬的信仰基础就够了。最终，他们是普世主义者，这种态度会吸引成熟的约瑟夫斯。

此外，还有约瑟夫斯所谓的"第四哲学"的追随者，由加利利的犹大创立，约瑟夫斯说他"是个十分聪慧的拉比"。[20] 他们的信条似乎是法利赛教派教义一种提倡回归其原初信仰的形式，犹大和他的奋锐党人拒绝接受除神之外的任何统治者，或称呼任何人"主"，无论他有多伟大。他们热忱地相信来世，宣扬对死亡的蔑视，当家人或朋友去世时从不哀悼，遭受折磨也决不动摇。

他们的行动始于1世纪早期，当大希律王去世后，来自哥兰高地的魅力人物犹大，与一个名为撒督的法利赛人（他肯定不是撒都该人），发起了一场反抗税收和人口普查的起义，而税收和人口普查也是罗马殖民地两个最为人诟病的地方。尽管他失去了生命，但他的儿子们将其宣言传开，在约瑟夫斯出生之前的30年里，手持短刀的奋锐党人（又称西卡利人，sicarii）使耶路撒冷城人人自危，他们伪装成朝圣者溜进城市，杀害投敌者。对于那些视罗马帝国统治为国家屈辱，试图将仇敌罗马人连根拔起、驱逐出境的人来说，他们的宗旨非常有吸引力。奋锐党的成员大部分是一无所有之徒、狂热主义者、自愿参加圣战的人和自杀式刺客，它来带领群众革命，最适合不过了。[21]

毫不意外，约瑟夫斯厌恶"第四哲学"。他有着反对极端主义的气质，而且他发现与罗马人相处并不困难。"一切的不幸都源于这些人，他们的教义把这个民族荼毒到一个难以置信的地步。"他在《犹太古史》中如此描述奋锐党人。"有许多人追随犹大和撒督在我们当中兴起的第四个哲学宗派，这个哲学体系使现今的政权充满了骚动，也为我们将来的不幸埋下了伏笔。"[22] 然而，从奋锐党人信息的吸引力来看，关于犹大和他的想法肯定有比约瑟夫斯愿意承认的更多的东西。

约瑟夫斯的日常用语是亚兰语，直到中年之初他都用这种语言思考。（亚兰语与希伯来语关系密切，并在整个中东地区使用，从巴比伦返回后，犹太人便用亚兰语代替希伯来语。）他也讲希伯来语，当时希伯来语正在博学者中间慢慢复兴，作为口语使用。他还通晓第三种语言。

那就是罗马帝国的通用语——"通用希腊语"（koine），当时不仅犹太地大量的"希腊人"使用该语言，大部分富裕的犹太人也用该语言对话和写作，不管他多么虔诚。在今天的巴尔干半岛以东地区，它是官方语言，可以用来与罗马官员或外国人打交道。

通用希腊语已经很难说是修昔底德式的语言了,它的语法已经变得不那么复杂,尽管它借用了其他语言的词汇,它的词汇量也比阿提卡式希腊语要少,它的发音似乎显然不够希腊。尽管如此,只要一个人懂一点通用希腊语的应用知识,便能够阅读古典希腊文,尽管有一些困难。有理由认为,作为一个雄心勃勃的年轻人,约瑟夫斯努力地磨练自己的语言能力,有迹象表明,到25岁左右,他的希腊语已经说得很好了。无论如何不雅,只要能流利表达,他都可以凭此在职业生涯中获得机会。

另一方面,他在这个阶段不太可能认识什么通晓希腊知识的熟人。"这位犹太学者对他学究式的知识感到骄傲,他为此付出了如此多的艰辛,他蔑视希腊文化,如同今天博学的穆斯林蔑视欧洲文明一样。"勒南在19世纪的评论并未说错。[23] 几乎可以肯定,年轻的约瑟夫斯作为一位虔诚的法利赛人,在走出巴勒斯坦之前从未读过希腊经典。然而,首都有少量的犹太人似乎研究过希腊文学,他认识那些阅读经典的人,尽管他可能认为这样做有对犹太教不忠的危险。对于这样一个强大而有着好奇心的头脑而言,这些书一定有着禁忌之物所带的诱惑力。

2
被占领的国家

> 战火越烧越旺，直到最终演变成全面战争。
>
> ——约瑟夫斯，《犹太战争》（2：265）

罗马统治者称犹太人的故乡为"犹太省"，由罗马皇帝任命总督来治理，但它并非20世纪意义上的殖民地，因为那里鲜有罗马移民。"摄政国"是个更贴切的描述，即使这片土地和人们都身处罗马贪婪的铁蹄之下。总督拥有绝对的司法权力，包括生杀大权，他们的决策只服从于远在地中海另一头的皇帝。

自公元前6世纪从巴比伦归来后，犹太人先是处于波斯的宗主权下，后又隶属于亚历山大大帝及其继承者的帝国，直到公元前2世纪，因塞琉古王朝试图强迫犹太人接受希腊文化，马加比家族领导了一场起义，才重建了犹大王国。但是，在约瑟夫斯出生前一个世纪，这里发生了一场内战，期间犹太人曾请求庞培前来恢复秩序，于是他将犹太地变成了罗马的附属国，缩短其海岸线，并减少了内陆的希腊城市。在阿拉伯犹太人、以土买的大希律王统治下，犹太地享受了一段短暂的半独立岁月；犹太地最后的以土买王亚基帕一世在约瑟夫斯七岁左右时逝世，尽管他的儿子亚基帕二世仍然统治着一小块横跨东北边境的外邦土地，在罗马人看来，他就如同19世纪的英国人眼中的印度亲英派王侯。

在约瑟夫斯的时代，大多数总督都是背景不明的平庸之才，既无想象力又不懂变通，只知道罗马的使命就是统治世界。他们无法认识到以色列宗教的庄严，而是将犹太人视为愚蠢地拒绝崇拜罗马文明的支柱——罗马众神——的次等民族和东方蛮夷。

此地离罗马非常遥远，帝国的信使需要好几周才能到达凯撒利亚港，这座新城位于犹太地境内的地中海沿岸，舒适宜人，是总督的居住地，由希律王为他那些讲希腊语的叙利亚臣民们修建，非犹太化的风格显而易见。它有一个竞技场和许多异教神庙，其中还包括希律为纪念他伟大的恩主奥古斯都皇帝而建立的一座神庙，毫无疑问，奥古斯都已被官方神化，列为神祇。还有其他异教雕像，如潘神、水泽女神宁芙，以及山洞女怪厄科，遍布整座城市。尽管希腊文化是该城的主流，但城中也定居着一个兴旺发达的犹太少数族群。

总督大部分时间都待在凯撒利亚，比起深入内地危险的耶路撒冷王宫，他更喜欢这里。旧都虽然宏伟，却是当地人奇怪宗教的中心，倘若该地居民认为总督要来干涉他们的习俗，或者他们自己人之间起了纷争，这些人动辄就会暴乱，这种情况屡见不鲜。一群暴民从耶路撒冷跑到凯撒利亚，在王宫外示威，这种情况也并不陌生。若非迫不得已，总督尽量不去耶路撒冷，而当他不得不去的时候，也会带上强大的护卫队，如果他还聪明，会表现得极度圆滑老练。

罗马在犹太地的驻军极少，仅有三个步兵大队和一个骑兵队，总人数不超过3000，而塔西佗认为这点兵力根本微不足道。约有1000人长期驻扎在耶路撒冷的安东尼堡。这些士兵并非来自帝国军团，而是当地的辅助部队或者"本土武装"（有叙利亚人、撒玛利亚人、以土买人或者努比亚人，但绝无犹太人），但是他们的高级军官是罗马人。这些人往往装备寒碜且纪律松散，总是伺机抢劫，而且对待希伯来人粗野蛮横，视对方为宿敌，他们讨厌纪律，一遇危机就自乱阵脚，毫不可信。他们还收取某种保护费，施洗者约翰曾说："不要以强暴待人，也不要讹诈人，自己有钱粮就当知足。"[1] 这话就是对这种部队说的。犹太地的这些新兵虽然始于暴力和贿赂，但他们还是保持了犹太地的和平，实施了税收，并打击了肆虐乡间的土匪。

毫无疑问，这一职业给犹太人带来了好处，虽然对于较富裕的社会成员来说，这些好处更为明显。它为商业活动开通了道路，给社会带来了某种正义，无论其本身是多么腐败，它还带来了普林尼骄傲地所说的"罗马和平的巨大威严"。在很长一段时间内，盗贼，以及像煽动农民的云游先知一类麻烦人物，得到了遏制，虽然不可能根除。所以商人渡过地中海便不用担心海盗，走陆路也不怕被抢劫。

罗马政府没有在此设置官僚机构或者地方官，而是依靠统治阶级来防止有组织的反抗力量爆发，并任用当地官员来征税。[2] 这一体系一度运作良好。与约瑟夫斯背景相同的犹太人意识到，对像他们这样的人来说，罗马的统治是利大于弊。他们富足有余，不会因交税而拮据，他们也欢迎在此驻军，因为军队可以维持下层社会的稳定。他们知道自己别无选择，因为近期的历史表明，罗马总是战无不胜，任何国家都不是它的对手。

总督意识到他的职责是维护法律和秩序，这样犹太人才愿意纳税。这是个棘手的工作，因为每个罗马高官都打定主意要在附属国横征暴敛。约瑟夫斯引述罗马皇帝提比略的话说："除了首长们想要得到好处的天性外，他们若想到不知何时会失去这种剥削的快乐，这种想法就更会成为他们加紧压榨人民的动力了。"[3]如果可以继续做官，他们便大量侵吞，自然就没有那么严苛了，而相形之下，继任者的统治就显得难以忍受。

阻止总督们榨干犹太地的一个原因是，他们害怕犹太人代表团向皇帝或叙利亚使节成功地控诉他们非法强征。同时他们也知道，只要还没有引起叛乱，罗马就会对大多数的弊政和腐败视若无睹。为了使本地人能保持温顺，他需要避免陷入无休止的地方纷争（尽管并非所有总督都能表现得如此明智）。最重要的是，总督们必须小心谨慎，不要刺激犹太人的宗教情感。

"罗马精神"有许多方面都无法与以色列的信仰相容，总督们都知道自己如临深渊，此地随时都有可能爆发危险的叛乱。他们还记得，公元前4年大希律王去世时，希西家的儿子、强盗犹大如何自称为王，一如巨隶西门如何纵火烧毁耶利哥王宫。他们也记得，牧羊人阿特龙格及其兄弟如何在犹太地组织一支军队，伏击一支罗马百人队，杀死百夫长并40名士兵，然后躲藏在山上。叙利亚使节瓦卢斯（Varus）*发现自己必须将2000个犹太人钉死在十字架上，才能重整秩序。

这些处境解释了本丢·彼拉多对拿撒勒人耶稣的怀疑。"这时，有一位名叫耶稣的智者，他因自己的德行而著称，也是一位让人们心悦诚服接受教诲的夫子。他身边有许多跟随他的犹太人

---

* 即后来在条顿堡森林战役中战死的那位瓦卢斯。——译者（本书中标注*的均为译者注，后文不再特意说明）

和希腊人。这人就是弥赛亚。"[4] 这是约瑟夫斯在《犹太古史》中的著名章节，而这段的真实性一直饱受热议。

这段话被学者们称为"约瑟夫斯见证"，其中提及的复活和基督徒的部分可能为基督徒抄写员于2世纪篡改而成。[5] 然而，也有包括格扎·韦尔梅在内的许多权威人士认可其真实性。即使关于基督徒的句子系后来添加，看起来约瑟夫斯也肯定提到过耶稣，并把他视为智者之一，好证明彼拉多的处决不公。基督徒作家绝不会只说耶稣是个行奇事的智者，然后就此停笔的。[6]

就在约瑟夫斯出生之前，彼拉多就因为将士兵的鹰徽带进耶路撒冷而招致民愤，因为鹰徽上印有恺撒的肖像，是罗马胜利的象征，即使士兵们拔剑威胁，骚乱的民众也毫不后退，他只得取下了鹰徽。在他住处，即前王宫展示的金盾上刻着提比略的名字，在被抱怨为偶像崇拜后，他也做出了让步。然而，当他盗用圣殿宝库的财物用以修筑水渠之后，犹太人在凯撒利亚的竞技场聚集进行反抗示威时，他让手下用棍棒驱赶人群，许多人在逃散时被踩踏致死。最后他变本加厉，还命令手下屠杀了一群在基利心山祷告的撒玛利亚人。撒玛利亚人向叙利亚使节维特里乌斯控告了他。维特里乌斯意识到彼拉多已经成为一个负担，就将他解职送回罗马以回应他们的诉求，彼拉多从此就从历史记载中消失了。

有些罗马人行事就比较张弛有度。41年卡利古拉派当时的叙利亚使节部百流·彼特尼乌到圣殿挂上一幅皇帝的肖像，将之供奉为神，并下令清除抗议者，把他们的同胞变卖为奴。彼特尼乌给皇帝写信，说有大批犹太人哀求他不要这么做，他必须收回命令，不然就会失去这片土地。幸运的是卡利古拉还没实施他的意图就去世了。同年，大希律王的孙子亚基帕一世成为犹太地的藩属国王,犹太地迎来了一段短暂、没有总督的喘息时期。

然而,当亚基帕一世于44岁过世时,罗马只给了他的儿子亚基帕二世一个边境小国。总督又回来了,并且在之后几年,罗马方面总是用人不当。在接下来的20年,法律和秩序逐渐崩塌,从约瑟夫斯在《犹太战争》中告诉我们的情况中就可以看到。[7] 比如在45年一个叫丢大的术士蛊惑一大堆信众前往约旦河,声称自己可以像摩西那样用杖将水分开,时任总督库斯皮乌·法督派骑兵驱散他们,抓捕了"先知"丢大将之斩首,然后将首级送回耶路撒冷。[8] 约瑟夫斯还记载,就在此后不久,法督的继任者提比略·亚历山大拘捕了加利利的犹大的儿子——雅各布和西门,把他们钉死在十字架上,这可能是由于他们策划奋锐党的革命。

从凯撒利亚等地招募来的本地部队,因为种族的问题总是侮辱和虐待犹太人,采用这种当地部队势必会带来麻烦。在51年的逾越节期间,数千名朝圣者来到耶路撒冷,有个士兵在所罗门的柱廊执勤,负责看守圣殿的外院,他撩起衣服的下摆,向敬拜者露出臀部,并"伴随着姿势"发出相应的声音。[9] 一群愤怒的犹太人便向部队投掷石块,直到总督本提底乌·库马努斯带兵增援才将他们扔出圣殿,死了很多人。更严重的一次事件爆发于追捕强盗期间,起因是有个士兵将《托拉》的抄本撕碎并扔进火里,为了平息骚乱,库马努斯在犹太人面前将该士兵斩首。

与此同时,有一个加利利人上耶路撒冷去过逾越节,在经过撒玛利亚时被杀,一个叫以利亚撒的强盗便带领犹太人冲出城去报仇,他们袭击了撒玛利亚的村庄,杀死了其中的居民。库马努斯拿了撒玛利亚人的贿赂,之后便从凯撒利亚带了一队人马,杀了以利亚撒的许多跟随者,把其余人绑起来拖回凯撒利亚。犹太人去向叙利亚使节努米欧尼·库德拉图请愿,他便前往凯撒利亚,钉死了库马努斯的囚犯,另外还进一步斩首了18名涉事人员,随后他差大祭司约拿单带着一些犹太权贵和撒玛利亚领袖去罗马,在皇帝克劳狄乌斯面前陈述案情。他还令库马努斯和他的副指挥官兼护民官克勒尔回到罗马去解释事情的经过。油嘴滑舌的亚基帕二世充当了犹太人的律师,而皇帝的判决对他们有利,将撒玛利亚的三位领袖斩首,将库马努斯流放,并将克勒尔捆上锁链送回耶路撒冷,一路拖进城中,受尽折磨后才被斩首。就连皇帝也明白,这个国家随时都会爆发叛乱。

安东尼·腓力斯取代了库马努斯担任总督,圣经读者应该很熟悉他,因为就是他囚禁了圣徒保罗,[10]他曾是个奴隶,塔西佗描述他"胡作非为"。[11]他之所以获得这个职位,一是因为他兄弟是皇帝最宠幸的顾问,二是因为他娶了亚基帕美丽的姐姐。他既腐败又残忍,总是企图中饱私囊,因此犹太人不断向罗马当局控诉他的罪行。不过,他总有办法给人留下一副他正在恢复秩序的印象,至少在乡间是这样。他抓住了老奸巨猾的匪徒以利亚撒连同他的全部党羽,答应赦免他,然后将他捆上锁链送去罗马。除了追捕强盗和庇护他们的村民之外,他还处死了他能抓到的任何"先知",并将其中的大部分都钉死在十字架上。

在乡民被平定,或至少被吓得服从之后,耶路撒冷又产生了另一种麻烦。奋锐党人中的短刀党,即西卡利人日趋活跃(他们得名于自己的佩刀或短剑,这种武器形似有一定弧度的罗马弯刀)。第一个受害者是大祭司约拿单,他曾多次抱怨总督没有做好本职工作,还威胁说要向罗马申诉。腓力斯收买了大祭司的一个朋友,让他安排短刀党人除掉约拿单。[12]在他被杀后,每天都有暗杀发生，很快整个耶路撒冷都陷入惊恐之中，"比这种罪恶更可怕的是它带来的极度恐慌，每个人都好像处于战争中"。[13] 节日期间，狭窄的街道人满为患，暗杀者混迹其中，他们将匕首藏在衣服底下，悄悄接近目标，将之捅倒，假装要去追凶手，然后逃走。他们甚至在圣殿里下手。据约瑟夫斯称，他们不仅是信奉第四哲学的狂热分子，更是履行合约的职业杀手。[14] 他们也试图去杀无名之辈，其中之一就是前法利赛人大数的扫罗。[15]

另外，有一群术士假装受到神的启示，并说服人群跟随他们进入旷野，承诺说一旦他们进入旷野，神就会向他们展现如何赢得自由。腓力斯派了一支步兵和骑兵部队前去追击并杀掉了其中大部分人。他以同样的方式，准备处决一个埃及"先知"，这人蛊惑了4000民众，让他们相信自己可以占领这座城市，《新约》称此人为"凶徒"。[16] 他的部队杀死了他们很多人，不过没有抓到那个逃进沙漠的埃及人。后来，大数的扫罗被误当作这个埃及人而被罗马政府逮捕。

与此同时，因为凯撒利亚的犹太人领袖比希腊人富有，他们的人数因饥饿的农民而增加，他们便宣称这座城市只属于他们，理由是这座城市的建造者大希律王是个犹太人。这是一件危险的事情，因为该城主要的人口是希腊人。双方投石相向，有几个人受了伤，一些驻军则加入了希腊人的阵营。然而，犹太人尽管人数较少，但他们仍然开始占据上风，于是腓力斯跑到主广场上要众人回家。当他们拒绝时，他便命令士兵将他们赶出街头。虽然他的手下令犹太人伤亡惨重，并掠夺了他们的房屋，但骚乱仍在继续。最后，他派遣双方领袖前往罗马，在尼禄面前辩论他们的案情。

虽然腓力斯对凯撒利亚的动乱应对得当，但是在整体上，他在犹太地的作为还是很糟糕。塔西佗说："他带着奴隶的一切本能来行使一个国王的权力。"[17]到60年尼禄将他罢免之时，严重的灾难已隐约可见。他放松了剿匪行动，致使他们与"先知"联合，鼓动乡下人起义，为自由而战，杀掉那些服从政府的人。他们的口号非常有吸引力，成群结队的凶徒在农民的拥护下在乡间打家劫舍，洗劫富人的房屋，谋害富裕的乡民，在村里纵火，"直到他们疯狂的举动渗透到犹太地的每个角落"。[18]

约瑟夫斯暗示，下一位总督波求·非斯都的能力更强（就是他把大数的扫罗送去了罗马）。他说，非斯都优先考虑恢复乡村的法律和秩序，捕获了制造所有麻烦的大部分土匪，并将其中许多人处死。他也和一位"先知"有了过节，便差派士兵在那位"先知"的追随者在沙漠聚集时消灭他们。在处理犹太统治阶层的问题上，他似乎圆滑老练，也没有记录显示他触怒过他们的宗教情感。不幸的是，他仅任职两年便去世了。假如非都斯活得再长些，他可能会阻止那场即将到来的悲剧。

在非斯都的继任者抵达犹太地之前，大祭司亚拿召集了犹太公会，"将被称为基督的耶稣的兄弟雅各和其他几个人带到他们面前……，指控雅各等人触犯了律法，然后就定下用石头处死的判决"。[19]优西比乌在4世纪著书时，引用了黑格西朴在2世纪写成的、现已亡佚的作品，并补充说耶路撒冷主教雅各被迫爬上圣殿的尖顶，并被命令弃绝耶稣。他拒绝了，之后便被扔下尖顶，摔落后却幸存不死，然后又被石头击打，最终被一块磨石结束了生命。雅各领导的是犹太基督徒，他们保留了许多犹太习俗，会在特定的时刻上圣殿祷告。[20]这一事件表明上层阶级越来越目无法纪，因为原本只有总督才有权判处死刑。

这条关于雅各的引用得到普遍的认可。[21] 约瑟夫斯只在书里提到过两次拿撒勒人耶稣和基督徒。对于他的沉默，人们有不同的解释，最有可能的一种是，身为一个为异教读者写作的忠实的犹太人，他试图让拥有这一信仰的人看起来尽可能地令人钦佩，而描写耶稣没有多大意义，因为耶稣在他眼中不过是个卑微的狂热分子，耻辱地死在十字架上。（即便如此，18世纪翻译他作品的威廉·惠斯顿得出了一个匪夷所思的结论，说约瑟夫斯是以便尼派信徒，即皈依基督教的犹太人。）

62年尼禄的判断越来越任性，他任命鲁克乌斯·阿尔巴努接替非斯都。新任总督到任时，无力地尝试搜捕短刀党人，但事实证明，他既软弱又腐败，完全是个灾难。"他不像另一个人（非斯都）那样履行职责，倒是没有一桩贪污受贿不经他手。"[22] 约瑟夫斯如此说。除了利用职权对每个人强取豪夺，他还强征新税压榨全国，只要亲属愿意出钱，他就允许那些被地方的长官或前任总督下入监牢的人赎回自由，最后监牢里就只剩下付不起钱的穷人，耶路撒冷的犯罪分子变得越来越危险。当地的首领们贿赂阿尔巴努，让他对他们的活动视而不见，而他们的暴徒可以肆无忌惮地抢劫守法市民，无人敢抱怨。

特别令人震惊的是社会上层人士的行为，比如前大祭司亚拿尼亚·本·尼伯戴乌靠着奢侈礼物与总督和时任大祭司耶书亚交上了朋友。他是个臭名昭著的"守财奴"，总是想不受约束为所欲为。他派仆人抄起棍棒，带上职业罪犯，前往打谷场，从较穷的祭司手里抢夺什一税，若他们试图反抗就施以暴打。结果，一些年老的神职人员在收成不佳的年岁中死于饥饿，而收成不好也是社会崩溃的另一个原因。

亚拿尼亚的"荣耀与日俱增",然而,他也遇上了对手。短刀党人绑架了他的儿子、守殿官以利亚撒和他的秘书,并勒索赎金,直到亚拿尼亚释放了10名被他囚禁的短刀党人。释放他们后,只要他再次抓捕,短刀党就会继续绑架他的官吏。

除了亚拿尼亚,其他大祭司都雇用武装部队,他们彼此争斗,并"掠夺比他们软弱的人"。[23] 从《塔木德》中就能看出犹太地的普通民众有多憎恨这类富豪:"庇特斯家使我们有祸了,小心他们的鞭!坎西拉家使我们有祸了,小心他们的笔!亚拿尼亚家使我们有祸了,小心他们的蛇嘶!以实玛利·本·非阿比家使我们有祸了,小心他们的拳头!他们自己是大祭司,儿孙是司库,岳父也不例外,全是殿中的大人物。至于他们的仆人,时时用杖打我们。"[24]

从那时起,约瑟夫斯开始关心公共事务。他回顾说:"那时候,圣城就埋下了毁灭的种子。"[25] 更富有的富豪们开始利用穷人的不满,招募他们为可用的强干人物,将他们投入遍布城市街道的帮派斗争中。与此同时,他们还吸收奋锐党的短刀党成员。但祭司和贵族开始失控。阶级战争爆发了,"掌权者压迫民众,民众则竭力推翻掌权者——一方只想专制暴政,另一方热衷于暴力和偷窃富人的财产"。[26] 犹太省陷入了无政府状态。

然而,公元64年,尼禄任命革西乌·夫勒鲁接替阿尔巴努,二者一对比,阿尔巴努倒还显得有点美德。尽管如此,在阿尔巴努被召回,夫勒鲁到任前不久,约瑟夫斯离开犹太地的时候,全面的叛乱和反罗马战争似乎还不可思议。他一定没有想到,当他再度返回耶路撒冷时将会看到怎样一幅灾难性的场景。

3

罗马与波贝娅

> 波贝娅，尼禄的妻子，是位敬虔的女子……
> ——约瑟夫斯,《犹太古史》(20：195）

"那时腓力斯统治着犹太地，他的一些祭司是我的密友，他们都非常优秀，但是由于一些轻微和偶然的过失被绑去罗马，要在恺撒面前解释自己，"约瑟夫斯告诉我们，"我积极寻找营救他们的办法，促使我这样做的原因之一是即使身陷囹圄，他们也没有背弃对神的虔敬，虽然他们仅仅靠着无花果和坚果维持生命（因为没有预备妥当的洁净的食物）。"尽管60年腓力斯耻辱地被召回，这些祭司还是被留在牢里自生自灭，而案子一直没审。最后，约瑟夫斯决定去请求释放他们。他说他26岁生日刚过（可能是63年，但肯定在64年3月前）就动身了。[1]

我们并不知道这些人最初为何入狱。腓力斯送他们去皇帝面前受审，可能是因为这些人参与了令人讨厌的派系斗争，这些斗争令耶路撒冷的生活极不愉快，但也有可能是因为这些人见证了总督那些卑劣罪行，因此这位邪恶的总督决定厚颜无耻地除掉他们。

然而，约瑟夫斯的动机并非仅仅出于同情。他向来极其关注为自己谋利的时机。如果他成功了，就可以为自己赢得名声并给犹太公会留下好印象，这个出使的任务可能是犹太公会派给他的，因为他会说流利的通用希腊语，但他没有提及这一点，可能是为了给自己赚得更多的功劳。当然，对于推进他的职业发展而言，没有比这更好的机会了。他对帝国首都罗马的访问将成为影响他整个人生的重大经历之一。

当他到达那里的时候，他就准确地知道自己应该找谁。60—62年，在腓力斯的继任者波求·非斯都短暂的任职期间，亚基帕二世在王宫东侧修建了一个新的餐厅，他可以从那里舒适地观看圣殿内正在发生的一切。愤怒的祭司们修建了高墙来阻隔他的视线。非斯都认为亚基帕与罗马有很重要的关系，跟他保持良好关系是明智之举，所以他立即拆除高墙，没有意识到那个区域已经属于圣殿的管辖范围。然后犹太人要求总督允许派出一个由10位市民领袖组成的使团前往罗马，向皇帝申诉，虽然他们根本不确定自己能否抵达罗马。非斯都没有反对他们。这个10人使团由时任大祭司的以实玛利·本·非阿比带领。令他们有些惊讶的是，经波贝娅皇后干预之后，他们获得了想要的一切：要么重建拆毁的墙壁，要么拆除餐厅。虽然因为犹太人的一些举动，以实玛利和圣殿司库被留在罗马作为人质。这就给了亚基帕一个机会来罢免以实玛利并任命一个更圆滑的大祭司。关于皇后态度友好的消息肯定传遍了耶路撒冷。[2]

有大型船只带着大量的乘客，定期从有长长防波堤和海堤的凯撒利亚航行到罗马。它们沿着海岸线向北航行，转舵前往克里特岛，然后是希腊，最后是意大利，中途几乎每天都会靠岸，在港口补给新鲜食物和水以及新的乘客。

"我在海上经历了巨大的危险才到达罗马，因为我们的船在亚得里亚海中央沉没，所以我们——大约有 600 人——不得不在海里游了一整夜，"他回忆说，"由于上帝的仁慈，我们终于在天亮的时候看见了一艘吉利奈人的航船，我和其他人（大约 80 人）比其他人游得更快，被救上了甲板。"船上没有足够的空间带上剩余的船员和乘客，他们大概被淹死了，但约瑟夫斯在面对其他人的不幸时，总能保持冷静超然的态度。最后，他们在那不勒斯附近的部丢利（即现在的波佐利）上岸，继续前往罗马。[3]

当抵达这座华灯璀璨的特大都市时，约瑟夫斯才发现，无论耶路撒冷多么美丽和雄伟，都无法与罗马相比。按今天的标准来说，罗马是华盛顿、纽约、洛杉矶、芝加哥与伦敦、巴黎和其他所有欧洲国家首都的结合体，因为它不仅仅是罗马帝国的中心，还是整个文明世界的政治、经济和文化中心。这个庞大的城市混合体所覆盖的规模大到可怕的地步，犹太人若将之与包含不悦记忆的巴比伦城相比，都是情有可原的。不可否认，罗马宏伟壮观，遍布高大精美的建筑：主神殿（又译丘比特神殿）、罗马广场、万神殿和马尔斯神庙，这些建筑都是最出名的。它们的墙壁铺有大理石，屋顶铺有镀金的瓷砖，到处都是大理石、青铜甚至黄金制成的雕塑。然而，与此同时，这座城市拥挤又肮脏，就在这些奇迹的旁边，还有一系列兔子窝一样臭烘烘的小巷。

那里还有哑剧团的露天剧场，有着吸睛的场面和舞蹈，通常都是淫秽的内容，吸引了成千上万的观众，还有观赏角斗士"游戏"的竞技场。还有一些"跑马场"，里面有长长的圆弧形的赛道，用以进行广受欢迎的战车比赛。然而，不会有许多犹太人去参加这种娱乐活动，因为他们认为这不洁净。另一方面，他们一定很享受数量众多的公共花园。

约瑟夫斯在罗马找到了很多自己的同胞。50年前，地理学家斯特拉博曾抱怨说犹太人正在占领世界上的每个城市。用约瑟夫斯自己的话来说："没有一座城市（不管是希腊人还是野蛮人的城市），也没有一个民族（虽然没有实行我们每周日休息的习俗），看不到我们的人在实行关于斋戒、点油灯和食物禁忌等方面的诸多规定。"[4] 罗马已成为犹太侨民的"散居地"中心，希伯来人口数以万计，居住在城市各区，每一群都居住在犹太会堂附近，并拥有大片自己的墓地。他们大部分是商人，其中有许多专门买卖来自罗马帝国东部地区的奢侈品，如奴隶、珍奇异兽、珠宝、贵金属、丝绸、毛皮、象牙和香水。

罗马传统主义者藐视除少数希腊人以外的其他所有外国人，他们瞧不起这些犹太人。西塞罗嘲笑犹太人"迷信地否认罗马所代表的一切"，[5] 塞内卡谴责"这种邪恶种族的习俗"。提比略皇帝甚至开始将他们逐出意大利，虽然后来他改变了主意，而克劳狄乌斯皇帝曾经威胁说要将他们驱逐，因为他们总是制造麻烦，这很可能是由于基督教传教士在犹太会堂引起的骚动。[6]

今天，我们很难了解，犹太人和基督徒，这些来自东方的外来入侵者，他们的一神教到底从多大程度上冒犯了古罗马的多神教。也有人发现犹太人的禁忌严苛到了荒谬的程度。亚历山大的斐洛记录说，当他将一个使团带到皇帝卡利古拉面前，皇帝问他为什么希伯来人从不接触猪肉时，整个宫廷都大笑起来。[7]

然而，在这段时间，对犹太人的敌意不应被夸大。尤利乌斯·恺撒已经颁布法律来保证他们的宗教自由，奥古斯都已经确认了这项法律，他还免除了他们的兵役。在一个人口众多、移民不断涌入的城市,出于种族的反感并不普遍,整体而言,他们在融入罗马生活这方面并不困难。虽然他们不向罗马的神祇献祭,但他们并不反对在会堂里为政府的福祉祈祷。这是其他任何一个团体都不具有的特权。

此外,与散居犹太人定居的城市一样,罗马犹太人在保留其信仰的同时,也受到了希腊独立主义的强烈影响。他们在礼拜中使用七十士译本,即译成希腊文的犹太圣经,受过高等教育的人会阅读希腊文学,从荷马的作品到伟大的哲学家作品,再到时下流行的诗人的诗作。广受尊敬的亚历山大的斐洛逝世于50年左右,他本人是一位杰出的哲学家,用柏拉图主义来证明犹太的神的存在。

作为一个头脑灵活的年轻人,约瑟夫斯不可能不受散居地区知识氛围的影响。他留在罗马的那段时期,智力经历了长足的发展,相当于受了大学教育。当然,他就是从那时候开始阅读希腊作家的作品,为往后的学习打牢根基,从而使他成为一位伟大的学者。我们从他的著作中知道,到他中年的时候,他不仅读过荷马的代表作,还读过希罗多德、修昔底德、色诺芬、索福克勒斯、欧里庇得斯、德摩斯梯尼和伊壁鸠鲁的作品。

另一方面,他满意地注意到,罗马犹太人从来没有忘记过耶路撒冷是他们真正的家园,也没有忘记要恪守律法。虽然他们读的是希腊文的《托拉》(《摩西五经》),讲通用希腊语而非亚兰语,但很少人会为了进一步发展自己的事业而变节。(虔诚的犹太人没法成为帝国官员,因为这就意味着要崇拜异教的神祇。)他们坚定的一神论给邻居们留下了深刻的印象,让他们也归信了犹太教。他们从某种程度上在劝人入教,诗人贺拉斯在讽刺诗中善意地嘲笑了这些改教活动。[8]许多罗马人对这些非凡的人很感兴趣，他们只是很着迷，但并没有到转换信仰的程度，即接受割礼或洗礼。

很有可能，约瑟夫斯逗留罗马期间住在大多数人居住的摇摇欲坠的公寓房间里，一栋房子通常有六七层甚至10层楼高，由碎石和最廉价的木材偷工减料地修建而成，随时都有可能在没有任何预警的情况下垮塌。只有富人才能够拥有自己的房子。城中有无数街道，既肮脏又狭窄，其中有许多很快就会在64年的大火中烧毁。约瑟夫斯来自一个以清洁闻名的民族，他坚持避免使用诸如公共澡堂和厕所一类的设施，因为犹太人都有自己的设施，而且更加讲究。

他能够去任何地方，因为到处都有犹太人。他的使命和背景确保他在哪里都会受到欢迎，而流利的通用希腊语使他无论在罗马人还是犹太人之间都大有裨益。上流社会罗马人受过希腊导师教育，能说两种语言，他们之间不讲拉丁语，而是讲一种精炼的通用希腊语，就像18世纪欧洲人喜欢说法语一样。这不仅是知识分子的语言，也是礼貌的语言。（莎士比亚，很抱歉，当尤利乌斯·恺撒被刺时，他喊的是"吾儿，亦有汝焉"，而非"还有你吗，布鲁图"。[*]）最有用的是，这种语言被用于宫廷圈子。

很有可能，他至少去看过一次竞技比赛，虽然犹太人认为这不洁净，但这些毫无疑问是罗马最受欢迎的娱乐节目。成千上万的人在竞技场上观看，角斗士从大量被囚战俘和罪犯中招募，他们要么彼此相斗至死方休，要么去和饿疯了的熊、狼和狮子相斗，

---

[*] 出自莎士比亚名剧《尤利乌斯·恺撒》不同译本的恺撒临终遗言。

而其他的人则要么被活活烧死，要么让贪婪的动物吃掉。这些可怕的场面吸引了各个阶层的人。甚至西塞罗都赞扬这是一个教导年轻人既不怕死也不害怕肉体痛苦的好方法，尽管他很同情这些动物。四个世纪以后，希坡的奥古斯丁在他的《忏悔录》中描述了一位温和的哲学家朋友如何违背自己的意愿被拖去观看同类型的竞技（自尼禄时代以来，它们肯定没有什么变化），尽管这位朋友试图闭上眼睛，但仍然屈服于竞技的可怕魅力。

> 可惜没有将耳朵堵塞住……叫喊声从他的耳朵进去……他一看见鲜血直流，便畅饮着这残酷的景色，非但不回过头来，反而睁大眼睛去看，他不自觉地吸下了狂热，爱上了罪恶的角斗，陶醉于残忍的快乐，被嗜杀的快感所征服。他已不再是初来时的他，已成为观众之一……他目不转睛地看着，他大叫大嚷，因野蛮的兴奋而狂热，他的大脑已被无可救药地感染，什么都不想，只想着下一场竞技。[9]

如果约瑟夫斯确实去看过竞技比赛，他永远不可能猜到，过不了多久，他成千上万的同胞将要在整个帝国范围内被系统地屠杀，如同这些竞技一样。然而，有可能他坚持远离这种竞技。这种场面背后的灵感来自一种最邪恶的异教崇拜，让一个虔诚的犹太人感到异常恶心。但是他知道，至少有一位同宗信徒选择了一种比角斗士更加异教的职业，尽管他的职业还颇具历史。

"我和阿里图鲁斯建立了友谊。阿里图鲁斯是一名演员，也是一位犹太人，但是特别受尼禄的喜欢。"他告诉我们。[10] 书中显示，他用来描述演员的词是"mimologos"，这意味着阿里图鲁斯是那种在宫廷宴会中娱乐客人的哑剧演员，这就解释了为什么阿里图鲁斯会出现在皇帝的花名册里。若是如此，对于一个犹太人来说，这便是一个奇怪的职业，因为上演的哑剧必然包含大量的淫秽和色情内容，尤其在庆祝异教节日时，比如神祇和女神交配，森林之神萨梯强暴水泽女神宁芙。

阿里图鲁斯将这位年轻的法利赛人带到了皇宫，希望确保能够释放祭司。我们可以从彼特尼乌所著的《萨蒂利孔》(Satyricon)中了解到他看见了什么，该书可能写成于65年，正是约瑟夫斯逗留罗马期间。要说了解尼禄宫廷之人，那一定非该书作者莫属，他是皇帝的御用"优雅仲裁官"。皇帝依靠他的建议，将关于肉体的享受提升到极致，纵情酒色，尽管后来皇帝强迫他自杀了。这部作品用讽刺和色情，以及精致的散文描绘了一个世界，在那里金钱的唯一对手就是性快感，无论是异性的还是同性的。（叙述者一度表示他觉得罗马全民都在吞服春药。）最令人难忘的部分是曾做过奴隶的千万富翁特里马乔的宴会，他在某种程度上是以尼禄为原型，宴会上的食物包括浸在蜂蜜中的睡鼠、母猪的乳房和孔雀的蛋，还有杂技表演，演员们知道若表演得不好会被处以极刑。宫廷宴会肯定就是这个样子。毫无疑问，约瑟夫斯在耶路撒冷的大宅子里享受过奢侈的生活，但从来没有到如此猥亵的程度。

当然，是尼禄和他的妻子波贝娅这两个人主管着皇宫，他们设定了这里所谓的基调。这位皇帝几乎实践了所有已知的恶习，残忍得可怕，制造了很多的谋杀，他是一个神经质的享乐主义者，不满足于绝对的权力，还希望被视为一个伟大的艺术家。尽管如此，他本人并不缺乏聪慧。皇后就更是一个谜。

"通过阿里图鲁斯的关系，我认识了恺撒的妻子波贝娅。"他解释道。根据塔西佗的说法，她是那个时代最可爱的女人，有一两幅半身像证实她如传说中那般美貌，波贝娅·萨宾娜"除了品行之外拥有一切有利条件"，这激励着情人们对她恒久地忠诚。[11]她富有，出身高贵，聪明而有趣，同时也是乱交和残酷的代名词。她对尼禄的妻子及母亲被杀负有重大责任，她经过精心策划的诱惑，才嫁给了第三任丈夫尼禄。她还参与了罢免尼禄的顾问和前导师塞内卡的事件，毁掉了他。

然而，令人惊讶的是，这位恶毒的悍妇可能是犹太教的信徒，尽管她还对占星术有好感。值得注意的是，她受了洗礼，并且招收了大量犹太人作为随行人员。在描述波贝娅如何帮助以实玛利的使团时，约瑟夫斯神秘而毫不含糊地评论说，她是"敬拜神的人"。[12]

当约瑟夫斯被介绍给波贝娅的时候，如果我们能接受塔西佗对波贝娅的描述的话，约瑟夫斯发现自己面对的不是一个凶猛的贱人，而是一个端庄、美丽动人、淑女得令人惊讶的年轻女士，尽管他不能完全这样确认，因为在公开场合她会在脸上蒙上一层面纱。她向他致以亲切的欢迎。"我积极展开营救，设法获取波贝娅的帮助以求释放我们的祭司。"他在自传中写道。[13]波贝娅非常喜欢这位雄辩、聪明、无疑迷人的年轻犹太贵族。她不但许可释放祭司，还为他装上了昂贵的礼物。

如果1世纪那幅精致的半身肖像真是约瑟夫斯的肖像，那么它可能是受到波贝娅的委托而作，这表明她对他有一定的感情。他英俊、敏感，有点忧郁，这张脸的主人即将成长出相当强大的性格力量。事实上，这幅肖像很难同一个年轻的罗马贵族的肖像区分开来，这表明他是多么快地适应了尼禄的宫廷生活。

然而，如果他对皇后侍臣这一职业生涯抱有任何希望，这一希望也在65年的某个时候突然破灭了，因为她那脾气暴躁的丈夫在她怀孕时一脚踢死了她，仅仅因为她"斥责尼禄从赛场回来晚了"。[14]有传闻说是用毒药毒死的，但实际上尼禄伤心欲绝。他将波贝娅用防腐剂保存而不是火化，并给她举行国葬，称赞她的美貌和良好的素养。[15]

约瑟夫斯在罗马度过了两年到两年半的时间。64年7月18日火灾爆发时，他一定还在那里，大火燃烧了10天，摧毁了城市的大部分地区。大部分人认为皇帝是因为一时兴起想要将城市建得更美丽而命令他的秘使纵火焚城。"因此尼禄为了辟谣，便找到了这样一类人作为替罪羊，用各种残酷之极的手段惩罚他们，这些人都因作恶多端而受到憎恶，群众则把这些人称为基督徒。"塔西佗解释说，任何承认自己是基督徒的人都被兽皮包裹，拉去喂野狗，或钉在十字架上，或者"在天黑下来的时候被点着当作黑夜照明的灯火"。[16]即使是罗马民众也为他们感到难过。尼禄把这些人形火把放在自己的花园里，向公众开放，所以约瑟夫斯有可能会看到它们燃烧的场景。

除了在尼禄频繁的公开露面时看到他，约瑟夫斯——当时正在为后来弗拉维王朝的几个皇帝写作——可能也已经在私下见过他了，虽然约瑟夫斯没有提到这点。"尼禄身材高矮适中，体表有痘痕，散发臭味，头发浅黄，面容与其说风雅，莫如说端正，眼珠浅绿，稍微近视，脖子粗，肚皮大，两腿很细。"这就是苏维托尼乌斯对尤利乌斯王朝最后一任皇帝的描述。"他对自己的容貌和衣着非常挑剔，他总是把头发烫成一排排的发卷。"[17]然而，有人认为皇帝亲自招募约瑟夫斯作为秘使并给他特定命令，让他在犹太省进行秘密活动，这个看法纯属戏剧性的推测，不值一驳。[18]

他从与街上人们的谈话中了解到，罗马人不会原谅尼禄犯下的重重谋杀罪，更不用说尼禄还放了一场大火。他的犹太朋友们肯定担心政权日益不稳。但除了释放祭司之外，他可能还得到了皇帝的其他恩惠。多年以后，他撰写的记录明显遗漏了许多部分。在描述尼禄如何毒害自己的兄弟、谋杀自己的母亲和妻子奥克塔维娅时，他谴责其他历史学家对尼禄的记载："这些人用谎言描述尼禄的为人……对于不尊重事实的人来说，他们可以随心所欲地写作。"[19] 也许，这种不寻常的克制掩饰了某种感激之情。

波贝娅一定是在尼禄巨大的新宫殿里接待了他的，这座宫殿是大火之后新修的，从帕拉丁山延伸到埃斯奎林山，在前面有一个一英里宽的三重柱廊。入口的大厅里有一座皇帝尼禄的雕像，用以威慑最无动于衷的人，苏维托尼乌斯说它有120英尺高。宫殿的内部用金子铺陈，镶嵌着宝石和珠母。餐厅的天花板由象牙雕刻而成，有面板可以打开，向客人喷香水时还会撒花瓣。主宴会厅是圆形的，还可以旋转。浴室里不间断地充满海水或硫黄水。[20] 但"金宫"只是这座迷人城市的无数奇迹之一。

约瑟夫斯的朋友们会告知他主要的朝臣。其中三位将会统治罗马。最杰出的是一位秃头且面孔铁青的老人塞尔维乌斯·苏尔皮基乌斯·加尔巴，另一位是一个老式的罗马贵族，塔西佗在一段著名的讽刺短诗中如此描述他："如果他没当过皇帝，就不会有人怀疑他的统治能力。"[21] 萨尔维乌斯·奥托身材短小，长着罗圈腿，他实际上比看起来更加危险。他是波贝娅的前夫，尽管他疯狂地爱着她，但还是被迫离婚了。第三个人是永远都在醉酒的奥卢斯·维特里乌斯，他大腹便便，举止谄媚，完全没有尊严。每个朝臣都小心翼翼地恭维尼禄，但维特里乌斯在他的面前的的确确是卑躬屈膝。每当皇帝举行舞台表演时，他都是专业捧场的拉拉队长，总在无耻地鼓掌喝彩。

另一个对尼禄阿谀奉承的人是亚基帕二世。他出生于27年，是希律王朝最后一任国王，他的统治疆域仅包括哥兰高地、巴珊、提比里亚海以东的特拉可尼地区、加利利地区的提比里亚和特里基亚。亚基帕时常往返于凯撒利亚和意大利，经常光顾尼禄的宫廷，妄想成为犹太国王。尽管他的祖先是以土买血统，而且他在罗马长大，也在罗马如鱼得水，但他还是认为自己完全是个犹太人，有时也会住在他的家族位于耶路撒冷的宫殿。

我们从约瑟夫斯所写的内容知道，他非常钦佩罗马的士兵。他一定观察过那些经常在战神广场游行的精锐军团，他们的武器和盔甲闪闪发光，带队的人身披狮皮，手持鹰徽，士兵们根据指令，一丝不苟地训练，下达命令的百夫长身穿红色斗篷，每位百夫长指挥180人。他应该也在皇宫的门口遇到过一流的禁卫军。看完军团的行动后，他对自己的印象进行了如下总结：

> 他们的练兵和实战是没有区别的，每个人在平日的训练中都非常卖力，好像在作战似的。这就是为什么一旦事态紧张，他们马上可以起来作战。他们不会因为阻碍而丧失纪律，不会恐慌，也不会惧怕，没有他们吃不了的苦。战胜那些没经过怎么训练的人是理所当然的事。把他们的练兵说成没有鲜血的战场，把战争说成流血的训练是毫不过分的。他们不会疏忽大意给敌人任何机会。无论什么时候进攻敌人的领土，他们都先修好自己的营房才打仗……做什

都是有规定的。准备战斗的时候，列兵按照编制向百夫长报到，百夫长去向护民官致意，护民官陪着高级将领去司令部。在那里，司令官按照惯例下达口令和其他指示，传达给下属……

步兵都穿甲戴盔，左右手都持大刀。左侧的刀要长一些，另一侧的不足九英寸。精选出的将军卫兵持长矛和小圆盾，其他的侍卫用标枪和长盾，还有大锯和（像兜子一样的）提篮、斧头和锄头以及皮带、镰刀、锁链和三日的配给，所以一个步兵看起来和载重的骡子没什么区别！骑兵右腰上别着长剑，手持长矛，一只盾斜挎在马侧，吊着的箭袋里还并排插着三四个矛一样大的宽头箭。整个部队都佩戴头盔和步兵式样的胸牌。[22]

这个记录需要一些修正。虽然他们戴的头盔是金属的，但军团士兵身穿的盔甲是由硬皮肩带和金属抓钉制成的，手持用铁加固的椭圆形皮盾。军官（包括百夫长）身穿鳞甲、链甲或板甲，头盔上装饰红冠，身披染色的斗篷，用以区分他们的地位。佩剑挂在右侧，而非如约瑟夫斯所说的左侧，是一种又短又直的剑，长两英尺，宽两英寸。标枪即短矛，是一根长四英尺半的细长木杆，带有一个与木杆长度相当的带刺铁头，颈部由软金属制成，刺穿敌人的盾后会弯曲并下垂，用以阻碍敌人。当时还没有发明马镫，所以骑兵的冲刺还没有几个世纪后影响那么大。约瑟夫斯也没有意识到，军团携带的工具使他们既可以做工兵，也可以做前线部队。他们经受严格的训练，直至团队合作成为第二天性，不仅是训练有素的战士，还是技术娴熟的攻城工程兵，能够建造或拆除精密的防御工事。

在战神广场的游行中,他没有看到辅助骑兵,部队无论在哪里战斗,他们都在当地招募这种装备有弓箭、长矛、标枪的轻骑兵。此外,他们还有一大群辅助步兵,如弓箭手和投石手。

"任何行动之前都经过了深思熟虑,而且一旦做出了决定,所有行动都必须服从这个决定。这样,他们就很少遭遇挫折。如此看来,帝国疆域广阔到东临幼发拉底河,西到大海,南接非洲最富饶的平原,北邻多瑙河和莱茵河,也就不足为奇了。"他这样告诉我们。他还补充说:"上述记叙的目的不是为了颂扬罗马人,更多的是安慰他们所战胜的敌人,使意图反叛的人三思。"[23]

约瑟夫斯在犹太地看到的大多数士兵都是招募于本地,素质低劣,只够追捕强盗。[24] 甚至连正规军也在东部招募人选。"从叙利亚调来的军团由于长期的和平环境而委靡不振,因此他们对于罗马军营的任务表现出了明显的厌恶态度。"塔西佗于60年描写一场反对帕提亚人的战争时写道:"他军队里的那些老兵,从来没有放过哨或担任过值班的守卫,壁垒和壕沟在他们眼里都成了新奇的东西,他们既没有头盔也没有胸甲,都是一直在城市里服役的、讲究穿戴和只会弄钱的士兵。"[25] 然而,此时约瑟夫斯看到了正规部队中最好的部队,他们人数高达25万。他一定已经明白,无人有望击败他们。

于是在完成一项艰巨的任务后,约瑟夫斯回到了犹太地。波贝娅死后,他留在罗马已经毫无意义。然而,在罗马逗留期间他已经开始转变成一个对希腊文学有浓厚兴趣的散居犹太人,而对皇宫的访问使他对罗马政治,以及如何对付罗马统治阶级有了第一手的了解。与此同时,他与希伯来社区的接触表明,他可以既是一个犹太人又是一个忠诚的罗马人。最重要的是,他已经见识过罗马军团不可抗拒的力量。

4

诱战犹太人

> 就是这个总督夫勒鲁逼得我们不得不拿起武器起来反抗罗马人,我们觉得一下子被毁灭要比一天一天慢慢地被折磨到死还要好些。
>
> ——约瑟夫斯,《犹太古史》(20:257)

66年上半年的某一天,约瑟夫斯渡海回到犹太地的家,那时他肯定期待,自己会受到热烈的祝贺。他的成功加上他在罗马的重要关系,使他有充分理由认为,自己应该获得各种机遇,并成为犹太公会的一员。然而,他一抵达凯撒利亚,就察觉到了一种与他离开之前完全不同的氛围。他不在的时候发生了很多大事,全因一个人,用现在的话说,那人是历史上最令人憎恶的"反犹人士"之一。

此人就是新任总督革西乌·夫勒鲁,他出生于小亚细亚沿岸的希腊城市克拉左门奈,却是罗马血统。他的妻子名字听起来很有前途——克利奥帕特拉,她与皇后波贝娅的友谊为他在犹太地谋求了这一职位。约瑟夫斯吊人胃口地说"克利奥帕特拉与夫勒鲁一样歹毒",但又没给出其他细节。[1] 夫勒鲁是一个会吹嘘自己如何虐待他的"臣民"的人,他会像对待罪犯一样惩罚无辜的犹太人，而自己则干尽各种抢夺和贪污之事。没人比他更蔑视真相，没人比他更精于谎言。"他掠夺所有的城市，毁灭全部的社区并向整个国家宣布：只要给他钱，每个人都可以做强盗。"约瑟夫斯告诉我们："他的贪婪导致的最终结果是每个地区都被他榨干了油水，很多人离开旧居逃到外省去生活。"[2]

夫勒鲁对他统治的人民有一种吞噬性的憎恨，这种仇恨可能是在小亚细亚与犹太社区惹出麻烦之后才形成的。很明显，他从一开始就决定要竭尽所能地祸害犹太地的犹太人。他不断刺激犹太人，迫使他们反叛罗马帝国的权威，这样他就有借口实施报复，他的行为日趋疯狂，几乎精神错乱。关于他所犯下的骇人罪行的叙述几乎是逐字逐句从约瑟夫斯的《犹太战争》中摘抄的。连敌对犹太人的塔西佗都承认夫勒鲁的所作所为已经超出了犹太人忍耐的极限。[3] 虽然那时约瑟夫斯还未回到犹太地，但他采访了卷入这些事件的目击者，可以为读者重现这些事件。

直到叙利亚使节赛司提亚司·迦流在逾越节前夜到访耶路撒冷，有人才敢去向他投诉。接着一大群人求他撤走那个"正站在他身边嘲笑"的夫勒鲁。赛司提亚司是位平庸的老人，不知道情况会变得多么危急，他承诺总督今后会对他们好一些，然后就回到了安提阿。夫勒鲁一直陪同他到凯撒利亚，一路上强忍愤怒，他还隐藏着一个触发战争的计划，因为（如果约瑟夫斯所言属实）他已经决定，战争才是掩盖他罪行的唯一方法，因为一旦和平得以延续，那么犹太人就会找到办法在恺撒面前检举他。

实际上，去向罗马的疯子皇帝上诉根本毫无意义。尼禄甚至都不在首都，而是扮作演员在希腊到处闲逛。在他去度假之前，也就是在夫勒鲁抵达犹太地之前，凯撒利亚的犹太人绝望地向他恳求，求他帮忙对付希腊人，而他回复了一纸诏书，由秘书布路斯起草，而布路斯早已被城里的希腊人贿赂。⁴ 这纸诏书剥夺了犹太人历年以来的所有特权，把凯撒利亚的控制权完全交给了希腊人，而希腊人马上抓住机会建起了一排商铺，挡住了会堂的去路。犹太长老还不明智地向夫勒鲁支付了一大笔钱，等着商铺被拆除。然而，夫勒鲁收了贿赂，却让暴民们把所有犹太人驱逐出城。希腊人的下一步行动是在会堂外表演，模仿犹太人献祭，他们把一个夜壶倒过来当作"祭坛"。当长老们向夫勒鲁抱怨，想要拿回自己的钱财时，他就将他们关起来，罪名是将《托拉》抄本从凯撒利亚移走。他的举动理所当然地在耶路撒冷激起了民愤。约瑟夫斯相信这纸诏书就是导致"我们民族苦难的根源"。⁵

耶路撒冷成了这位总督的下一个犯罪现场。他表现得就好像有人鼓励他要"点燃战争之火"一样，他精心策划了一场好戏，为了公开侮辱整个犹太民族，借口皇帝要用，从圣殿宝库中攫取了数量惊人的17他连得*钱财。作为回应，一群暴民冲进圣殿，高喊尼禄的名字，恳求他助他们摆脱夫勒鲁的统治，而另一群人则拿着乞丐碗在城里游行，欢呼着向路人嘲讽说总督极度贫困，饿昏了头。夫勒鲁被羞辱激怒，带了一大支部队，以50名骑兵作为先头部队，向城里进军。那时有一大群人出城迎接骑兵，希望能够安抚夫勒鲁，他却命令部队驱散他们。

5月16日，夫勒鲁在抵达王宫的第二天，将他的法官座椅放在户外的一个平台上，召集耶路撒冷的市民领袖，要求他们交出

---

* 他连得，talent，是圣经中最大的重量单位，一般为古希腊、古罗马和古代中东地区使用，相当于35千克。

所有的示威者，并威胁说，不照做就要惩罚他们。而市民的回应是，坚称耶路撒冷的人民都爱好和平，并为所有的侮辱道歉，并祈求他宽恕制造骚乱的人。他们解释说，群众中难免有些年轻人头脑发热，虽然无法确定哪些人有罪，但他们每个人都为自己的所作所为感到抱歉。为了国家着想，而且如果总督想为罗马人保住这座城市，他应该接受建议，宽恕少数罪人而非惩罚大量无辜者。

夫勒鲁被这种合理的请求激怒了。他的反应是在上城市集放纵军队，让他们洗劫整个区域，遇人便杀。仇视犹太人的人（似乎大部分都是撒玛利亚人）渴望掠夺钱财，执行命令时无比凶残，毫无节制，他们闯入房屋，屠杀里面的男人、女人和儿童，但凡能找到的，一个不留。居民们在激烈的追赶中满街逃窜，更多的人被砍倒，其他人则被拖到总督面前，被鞭打和钉十字架。约瑟夫斯被告知，包括抱在怀里的婴儿在内，那天超过3500人死亡。然而，不同寻常的是，夫勒鲁以闻所未闻的方式处决了犹太人的上层阶级，这些人本是帝国统治的中流砥柱。"因为夫勒鲁敢做此前从未有人敢做的事，他在审判座前鞭笞了属于骑士阶层的人*，然后把他们钉上十字架——这些人虽身为犹太人，却也是罗马公民。"[6]

亚基帕二世的姐姐百尼基当时正在耶路撒冷，禁酒、剃头，向神献上三十日的感恩祭。（虽然她嫁给了自己的叔父，传闻还与自己的兄弟睡觉，但她还是用自己的方式表达她的虔诚。）她派马夫和侍卫队长去找夫勒鲁，求他停止杀戮，但他毫不理会，他的

---

* "Equestrian rank"在古罗马是位列元老以下的阶层，有别于中世纪欧洲的"骑士"。

士兵还故意在她面前将人折磨致死。他们甚至想杀了她，但她逃回了她的王宫，在侍卫的保护下度过了一晚。尽管百尼基是光着脚、顶着修剪不齐的发型站在夫勒鲁的露台上，但他都视若无睹，她能够活着逃出来已是侥幸。

次日，前来悼念的人群蜂拥而至，涌入上城集市，哀哭死者与诅咒总督的声音延绵不绝，得知了夫勒鲁疯狂的脾性，市民中的重要人物和大祭司请求哀哭的人群不要激起更多流血事件，他们一边哭一边撕裂衣服，将灰尘撒在头上。人们明白了这一请求蕴含的智慧，于是纷纷退去，有这样一个疯子掌权，他们正身处极大的险境。

但夫勒鲁最不希望的事情就是示威平息。他一边把大祭司和城里其他要人请来，告诉他们，耶路撒冷的人若要证明自己不会再反叛，唯一的方法就是到乡间去欢迎两队来自凯撒利亚的步兵。与此同时，他命令军官，若见到谁发牢骚，便将之砍倒。在祭司的大力劝说之下，一群人静静地出去迎接他们，但军队无视了他们的欢迎，他们便又开始辱骂总督。立即有一队士兵发起了进攻，将惊恐的人群赶回耶路撒冷，在挤进城门的时候，许多人被踩踏致死。

士兵们跟着他们一起闯进了城市，却受到犹太人的突击——他们抓起任何能找到的武器，向士兵投掷长矛和屋顶上揭下的瓦片。他们还拆毁了圣殿和安东尼堡之间的柱廊，让夫勒鲁无法再袭击宝库。被压制后，夫勒鲁按照城市当局的要求撤走了参加战斗的那队人，并将另一队人留在城中。随后他向身在安提阿的赛司提亚司呈上报告，声称犹太人已经先开始了战斗，发动了叛乱。

然而，犹太领袖也给赛司提亚司写信解释了事情的真实经过，百尼基也写了一封。询问过军官之后，忧心忡忡的赛司提亚司派出一名叫涅波利塔努的护民官进行调查。他与亚基帕同时抵达耶路撒冷，这时一群人跑到城外数里处迎接他们，死了丈夫的寡妇跑在最前面。民众们向他们二人诉说了夫勒鲁的暴行，给他们看发生过屠杀的血迹斑斑的上城集市和被洗劫的房屋。他们还说服涅波利塔努只带着一个仆人在城中走了一圈，这样他就能明白人们对罗马人并无敌意，只是讨厌夫勒鲁和他手下的暴徒。护民官确信，耶路撒冷没人想叛乱，在他离开之前，他甚至还在圣殿的外邦人院里以异教徒的方式祈祷。显然，他向安提阿的赛司提亚司带回了一份让人放心的报告：就算有闹事者，绝大多数市民还是期望和平并延续罗马的统治。[7]

与此同时，犹太人请求亚基帕和大祭司派使节向尼禄告发夫勒鲁，并称如果不这么做，他们的战斗就会被作为定罪的证据。亚基帕不同意，也许他担心尼禄会让事情变得更糟。虽然人们给涅波利塔努留下了好印象，但亚基帕意识到很有可能会爆发全面的叛乱。他决定发表一个演讲，并叫姐姐百尼基坐在哈斯摩尼王宫的窗边支持他，这样下面的群众就能在演讲期间看到她也在观看演讲。希律家族这两名最后的成员希望能够唤起人们对这个王朝尚存的忠诚。

他站在圣殿外，发表了一个慷慨激昂的长篇演说。约瑟夫斯并不在场，但几乎可以确定，几年以后，亚基帕给了他一个讲稿副本。尽管他已经把它润色成希腊经典的样子，但这个版本仍然充满说服力。它还传达了约瑟夫斯对局势的看法，这也是大部分统治阶级的看法。以下是演说的主旨：

"如果我发现你们都很想同罗马人打仗，连你们中正直善良的人都厌倦了和平生活，我就不会过来对你们说这些话，"亚基帕说，"但我知道你们中有很多年轻人没有经历过战争的恐怖，还有人对独立的前景过于乐观，也有人从个人角度出发想趁火打劫。"他非常明白这些人遭遇的苦难，也明白脱离异国统治看起来有多美好。即便如此，他们仍要服从。"我看到总督虐待你们。"这并不代表所有罗马人都虐待他们，更别说恺撒了；罗马的人都不知道究竟发生了什么。为何要因为一个人而发动一场战争呢？他们的祖先装备更加精良，都被庞培的一小支部队所击败。但此时他们却提出要挑战整个罗马帝国的力量。

"你们的军队在哪里？你们指望的武器在哪里？"亚基帕问，"穿过罗马海域的舰队在哪里？远行的费用在哪里？"然后他详细列出了所有被罗马征服的国家，以及它们是如何被征服的。"想想不列颠的防卫吧。他们周围有海洋环绕，住在跟整个大陆差不多大的岛上，但罗马人还是穿越海洋，奴役了他们，用四个军团就能维持这样一个大岛的秩序。"如果犹太人开战，罗马人必定会烧毁耶路撒冷，灭绝整个民族。"即使不可怜自己的妻儿，至少也要可怜你们自己的城市以及它神圣的管辖区域，可怜可怜圣殿和圣所吧。"[8]

说完，亚基帕和他姐姐痛哭流涕，耶路撒冷的人们深受感动，大喊着说他们从未想过向罗马开战，只因夫勒鲁的所作所为而想反抗他。亚基帕回答说，由于他们不向恺撒献贡，还拆掉圣殿和安东尼堡之间的柱廊，已经是在与罗马作对了。然而，如果他们献贡并重修柱廊，这件事就算了结了，毕竟安东尼堡与夫勒鲁无关，贡品也不交给他。

圣殿柱廊被修复，拖欠恺撒的贡品也开始从乡间征收上来。

亚基帕看似成功避免了战争。

然后，他得寸进尺，告知犹太人必须继续服从夫勒鲁直到罗马指派继任者。人们充满恐慌，不知道夫勒鲁会怎样报复他们，于是一群人聚集在王宫前大声谩骂，投掷石块。为了邻近的他自己王国的安全，亚基帕在绝望中离开了耶路撒冷。不过他仍期望能缓和局面，于是差派一支无疑非常焦虑的富裕市民使节团向凯撒利亚的夫勒鲁送去讯息，向总督提议，雇用他们来征收余下的贡品。[9]

显而易见，和平人士对亚基帕王没有更多指望了——他显然过于效忠罗马。

5

战火硝烟

> 耶和华使他们在以色列人面前溃乱。约书亚在基遍大大地杀败他们,追赶他们在伯和仑的上坡路,击杀他们直到亚西加和玛基大。
>
> ——《约书亚记》(10:10)

66年6月,耶路撒冷的骚乱演变成叛乱,然后成为全面的独立战争。第一个明显的标志就是大祭司亚拿尼亚·本·尼伯戴乌的儿子、曾经被短刀党人绑架的守殿官以利亚撒说服负责献祭的祭司不要接受外邦人的祭品,也不再以他们的名义献祭。约瑟夫斯显然认识以利亚撒,明显毫无激情地描述他是个"自信的年轻人"。[1] 以利亚撒在被短刀党劫持为人质的时候,可能从他们那里学到了极端主义的观点。虽然他是大祭司的儿子,但他的许多追随者都是来自下层的贫穷的神职人员,他们对大祭司和上层阶级深恶痛绝。

约瑟夫斯这样描述这一危机的关键转折点:"祭司们拒绝代表恺撒献祭之时,战争就已经打响了。虽然很多祭司和贵族恳求他们不要停止平时为罗马政府进行的献祭,但他们仍不妥协。他们之所以这么有把握是因为人数众多,同时指望着守殿官以利亚撒能领导他们。"[2] 尤其令人震惊的是，以利亚撒是一位贵族，而罗马人正是依赖这个阶级的合作才得以统治该地区。亚基帕几天前在演说中婉转提及的年轻气盛、头脑发热的人其中之一就是以利亚撒。

与此同时，一群不惜代价想要战争和自由的奋锐党短刀党人夺取了重要的希律王城堡——死海旁的马萨达。他们买通内部人员，杀死了里面所有的罗马人，并驻扎了自己的军队，一直防守这个城堡七年。这是一场精心策划的叛变，甚至比圣殿中侮辱恺撒的行动更为周密。

在耶路撒冷，大祭司和贵族们意识到危机已经来临，就在"铜门"（进入圣殿或者祭司院的大门）召开了公共集会。亚拿尼亚带领众人，惊慌失措地恳求恢复以恺撒之名进行的献祭。然而，极端分子的声音很快盖过了他们的恳求，这些极端分子包括了圣殿官员和下层神职人员。因为恐惧罗马人的责难，他们向夫勒鲁和亚基帕派出使节，强调他们并没有对皇帝不忠。

许多穷人加入了叛乱，这个国家早已被苛捐杂税搅得躁动不安，此刻新的麻烦接踵而至。犹太地似乎经历了一系列的歉收，所以越来越多的农民失去了产业。许多人到耶路撒冷乞讨，虽然有虔诚人士的施舍，但人们还是得忍饥挨饿。约瑟夫斯告诉我们，64年圣殿完工之后，有1.8万名工人被解雇，尽管有一些人找到给首都街道铺上白色大理石的工作。犹太人已经成了"两个国家"，无产者认为罗马政府和富人是一伙的。值得注意的是，叛乱者不仅烧毁了亚基帕和百尼基的宫殿、大祭司亚拿尼亚的房子，还烧毁了保存债权记录的档案馆。据约瑟夫斯说，他们这么做的目的就是要争取穷人加入他们的事业。[3]

他们的武器虽比不上士兵用的，但还是有武器可用。由于土匪和盗贼的威胁，当作有相当一部分犹太人拥有矛和剑。矛看起来是那种必要时可以当作标枪投掷出去的类型，而剑则比长刀稍大，与短刀党人用的那种匕首相似。此外，很多人肯定还有打猎用的弓箭和捕鸟用的弹弓。后来，这些胡乱凑数的工具成了补充武器，弥补了希律王宫军械库和缴获的罗马装备的不足。

夫勒鲁甚至懒得回答大祭司的使节，"因为他急于挑起争端"。[4] 亚基帕惊恐万分，立即派出3000名骑兵前往耶路撒冷。他们抵达时，和平派的人在上城与他们会合，而以利亚撒领导下的叛军占领了下城和圣殿。随后进行了七天的屠杀，标枪、弹弓和石头轮番上阵，双方都尽力想将对方赶出据点。效忠派和亚基帕的人马在数量上处于劣势，最终，在短刀党的协助下，以利亚撒的人马将前者逐出上城。一些高级祭司和贵族，包括叛军首领的父亲亚拿尼亚，都躲在下水道里，另一些人则将自己关在大希律王在上城的王宫里。两天后，8月17日，叛军屠杀了守军，洗劫了安东尼堡。效忠派暂时还死守着上城王宫。

这时候出现了一位新的领袖：米拿现，加利利奋锐党人犹大的儿子，也是短刀党时任首领，他似乎把自己看作第二个犹大·马加比。与他志同道合的极端分子陪同他前往马萨达，途中有大批匪徒加入。他们抵达马萨达后便闯入军械库，拿走所需的武器，把追随者武装成一支强大的护卫队。随后他又回到耶路撒冷，身穿王袍，篡夺了叛军的指挥权，并组织部队围攻上城宫殿。因为手下缺少攻城器械，他们就破坏堡垒的地基，9月6日堡垒倒塌。叛军允许守卫王宫的犹太人撤退，并承诺不会伤害他们，因为他们都是亚基帕的部下。大部分罗马军队都成功地逃到了希律王宫殿的三座哨塔上，但其余的人在到达安全地带前被杀了。次日，大祭司亚拿尼亚和他的兄弟希西家，这两个代表了旧有统治阶级的人，从藏身的水渠里被抓获，被米拿现的手下割断了喉咙。[5]

米拿现沉醉在成功之中，尤其在杀掉亚拿尼亚之后，变得无比傲慢，不断折磨和杀害对手。人们开始抱怨说，以犹太暴君换取罗马暴君，这似乎毫无意义，尤其还换了这么一个出身卑微的人。有一天，当他身着王袍出现在圣殿时，突然被以利亚撒（亚拿尼亚之子）和圣殿守卫袭击，围观者也加入进来朝他投掷石块，直到他和侍卫逃走。米拿现随后在欧法勒斯被捕，然后与他的心腹一起，被折磨而死。有几个党羽逃到了马萨达，其中有一个是他的亲戚以利亚撒·本·亚伊尔，之后还会讲到更多关于他的事。

然而，米拿现自诩为王并非毫无意义。大约250年前，犹大·马加比靠一支临时游击队击败了一支人数众多、经验丰富的军队。为什么上帝不再次介入战争，拯救他的选民呢？显然，米拿现想要成为马加比王朝的化身。他已经精神错乱并且最终失败了，但很明显，有关马加比家族第一人的记忆仍旧十分鲜活，依然鼓舞着犹太民族。

罗马驻军的余下部分坚守着希彼克、法西尔和玛利安尼这三座几乎是坚不可摧的塔楼。指挥官梅提里乌斯开始失去斗志，要对方开出投降条件。双方宣誓同意，只要士兵们放下武器就可以保全性命。但当罗马人开始向外撤退并放下佩剑和盾牌时，他们当场就被屠杀。只有梅提里乌斯（可能是其中少数真正的罗马人之一）在乞求接受割礼变成犹太人之后，才救了自己一命。"整座城市都处于悲哀之中……每一个老实诚恳的市民一想到要为起义者的罪行付出代价,都非常恐慌,"约瑟夫斯还补充说,"那场屠杀正巧发生在犹太教的安息日,而那天按照宗教教义,人们停止劳作,休息在家。"[6]

就在耶路撒冷的防御工事被击溃的同一天(9月17日),凯撒利亚的希腊人借此机会屠杀他们城里的犹太人,这很可能受到了夫勒鲁的鼓励。在安息日那一天,犹太人全都在家里或会堂里,一小时内就有两万男女老少遇难。其他少数逃走的人被夫勒鲁捉住并送进造船厂做苦役。流血事件继续蔓延,希腊人在整个犹太地和叙利亚屠杀犹太人。受害者不仅包括希伯来人,还包括皈依犹太信仰的人。在亚实基伦有2500人被杀,几乎同样多的人在多利买遇害,而另有数千人在推罗、希波、加大拉等城市及周边村庄遇害。然而,犹太人没有给他们的邻居任何怀疑的理由。

屠杀希伯来人的嗜血渴望也波及了埃及。在当地希腊人恶毒的挑衅之下,亚历山大大片的犹太侨民区发生了极其严重的骚乱,致使恐慌的罗马总督派出军团,带着烧杀抢掠的特别命令进入尼罗河三角洲的犹太区。犹太人拿起身边的用具当作武器进行了英勇的抵抗,但最终还是被完全压制。然后军团开始不分老幼地屠杀犹太人,"所以整个街区鲜血横流,五万具尸体堆积在一起"。就连地方长官都震惊了,叫手下住手,但都无法阻止亚历山大人侮辱尸体。[7]

这些大屠杀发生的部分原因是犹太人听闻了犹太地的新闻后,做出了暴力回应。当时犹太人报复性地袭击了希腊的城镇和村庄,并杀死大量居民,凯撒利亚的希腊人随即反扑犹太人,进行种族屠杀,血洗犹太人,而夫勒鲁却故意对屠杀不加限制。叙利亚和犹太地每个非犹太城市都分裂成了两派武装阵营,"每天白天血流成河,夜晚变得更加可怖",除了复仇,还有一个重要的动机就是劫财,两边阵营都是如此。"城中到处可见未被掩埋的尸体,老年人与婴儿的尸体被横七竖八地放在路边,女人的尸体甚至没有一块破布去盖。"[8]

在混乱之中,犹太人表现出良好的策略意识。他们占领了可以控制住耶利哥的塞浦路斯城堡,割断了罗马守军的喉咙,拆毁了防御工事。他们说服马盖耳斯的敌人弃守,这个城堡位于死海东面的峭壁上,固若金汤,随后他们在这里建立了自己的防御工事。

似乎很清楚,约瑟夫斯大约就在此时从罗马返回,即66年9月,但应是在凯撒利亚发生种族屠杀之前,否则他肯定一下船就被杀掉了。他一定对耶路撒冷的局势深感震惊。

> 我惊奇地发现革命运动已经在暗流涌动,许多人都在兴奋地盘算着反叛罗马。我试图抑制这种叛乱,劝说他们再深思熟虑一番。我促使他们好好思考即将与之开战的罗马人,要他们牢记,不管是在军事方面,还是运气方面,他们都要次于罗马人。我警告他们不要鲁莽行事,使国家、家人和自己都愚蠢地暴露在万劫不复的危险之中。我真诚而又执着地劝说他们不要妄自行动,因为我已经预见到这场战争肯定会以我们毁灭性的失败收场。但是,我的努力全都徒劳无功,因为这群亡命之徒已经彻底发狂了。[9]

突然之间,他意识到自己会被非法抓捕并杀掉,部分原因是因为他说话毫不掩饰，另一部分原因是因为他那个阶层的很多人都被怀疑通敌。约瑟夫斯肯定是贵族装扮，身穿丝绸长袍，手戴金戒。是时候躲藏起来了。安东尼堡已被占领，他只能在圣殿内院避难，因为他是祭司，所以可以进去。无疑，他换上了更便宜的装束，小心翼翼地避开聪明的熟人，毕竟在圣殿供职的下层神职人员都是狂热的反罗马分子，忠实地拥护着以利亚撒。离乡许久的事实方便了他隐藏身份。直到米拿现和他的朋友们消失之后，他才敢现身。

> 我冒险走出圣殿，同祭司长和法利赛人的主要首领商讨对策，但是看着一批批随身携带武器的民众，我们还是处于极度的惊恐之中；我们阻止不了这场反叛，也不知道自己应该做什么。考虑到日益明显与迫在眉睫的危险，我们（假装）表示同意他们的看法。为了（借口）证明我们诉诸武力仅仅是迫不得已的自卫，我们建议他们按兵不动，除非敌人进攻，不然不要去接触他们，我们这么做是希望赛司提亚司不久就能带着大批军队前来平息这场反叛运动。[10]

在安提阿，赛司提亚司·迦流明白，应该尽快采取行动，因为罗马人一般只在3月到9月作战。他集结了一支令人闻风丧胆的军队，他最强的军团第十二"雷神"军团满编可达6000人，另外他还从驻扎在叙利亚的三个军团各抽调了2000人。他还带了六个步兵大队（每个步兵大队约有600人）和四支当地招募的部队。此外，他还有两万辅助兵，由诸如亚基帕二世这样的友方君主和犹太地北部的叙利亚城市提供。本地征的兵主要是轻骑兵或弓箭手，价值有限，但至少他们憎恶犹太人，这一点是可靠的。

赛司提亚司有亚基帕陪同作为向导，沿着海岸往多利买进发，从那里派出一支分遣队摧毁了美丽的城市西布伦，将之化为灰烬，他自己则洗劫了这一带的犹太村庄。一支犹太武装部队趁他不在的时候杀掉了2000名士兵。然后他进军凯撒利亚，在那里建立基地。他的手下从那里出发，破坏乡间，将村庄付诸一炬，并从海陆一起围攻约帕，屠灭了该城全部居民（超过8000人），无人逃脱。当他发现吕大已成空城，只留下50具尸首时，便把吕大也烧成了灰烬。

第十二"雷神"军团的指挥官凯森尼乌斯·迦流带领一支强大的分遣队向加利利进军，在首府色弗黎受到了热烈欢迎。即便如此，加利利中部的山区还有一些游击队仍然在此坚守，并在罗马人靠近时造成对方200人伤亡。然而，军团迅速包围了他们，杀死2000人，暂时结束了该地区的武装抵抗。

这些策略旨在恐吓犹太地，使他们顺服，尤其是耶路撒冷，这是罗马的一贯做法。毫无疑问，赛司提亚司以为自己抵达耶路撒冷时不会遇到什么麻烦。然而，他丝毫没有掩盖自己的行踪，免不了遭受一场险恶的突袭。

赛司提亚司带领部队沿安提帕底和吕大行军，登上伯和仑，在距离耶路撒冷六英里的基遍扎营，由革西乌·夫勒鲁陪同。尽管这天是安息日，但犹太人还是袭击了罗马人，他们在盛怒之下冲破敌人的阵营，杀死500多名罗马人，然后退回城内，己方只损失了22人。有一个凶狠的年轻人，叫西门·巴尔·吉奥拉，在敌人登上伯和仑时袭击了他们的后卫，造成了更多的伤亡，还缴获一辆满载武器的骡车，此人在之后的反罗马战争中扮演了重要角色。

为了获得和平解决方案，亚基帕二世拼命做出了最后的努力，他派出两个为耶路撒冷人所熟知的亲信向犹太人承诺，如果他们放下武器，赛司提亚司就会竭尽全力说服恺撒宽恕他们。极端分子害怕群众接受这一提议，蓄意杀死一个使者，并打伤了另一个，后者勉强逃脱才保住性命。如果约瑟夫斯所言属实，城里一大群人因为失去了结束冲突的最后机会而怒不可遏，用石头砸死了那些破坏国王和平计划的人。

赛司提亚司将司令部驻扎在离耶路撒冷更近的斯科普斯山上，离城墙只有四分之三英里。然而，他一连三天都没有发动进攻，因为仍希望城市归降。与此同时，他派遣强征队去采集供给。最后，在10月4日他行动了，但他的人马没有遇到任何抵抗就到达了上城，让他非常惊讶，他们放火烧了比色他（约瑟夫斯称之为新城）和木材市场，然后在希律王宫外扎营。极端分子和他们的追随者大为恐惧，撤到内城和圣殿。

赛司提亚司此时若强行冲入圣殿，叛乱将就此结束。然而，渴望战争的夫勒鲁收买了他的军需官，后者说服他推迟进攻。亚那·本·约拿单给使节送信说他会打开城门，但赛司提亚司并不相信他的诚意。次日，罗马正式发起进攻，但是强硬派抵抗者重拾了勇气，并激烈抵抗。战斗进行了五天，双方僵持不下，于是使节派出了他最精良的部队，由精选的弓箭手掩护，从北侧袭击圣殿，然而，守军用投射武器将他们一次次击退。

最后，军团采用了罗马战术"龟甲阵"，士兵们将盾牌高举过头组成阵形，这样任何投向他们的长矛只会擦身而过，不会造成任何伤害。在这样的保护下，士兵们就可以破坏墙基，并在圣殿大门上放火。于是一些守军逃走了，罗马人的支持者则准备打开大门，由亚那·本·约拿单带领，他似乎是统治阶级的一员。约瑟夫斯可能也是其中之一。"如果赛司提亚司能够坚持得再久一些，便可以立刻拿下这座城市，"约瑟夫斯说，"但是我想就是因为那些罪恶的反叛者，所以上帝已经厌恶了这座城市和圣所，不允许战争在那天结束。"[11]

使节没有意识到他的反对者几乎已经放弃了希望，也没有意识到自己在城内有为数众多的支持者。他突然取消了进攻，并从耶路撒冷撤退到斯科普斯山的营地，守军一路追击他的后卫，杀死了大量罗马人。次日，赛司提亚司因不明原因继续撤退到更远的地方。他的敌人在以利亚撒·本·西门的领导下紧随其后，从路旁向他的侧翼投掷标枪，砍倒掉队的士兵，轻装上阵的犹太人能避开装备沉重的对手。有时罗马阵形解体，使得士兵更易受到伤害。伤亡人员包括第六军团的指挥官和一个护民官，还有其他一些高级军官。他们还丢失了大量的辎重。

主动撤退变成了被动撤退，进而又变成节节败退。赛司提亚司试图在基遍的设防营地进行抵抗，但两天后他发现自己几乎被叛军包围，而且叛军的人数每小时都在增加。第三天，即11月8日，他决定开拔，杀死大部分骡子，只留下一些驮运标枪和攻城器械。他和他的人马沿着狭窄崎岖的山路从基遍下到伯和仑，期间犹太人不断向他们投掷标枪，伤亡不断增加。对骑兵来说，地势太陡所以无法散开，更重要的是军团无法保持队形，因此他们的盾牌和盔甲也无法提供足够的保护。罗马人的士气开始削弱，士兵们不停呻吟和咒骂。相反，犹太人则士气高昂。若非夜幕降临，赛司提亚司和他的整个军队都会被屠杀或俘虏。

11月8日当晚，赛司提亚司将400名精兵安置在伯和仑一个似乎能防守的位置，下令第二天早上高举军旗，让人以为他和军队仍在那里。然后，他和余下的部队放弃攻城武器，在黑暗中安静地撤退。次日清晨，犹太人攻上来，击溃并屠杀了那400名步兵，然后火速追击撤退部队。但赛司提亚司和他的大部分部队已经走远，而且安全抵达叙利亚。自从瓦卢斯被日耳曼人击败以来，罗马军队60年未遭遇过如此惨烈的失败。

犹太人唱着凯歌回到耶路撒冷，受到了英雄般的欢迎。他们带着从死去的罗马人身上剥下的武器和盔甲，用以装备自己的人。他们还带回了罗马人紧急撤离时丢弃的攻城器械和重型投射武器，包括用来摧毁城墙的投石机和能够快速发射的大型机械弓，一次发射能连续刺穿好几个人。在未来的战斗中，这些装备也会被用来对付敌人。此外，他们似乎还拿到了赛司提亚司的军饷箱，里面有一大笔钱。

在伯和仑交战期间，尽管犹太人与军团近距离搏斗，但他们的伤亡仍旧少得出奇。而另一方——罗马人，据合理估计，损失了5500名步兵和380名骑兵。更令人印象深刻的是，耶路撒冷那些装备落后的业余士兵成功缴获了赛司提亚司的一只"鹰"——第十二"雷神"军团的鹰徽。请记住，军团的鹰徽是一个值得士兵们为之牺牲生命的神圣标志，如果失去就会蒙受奇耻大辱。无人能够否认，犹太人赢得了一场胜利，其意义堪比马加比起义。

6

加利利的总督

> 我看见大旗，听见角声，要到几时呢？
>
> ——《耶利米书》（4：21）

赛司提亚司的失败对罗马的军事声誉和权威来说都是一场灾难。除了鼓励帕提亚人进攻之外，这个消息可能也会让罗马帝国其他地方躁动不安。最重要的是，它把犹太人的叛乱变成了一场独立战争。

犹太地已经变成了一个自由的国家。然而，并没有发生任何恢复君主政权的运动，自希律王朝最后的幸存者亚基帕二世以来，这些君主明显都是罗马的附庸，他们决不会与新的政权合作。相反，10月6日出现了一个由贵族组成的类似军政府的联盟，由亚那·本·亚那领导，他曾是一位大祭司（曾涉嫌谋杀基督的兄弟雅各）。他们再次召集公会，此时罗马人已经离开，他们更加严肃地对待此事。他们铸造了硬币——厚重的银币舍客勒和大量的小面额铜板，铜板上刻有"圣城耶路撒冷"或"锡安的自由"，后来又改成"锡安的救赎"。相当多的犹太统治阶级成员支持独立事业，虽然他们中的一些人曾试图为赛司提亚司打开首都的大门。他们不想失去耶路撒冷或自己土地上的美丽豪宅，而且他们看到了增强权力的机会。他们迅速地组建了政府，其速度之快，表明正是这样的人组织了抵抗运动，派发武器，并口授攻击战略来抵抗赛司提亚司。

人们有理由相信可以组建新的国家。因为它不在地中海沿岸，不会直接威胁到罗马人，而他们若想围困这个比迦太基更加坚固的城市，将面临一场艰苦卓绝的战争，这可能会令他们望而却步。耶路撒冷不仅有坚不可摧的城墙，而且周围的犹太山地很适合伏击，这些山地为游击队提供了掩护，使大部队没有回旋的余地。此外，在马加比家族统治下，犹太人显示出他们是古代最伟大的战斗种族之一。尼禄的政权似乎在弱化，帕提亚人有可能进行干预，尽管他们的国王胆怯。因此，他们若希望罗马可能会同意用更宽松的宗主权来挽回面子，以避免进行一系列昂贵的战争，这种想法也并非完全不合理。[1]

亚那在军政府中最强大的盟友是以利亚撒·本·亚拿尼亚和约瑟夫斯父亲的朋友约书亚·本·迦玛拉。以利亚撒是一个毫不妥协的狂热分子，是近来被米拿现杀害的大祭司亚拿尼亚的儿子，仍然在指挥圣殿守卫。正是他负责中止为皇帝的福祉献祭，虽然身为上层阶级的成员，他仍旧焚烧了债权人的档案。他完全献身于反罗马战争，这一点毋庸置疑。即使他是出于对权力的渴求，才愿意鼓吹穷人的权利，他还是拥有大量忠实的追随者，尤其是那些低层的神职人员，他们对他尤为忠心耿耿。另一方面，尽管约书亚·本·迦玛拉维持了一支强大的私人军队，但他似乎并不那么极端。与以利亚撒不同，他更希望达成妥协。然而，尽管他们的最终目标可能不同，但这些人共同合作，为犹太地组建了一个政府。

尽管如此，约瑟夫斯却说，使节被赶回叙利亚后，"很多地位显赫的犹太人从圣城逃出来，犹如遇难的人逃离沉船"。[2] 他们怀疑不久之后这个国家就会面临灭顶之灾。有些人到安提阿投靠了蒙受了耻辱的赛司提亚司，而他却打发他们去见尼禄，去告诉他犹太地已经失守，并指示将挑起战争的所有责任都归咎在夫勒鲁身上，好转移皇帝对他的怒气。

除了这些上层阶级的悲观主义者之外，整个犹太基督徒团体都决定离开耶路撒冷。凯撒利亚的优西比乌斯主教写作于4世纪，能得到一些现在已经丢失了的史料，他说曾"有一个预言警告他们在战争开始前离开这座城市，前往比利亚，到佩拉这座外邦城市"。[3] 这个小团体的流亡意味着犹太基督教的灭绝，也意味着犹太仪式从基督教中的消亡，在此之前，尽管他们在自己的家中擘饼，但他们的正式敬拜还是集中在圣殿。

然而，面对失败第一个严重的反应不是针对罗马人，而是针对犹太人。在大马士革，成千上万的犹太人被赶入公共体育馆，被切断喉咙，这场屠杀持续了整整一个小时。约瑟夫斯说，肇事者不敢事先告诉自己的妻子，因为大马士革有许多女人同情犹太人的宗教信仰。关于暴行的传闻加强了耶路撒冷犹太人决心继续为自由而战的决心。

"生活在叙利亚境内的城市居民逮捕并杀死在他们当中的犹太人，包括妇女和儿童，尽管这些犹太人之前连一句抱怨他们的话都没有说过。因为他们既没有心存任何反叛罗马的想法，也没有对叙利亚人怀有任何的敌意或不良企图。"约瑟夫斯回忆道。[4] 这场屠杀发生在西古提波利，好几千人被屠杀，尽管他们已经表明自己愿意为罗马而战。在描述了这场他认为最糟糕的屠杀事件之后，他告诉我们，他记录了这些暴行"是因为我想让读者明白，我们犹太人不是有意反叛罗马，更多的只是一种被迫无奈的选择"。[5]

很难确切地知道约瑟夫斯在这段时间的实际行为，因为他是在犹太人被完全击败，他转而投靠罗马人之后写作的。虽然他试图阻止叛乱爆发，但毫无疑问，这些大屠杀已经改变了他对战争的态度。然而，如果他觉得有必要去抗衡军团，也会非常地不情愿。他会失去太多东西，所以总是希望与罗马达成协议。

与此同时，耶路撒冷的独立派正在准备战争。那些仍然赞成屈服于罗马统治的人中，有些人被说服了，而另一些人则被暴力威胁，被迫接受了新政权。在圣殿举行了一次大规模的公开集会，有数千人参加，会议中选取了10位将军。在一定程度上，尽管这次集会没有完全被公会操控，但至少已受其影响。大多数公会成员的家人在罗马统治下都发家致富，他们根深蒂固地反感革命。

公开集会反对奋锐党人以利亚撒·本·西门担任总指挥，从这点上就可以看出上层阶级的影响。毫无疑问，打败罗马人，以利亚撒功不可没。事实上，被俘的武器和赛司提亚司的军饷箱还在他的手上，而且不知何故他还控制了圣殿宝库。然而，富豪们都对他十分紧张，因为他是一个奋锐党人，行事为人如同一个暴虐的独裁者，有佩戴短刀的狂热分子做保镖，人们都非常惧怕。最后，受微妙的政治动机驱使，公会迫切地要以利亚撒的钱，于是他成为名义上的统治者。但实际上，公会绕过了他管理诸事，他在政策上的影响力极小，至少此时是这样。

在圣殿前集会所任命的10位将军中，其中之一便是"玛他提亚的儿子约瑟夫斯"，他还被任命为两个加利利的总督，以坚固的迦玛拉城为大本营。(《犹太战争》中使用了"副将军"一词，表明有很多其他的将军。)他没有逃到安提阿，这似乎令人惊讶，因为他后来写道，他一直都知道战争会以何种方式结束。然而，在这个阶段，他并不确定。新政府的许多领袖都是他的朋友，比如约书亚·本·迦玛拉，他可能推动过对约瑟夫斯的任命。

有许多人比他更适合这个职位，而且他将在耶路撒冷和加利利遭到激烈的批评。他在《犹太战争》中对此沉默不语，但在他所谓的自传中提供了更多细节。然而，这两本书相辅相成，若考虑到它们的侧重点不同，那么它们的不一致似乎也不那么矛盾。[6] 尽管他有时候不能令人信服，经常自吹自擂，不过除了非常坦率地表达了自己的心路历程之外，他还是提供了一幅非常生动的画面。

当社会秩序开始崩溃时，由他这样一个有着贵族背景的人担当加利利总督，似乎是一个惊人的选择。然而，这时候亚那的军政府和公会保持了相当大的影响力，而很多将军都出身贵族，特别是亚那自己和约瑟夫·本·葛立安，他们是耶路撒冷的联合总督，负责加固城墙。贵族们的命令仍然受到尊重，虽然这种尊重在持续减少。重要的是，约瑟夫斯在抵达加利利后不久，就写信给公会，请求得到他们的进一步指示。

耶路撒冷的普通民众没有意识到，虽然表面上准备与罗马进行战争，但还是有几个富有的贵族隐瞒了他们加入这场反对罗马的起义的真正理由。他们实际上是想要接管它，化解它，然后谈判达成妥协的和平。若要赌上一切，以求完全的胜利，这样的风险太高，而且无论如何，他们对暴徒都深感焦虑。约瑟夫斯在其自传《人生》中，有一段关键但或许有些模糊的暗示，显示了他们的秘密议程：

即赛司提亚司被打败之后，耶路撒冷的首领们看到那些强盗和革命者都已经武装到了牙齿，他们开始担心，缺少武器的他们可能就会受制于对手，不幸的是，这个担心最终变成了事实。当他们得知整个加利利都没有反叛罗马，还是一块平静之地时，就把我和另外两个祭司约亚撒和犹大——这两个祭司都是行事正派的正人君子——派去劝说这群心怀不满之人放下手中的武器，使他们深刻认识到，保存我们民族的精英和实力其实更为明智，也更为可取。主张（加利利人）……应该先耐心等待和观察罗马人的行动……武装自己以随时应对未来的突发情况。[7]

虽然约瑟夫斯在《犹太战争》中并没有这样承认，但他明白他的真正工作就是找到那些愿意捍卫这些富商巨贾的人，同时建立一个权力基地，来与罗马人谈判。为了避免社会动荡，同时结束战争，他的贵族同胞们孤注一掷地尝试接管革命，约瑟夫斯完全同情他们的努力。尽管他从未放弃这些秘密目标，也丝毫没有打算攻击罗马人，但是一旦敌对行动变得不可避免，他便开始认真地组织加利利的防御。他的同伴约亚撒和犹大似乎已经回到了耶路撒冷，让他一人掌控全局。

他在《犹太战争》中告诉我们，他一抵达加利利，第一步行动就是通过分享权力来获取群众的好感，并且只通过加利利人来发布命令。[8]他选择了70个成熟、有经验的男子组成地方公会来管理该省。在每个城市任命七名地方官审理较小的争议，而诸如谋杀等严重案件，他则留给自己和那70人来审理。"我使他们成为我的朋友，甚至成为旅行中的同伴，"他说，"我还常常让他们参与案件的审判，也常常根据他们的意见裁决案件；但是，我也不会匆忙审判而玷污正义，而且从不接受贿赂。"[9]事实上，我们从《人生》中得知，那70人是旧政权的核心官员，他把他们当作人质留在身边。

约瑟夫斯坦率承认自己收买了强盗，这显示了当时的情况有多么混乱。"我把那些最恐怖的土匪召集了起来，因为这些人不可能交出武器，所以就说服（乡下）民众把他们雇为雇佣兵。主动给一点钱总比绝望地看着他们劫掠自己的财产要好。我让他们发誓不得再进入这个地区，除非他们事先被我们召集或者他们没有拿到钱，并禁止他们同罗马或他们的邻居开战，之后我就把他们打发走了。因为我最关心的是保持加利利的和平。"[10]看起来，他似乎想把自己展示为唯一一个可以控制住他们的人，在一个无政府的状态下，他希望能够同时得到强盗和农民的支持。

事实上，他也无能为力。他想要维持加利利的和平，阻止它卷入战争，这是不可能完成的任务，而且分散在诸城的大量希腊人使这个任务变得更加复杂。这一点比色弗黎的情况更为明显。在成立大本营的时候，约瑟夫斯曾经有一小段时间把色弗黎作为首都。那里的人几乎全部都讲希腊语，而且对于罗马人授予的希腊别名"皇帝之城"深感自豪，他们并不喜欢被耶路撒冷叛军政府任命的犹太总督所统治。

"我发现色弗黎人因为不知道自己的城市会发生什么而惊恐万分，因为（附近乡下的）加利利人计划洗劫色弗黎，原因是色弗黎人之前倾向于罗马，而且与驻叙利亚总督赛司提亚司·迦流有联系，并向他宣誓效忠。然而，通过设身处地地劝说民众（不要攻击色弗黎），并允许他们自由地同被赛司提亚司扣为人质的亲属通信，我彻底打消了他们的恐惧。"[11]此外，他允许他们加强城市的防守，以抵抗农民，妄想他们对他的态度会软化，然而，这是一个严重的错误。他声称曾两次突袭攻占色弗黎，这绝对不是真相。在其他地方，他公开承认他曾三次试图占领这座城市，但每次都被击退。

对他来说，革尼撒勒湖边的提比里亚也并没有更容易一点。直到不久前，它还一直都是希腊商人的中心，但这时大多数希腊人逃走了，所以犹太人口占了绝大多数。但无论做什么，他们都各行其道。其中有一些人，显然是那些更富有的人，有太多东西会失去，他们暗中决定继续效忠罗马，而另外一个群体"则由当地最无足轻重的人组成"，他们大声呼吁发起战争。第三个组织由皮斯图斯的儿子犹士都领导，尽管名字听起来不像，但他是个犹太人。他假装力劝大家要谨慎，但实际上想要革命。根据《犹太战争》，犹士都在提比里亚激起人们对色弗黎长期的仇恨，借此吸引了一群暴民。

"犹士都非常善于蛊惑人心的演讲，理智的告诫在花言巧语的诡辩面前黯然失色。"这就是犹士都心中的对手约瑟夫斯对他的描述。"他受过很好的希腊修辞术训练，以至于竟恬不知耻地撰写起了历史，就好像他能用这种花言巧语的修辞术来掩盖事实本身一样。对于犹士都卑鄙的一生以及犹士都两兄弟差点引发的毁灭，我将会做出详尽的叙述。在这个特殊的场合，当他蛊惑（提比里亚）民众反叛，并胁迫许多并不想反叛的民众之后，犹士都和支持者大步出去，放火烧掉了加大拉和提比里亚周围的村庄。"[12]事实上，犹士都看起来一直都是一个秘密的温和派，如同约瑟夫斯一样，随时准备着与罗马和解。这两个人的敌意更多是个人的对立，而非政治分歧。

另一个令人讨厌的人物是提比里亚的执政官或首席地方长官杰苏斯·本·撒菲亚斯，约瑟夫斯轻描淡写地说他"是之前提到过的水手（湖中的渔夫？）和贫苦阶层这一派的头领"。[13] 他告诉我们杰苏斯是"卑鄙无耻之徒，恨不得天下大乱，总之，他是一切叛乱和革命的罪魁祸首"。[14] 当公会因附近的一座希律宫殿内有异教雕塑而命令将它拆毁时，杰苏斯迅速将它烧毁，因为它有金色屋顶，这表明有大量的财富可以掠夺。愤怒的约瑟夫斯修复了大火中幸存的大部分物品——哥林多大烛台、"王室餐桌"，还有大量非铸造的天然银。他试图将这些物品归还给亚基帕二世，因为约瑟夫斯不想与他为敌。与此同时，有少数希腊人错误判断了形势，留在了提比里亚，杰苏斯和他的追随者割断了他们的喉咙。

这些当地首领的动机令人眼花缭乱。一方面，法律和秩序已经崩溃，他们想趁机大赚一笔，无论是贿赂、保护费还是抢夺，都是赚外快的方式。与此同时，他们意识到，在叛乱持续期间，他们必须与耶路撒冷政府保持联系，因为自己也可能成为被消灭的目标。然而，即使他们都希望从革命中受益，但更精明的人会知道，当罗马人重新占领这个国家时，他们必须确保自己有一个安全的位置能够继续生存下去。

除了政党的首领，约瑟夫斯还面临其他的问题。来自安提阿的赛司提亚司·迦流正在等待增援部队，以便采取重大行动，这威胁着加利利的北部边界，他还从多利买的海边基地派出一名特别大胆的指挥官普拉西德，率领两个步兵大队和一个骑兵中队前来威胁该省。亚基帕国王的侍卫队长苏拉正在越过东北边境进行突袭，而前部长瓦卢斯与国王反目，正在全力发起进攻。

约瑟夫斯率领由一大堆暴民组成的"雇佣兵",来回奔跑,与罗马的同情者或强盗进行小规模交战,但没有什么效果。试图袭击和打劫非犹太城镇的农民对他们也是一大威胁。城市之间相互争斗,比如色弗黎与提比里亚争斗,提比里亚与特里基亚争斗,敌对派系在街上争吵不断。这一切都笼罩在罗马复仇的阴影之下。可以理解的是,许多城市都想邀请罗马人回来,哪怕这样做只是为了防止他们报复。在约瑟夫斯的许可下城墙已经被修复,色弗黎最终成功地说服赛司提亚司在城墙后面驻扎了一支罗马守军。

他知道罗马的全面入侵已经在所难免,于是竭尽全力让两个加利利做好准备,进行抵抗。他暗中希望和平,只是需要一些筹码来讨价还价。但他没有机会建立一个团结的反对派。他的大多数支持者都是乡下人,虽然他自鸣得意地声称他们是因为爱他而支持他,但事实并非如此,那是因为他们认为他可以保护他们免遭那些贪婪的城市居民的掠夺,他们对那些城里人又怕又恨,而约瑟夫斯又给人留下了能够驯服土匪的印象。特里基亚人支持他,因为他们讨厌提比里亚,认为他会站在他们这一边。这两个群体没有任何共同之处。

他解释说,他专注于有天然防守的地方,比如提比里亚、约塔帕塔和他泊山,他在那些地方加固了壁垒。他在靠近下加利利的革尼撒勒湖旁边的洞穴前建造了城墙,并在上加利利名为阿基伯伦的岩石周围建造了墙壁。其他得到加固的地方还有色弗黎,他允许居民增加城墙的高度。在吉萨拉,他也允许政党首领自主重建城墙。然而,无论这些准备工作听起来多么令人印象深刻,但实际上它们不过是徒有其表,在罗马的攻城器械面前毫无用处。

于是,约瑟夫斯招募了"10万多名年轻人"——一万人可能更接近真相。他用所有能找到的武器把他们武装起来。他说，他试图通过提高军士的比例和建立恰当的指挥结构来执行纪律，他在军队中设立了百夫长、十夫长和护民官。他训练这些部队如何听从喇叭声的调遣，比如"前进"或"后退"，如何扩展军队的侧翼，如何调转，如何派出胜利的侧翼帮助陷入困境的侧翼。他告诉他们，勇气和强壮的身体都必不可少，他强调，他们将要与之作战的人正是用这些品质征服整个地球的居民。如果他们想在战斗中有所作用，就不得不克制自身想要做最喜欢的乐事（抢劫、掠夺和从自己的同胞那里偷窃）的欲望。

也许他聘请了退伍士兵为他提供建议，但人们不禁怀疑，这些措施中有多少是只存在于他的想象中。他是在战争结束后才开始写作的，那时他已获得了开始时所缺乏的军事经验。在整个过程中，他把自己描绘成一个天生的将军，这个形象是出于他的虚荣和希腊史学的惯例，而非出于现实。

他声称自己终于召集了自认为足够的部队——6万名步兵、250名骑兵和大约4500名雇佣兵。这些数字很可能夸张到疯狂的地步，约瑟夫斯经常夸大其词。人们也猜测他的"军队"是一群可怜兮兮、装备落后的歹徒，只比暴民好一点，他们唯一的资产是他们坚定相信自己的信仰和民族的这份勇气，但对于反抗罗马军团而言，他们永无胜算。他最好的部队是他的"雇佣兵"，就是那类他称之为土匪的人，希腊语叫"莱斯太"（lestai）。每天都陪伴他并确保他统治的"军队"最多也只有两三百名强盗。他们就是他所谓的侍卫队。

与此同时，加利利的混乱持续扩大，达到了噩梦般的程度，党派首领仍然是最大的问题。其中最危险的是约哈南·本·利未，他的另一个名字——吉萨拉的约翰——更加为人所知，虽然他经常被描述为商人，但他可能是个小地主。他曾是罗马统治的支持者，之后罗马人鼓励推罗和加大拉的希腊人洗劫他的家乡吉萨拉，并将之夷为平地，他便改变了主意，成了狂热的奋锐党人。作为回应，他武装了吉萨拉人，赶走希腊人。起初，约翰与约瑟夫斯关系良好，约瑟夫斯委托他重新加固吉萨拉，但后来他与"这个奸诈之人"闹翻了，这是他所面对的最可怕的敌人之一。约瑟夫斯纯粹以非黑即白的眼光看待人，所以他对人物性格的描写从未充分表达一个人的个性深度。"他一度臭名昭著，是最卑鄙的骗子。"他这样开始了对约翰的描写。也许受到历史学家塞勒斯特对伟大的罗马反叛者喀提林的描述的启发，他的完整描述几乎是滑稽的辱骂：

> 他白手起家，由于缺钱曾经长时间无法展露自己的天性。不过，作为一个说谎的老手，他轻易就能赢得他的牺牲品的信任。他自创了一套欺骗的哲学，不惮于在最亲近的朋友身上实践。他假装仁慈，但随时准备为了钱财杀死任何人。他的野心永无止境，而他卑劣的行径滋养着他的欲望。他一开始是单干，有着罕见的偷窃天赋，后来为他的冒险事业找到了合伙人，最初只有一小撮，随着他越来越成功，他伙伴的数量也越来越庞大。他很小心地不让那些容易被抓的人加入进来，而是根据他们的体格、耐力和从军的经验挑选人才，最终足足集结了400人，主要是一些来自推罗和邻村的不法之徒。在这些人的帮助下，他扫荡了整个加利利，并从已深受迫在眉睫的战争烦扰的人民手中掠夺钱财。[15]

没有人应该毫无保留地接受一个敌人的记载，对于吉萨拉的约翰，有些人的看法大不相同。小说家里昂·孚希特万格称赞约翰（他称之为"这位加利利的乡绅"，这可能并不准确），说他的个性极具魅力，即使《犹太战争》也无法掩盖他非常勇敢，是一个优秀的士兵的事实。可以想象，他策划反对约瑟夫斯的灵感来源于一个信念：如果他取得了指挥权，从罗马人手里拯救加利利的机会就更大。而根据约瑟夫斯自己的叙述，约翰在所有的阶层中都找到了支持者。似乎约瑟夫斯的两个主要的副官约亚撒和犹大都认为约翰更合适。他远不只是一个强盗，其社会地位远高于《犹太战争》或《人生》中暗含的信息，他在耶路撒冷的权贵朋友都对他平等相待。[16]

有关约翰的一个事迹是将加利利一整年所生产的油囤积起来，他之前说服了约瑟夫斯允许他垄断，否则叙利亚的犹太人将不得不买"异教徒"的油。然后，他以买进价格的八倍卖掉了加利利的油，尽管《犹太战争》没有说他可能用这笔钱来加强吉萨拉的防御。很快他就打算推翻约瑟夫斯并替代他的位置，他命令他的士兵更加野蛮地突袭。如果幸运，这位将军可能会成为一个受害者，或者如果他逃脱了，也可能会被指责没有抓到制造痛苦的帮派。他传播谣言说约瑟夫斯正秘密策划将加利利交给罗马人。[17]

正如我们所见，色弗黎的市民看似忠于罗马，暗地里并非如此，所以当约瑟夫斯决定到访色弗黎时，他们警觉起来，收买了叫杰苏斯的土匪首领来暗杀他。就在杰苏斯带着800名匪徒从多利买附近的基地到达城市之前，他的一个追随者揭露了这个阴谋。约瑟夫斯设计将他与手下分开并逮捕了他，他对所犯罪行供认不讳，但约瑟夫斯将他赦免，并且原谅了色弗黎人。他不能惩罚这个城市,也不能惩罚这些土匪。

约翰看到了一个推翻约瑟夫斯的机会,当时有些年轻人抓住了亚基帕王的管家,并抢走了他宝贵的行李,其中包括若干银杯和600块金币。他们发现抢夺的战利品很难处理,便把它带到了位于特里基亚的约瑟夫斯那里。他立即没收了被盗的行李,打算归还给它的主人亚基帕王,他意识到,与罗马人的任何谈判,都可能会用到国王这个朋友。作为回应,劫匪前往该省的每个城市和村庄,去宣称约瑟夫斯即将出卖他们。约翰似乎一直在这些示威活动后面聚集力量,同时又在表面上与他维持良好的关系。

谣言传遍加利利,说约瑟夫斯计划把国家交给罗马人,数千人聚集在特里基亚的竞技场上抗议。他们反复要求用石头砸死他或烧死他。有两个人在喧嚣中煽风点火,一位是吉萨拉的约翰,另一位是约瑟夫斯的宿敌——首席地方官杰苏斯·本·撒菲亚斯,他戏剧性地拿着一本《托拉》走上前去。"市民同胞们,也许你们足够自私,连约瑟夫斯都不讨厌你们,"他喊道,"但至少你们还记得你们的律法,你们的指挥官正计划要背叛律法,单单为了律法的缘故,你们就应该推翻这种罪行,并惩罚这个无礼的罪犯。"

然后杰苏斯带领一帮武装分子前往约瑟夫斯家,打算杀了他。唯一一个还留在总督身边的侍卫将他叫醒,告诉他他们过来了,并建议他自杀。相反,他却穿上黑色的衣服,把灰尘撒在头上,把剑挂在脖子上,避开杰苏斯,绕道去了竞技场。在那里有少数人,主要是特里基亚人,为他感到难过,但大多数暴民都是乡下人,不喜欢他的赋税。他们大喊着,想要回他们的钱,并要他承认自己是一个叛徒。他泪流满面地扑倒在地,令人动容,所以人群阻止了一些想要杀害他的士兵。"同胞们,如果我该死,我根本

不会祈求你们的怜悯,但是在我死之前,我想告诉你们事实的真相。"然后他撒了一个弥天大谎,向大家承诺会坦白一切:

> 我根本没打算把这笔钱交给亚基帕或是装进我自己的口袋。我保证从来没有通过敌,也不会为了一己之私损害祖国的利益。我知道你们特里基亚城比别的城市更需要防御,但因为缺钱而无法修筑城墙。我担心提比里亚和其他地方的人觊觎这笔钱,所以打算自己保管,在修好城墙之前不告诉任何人。如果你们不满意,我可以把钱拿出来让你们平分。我完全是为你们的利益着想,你们为什么要惩罚自己的恩人呢?

如他所愿,特里基亚人对这个"忏悔"欢呼雀跃,他们和提比里亚人开始争吵。在喧闹中,他继续大喊,说他们可以做得更好,而不是只对那些试图帮助他们的人生气。最终,大部分人群四散离开,然后他回到家中,无疑松了一大口气。(约瑟夫斯对这起事件给出了两个稍许不同的叙述。)[18] 然而,他们中有2000人突然回来,挥动着武器在他的房子外面呼喊,威胁要烧毁房子。作为回应,他邀请他们的头领进来讨论他们的不满。这些人一进来,他就关上门,抓住了他们,他的侍卫便使用可怕的罗马鞭子狠狠地抽打他们(鞭上拴有铅球,每一鞭下去都会带出血)。"直打到他们的肠子都露出来。"他明显满意地写道。此外,他在《人生》中告诉我们,他砍了最大的头领一只手,并挂在他的脖子上。(必须要说,这是个相当标准的惩罚叛变的做法。)然后,他把他们扔到街上,半死不活,他们的朋友们见状都吓得抱头鼠窜。[19]

吉萨拉的约翰并未被吓倒,他又策划了一个新的阴谋。约瑟夫斯离开了，待在加利利一个名为迦拿的村庄，约翰出现在提比里亚，在这之前他给约瑟夫斯写了一封友好的信，说他要来洗热水澡。在犹士都·本·皮斯图斯的鼓励下，他试图让这些居民把城市交给他。然而，约瑟夫斯出乎意料地返回，身边带着200名士兵，而约翰则躲在住处装病。约瑟夫斯解散士兵，只保留了少量护卫队，然后就去了体育场，并站在围墙的顶端开始向人群讲述他收到的一些重要消息。突然间，他的一名士兵大喊约翰的暴徒已在他身后。当时"剑已经悬在了喉咙上"，千钧一发之际他从墙上跳下，跑到湖边，到特里基亚避难。

据约瑟夫斯称，不仅是特里基亚人，整个加利利地区的人都因为这次谋杀而怒不可遏，致使他不得不阻止"成千上万人"冲向约翰避难的吉萨拉，这些人想要焚烧这个阴谋家和他的城市。约翰发出了一封信，强烈否认所有关于阴谋的说法，"以誓言和可怕的诅咒结尾，他希望用这样的方式传达真诚的气氛"。[20] 约瑟夫斯随后宣布，他在加利利的每个城市都发现了约翰的支持者的名字，若他们在五天之内没有离开他的党派，他就准备烧掉他们的房子。结果有3000人争相跑向他效忠。[21]

相反，提比里亚的市民前去邀请亚基帕王来占领他们的城市，国王的骑兵一进城，就驱逐了约瑟夫斯和他的侍卫。于是，他集结了革尼撒勒湖上的所有船，约230艘，每艘船由四名水手操控，接着他率领舰队驶向对岸的提比里亚，在离岸很远的地方抛锚，这样，提比里亚人便看不出那些小船里实际上没什么人。然后，他将自己的船驶向岸边。市民们以为有一支庞大的军队即将袭击他们，吓得连忙弃械投降。之后约瑟夫斯要求对方成立一个代表团来与他谈判，以一个又一个借口，欺骗了整支代表团（共有600人），以及约2000名市民，让他们都登上了他的船。

然后在特里基亚把他们放下来，那时候他们大喊煽动叛乱的是克利图斯，"一个轻率任性的年轻人"，所以约瑟夫斯命令他的一个侍卫剁掉了这个年轻人的双手。侍卫不敢进入大量囚犯中间，此时克利图斯请求他允许自己留下一只手，约瑟夫斯勉强同意之后，他右手持剑，斩断了自己的左手。约瑟夫斯告诉我们，他感到非常自豪，可以在"兵不血刃"的情况下平息提比里亚人的叛乱。[22]

之后他请提比里亚人的代表团前来赴宴。客人中有他的宿敌犹士都，还有犹士都的父亲皮斯图斯。"（大餐）期间，我对他们说：'我自己非常清楚罗马可怕的军事力量；但是，由于那些强盗，我不得不保持沉默。'"他指的是那些极端分子。（他说在场的每个人都意识到罗马会征服犹太地。）"我建议他们也这样做，耐心地等待时机，不要违反我的命令，因为他们要找到一个像我这样仁慈的将军并不容易。"在这种愉快的娱乐活动中，他所说的还不止这些。"我也提醒犹士都，在我去耶路撒冷之前，加利利人已经把他兄弟的手砍下来了，因为他被指控在战争爆发前伪造了信件。"最后他回忆起迦玛拉人如何杀害犹士都的姐夫。显然，他心情愉快，第二天早上便下令释放他的提比里亚囚犯。[23]

他的快乐很快就被一场危机驱散，他在《人生》中用好几页纸记述了这一事件。吉萨拉的约翰派他的弟弟约拿单前往耶路撒冷，以获得西门·本·迦玛列的干预，迦玛列似乎是约翰的朋友，尽管不是很亲密。约瑟夫斯的两名助手约亚撒和犹大似乎也已经回到首都，并严厉批评了加利利总督。

西门是法利赛人，连约瑟夫斯都认为他"出生于一个非常著名的家族"，他和他的盟友葛立安·本·约瑟夫在耶路撒冷有相当大的影响力，他们说服当局尽快用约翰替换约瑟夫斯。[24] 他们一致认同总督有这些缺点（约瑟夫斯声称他们收受了贿赂），受理对他的指控，罪行包括腐败、生活奢侈和偷窃。另一项指控是"暴政"，大概意味着胁迫的行为，这在一定程度上被提比里亚的多次叛乱所证实。似乎有人暗示说他打算把这个省交给罗马人。但他们没有用吉萨拉的约翰换掉他，而是决定设置一个委员会。

结果，来自耶路撒冷的四名委员——其中有三名法利赛人，他们都备受尊敬，被派往加利利拘捕或处决当地总督。剩下那名委员是约瑟夫斯的前任助理约亚撒。公共财政出资供他们带1000名武装人员前往该省。幸运的是，约瑟夫斯的父亲知道了他们的任务，并寄出了一封信警告他。他做了一个先知会做的那种梦，在梦中他注定会继续留任并领导反抗罗马人的战争，他因此打消了疑虑，而且加利利人也恳求他留下，这使他备受鼓舞——至少他是这么说的。他组建了一支军队，借口说需要与来自叙利亚的罗马入侵者作战。然后他等待委员们到来。这些人抵达后，非常有礼貌地写信要求他加入他们的远征军，去惩罚吉萨拉的约翰，但只能带几个人同去。

那时约瑟夫斯正在吃晚饭，有一个傲慢的年轻军官把信送过来，甚至懒得敬礼，催促他快点写封回信：

> 然而，我叫他坐下与我们共进晚餐。他拒绝了。我没有管这封信，还像当初接信那样把它抓在手里，我继续跟朋友们一起聊着其他事情。不多久，我就起身打发客人们上床休息，并让我的四个最亲密的朋友留下，叫侍者备酒上来。

之后，在四周没有人的时候，我打开那封信，迅速地浏览了起来，在了解了写信之人的意图之后，我又把信重新密封好。我拿着信，好像根本没有读过它一样，又赏给这个送信的骑兵20德拉克马作为盘缠。他接过了钱，并表示感谢。

我注意到了他的贪婪之心，就想利用其贪婪而使之成为我的猎物。因此，我说道："如果你和我们一起喝酒，每喝一杯，我就给你一德拉克马。"他听后欣然同意，为了能得到更多的银币，他拼命喝酒，最终喝醉了，就再也不能守口如瓶了。我还没有问，他就把他们的阴谋以及我是怎么被判死刑的全都告诉了我。[25]

委员们试图抓住狡猾的加利利总督，这一行动持续好几个星期，不时还演变成闹剧。他们没有得到吉萨拉的约翰的帮助，约翰想要自己担任总督，而且他绝不会原谅西门·本·迦玛列向委员会的让步，这种拒绝可能使他对耶路撒冷的贵族军政府和整个统治阶级怀有持续的仇恨。总督的大多数支持者是加利利的农民，他们也没有时间为这些高傲的法利赛人服务。

无论委员们走到哪里，他们的"猎物"都安排人群向他们发出嘘声，这让他们非常恼火。而当他们试图在全省发布信息寻求支持时，总督抓住了他们的信使，并用铁链锁起来。他们试图绑架总督，也失败了，第一次是在城堡里，第二次是在会堂，第三次是在一个宴会上。当他们劝说提比里亚人起义时，约瑟夫斯俘虏了一位组织起义的专员，他先是提供条件，然后在对方前来谈判时，将之拦腰抱住。在这次政变之后，他带领一万名士兵进入提比里亚，并囚禁了所有敌对他的人。委员会就此终结。

虽然约瑟夫斯没有被推翻，但这是一段令人羞辱的插曲。这意味着不仅在加利利，而且在耶路撒冷，都有有影响力的人认为这位总督不能胜任他的工作。他假装这一切都是吉萨拉的约翰的阴谋，夸耀自己的机智和加利利人对他的忠诚，他在《人生》中用尽一切技巧来掩饰他的屈辱。即便如此，在加利利的最后几个月，如果他的叙述正确，看似他确实已经智胜了他的对手。委员们离开后，吉萨拉的约翰被软禁在他的小城里，而提比里亚的犹士都逃到了亚基帕王的宫中。约瑟夫斯似乎也威慑住了这些桀骜不驯的城市，比如提比里亚。

"我现在大概30岁。在这个年纪，即使一个人没有任何不正当的欲望，也很难避免他人的嫉妒。"他在《人生》中这样写道，指的就是他在加利利的岁月。[26] "但是，我尊重每一位妇女，从未调戏或骚扰过她们。我鄙视所有的礼物（因为它们都是不必要的），虽然我在打败周边城市的叙利亚人之后，的确拿走了一份战利品，我也承认把这些战利品送给了自己在耶路撒冷的亲戚。"但他确信自己的行为无可指责。他几乎自负到了荒谬的程度。"加利利人对我怀有极深的感情和忠诚，当他们的城市被攻占，他们的妻子和儿女被卖为奴，对于自己的这种不幸，他们并不是悲痛得不能自拔，相反他们却极为关心我的安全。"他沾沾自喜地宣称。[27] 然而，这些加利利人因举止粗鲁臭名昭著，而这位来自耶路撒冷的富有贵族像很多受过良好教育的犹太人一样，难以理解他们浓重的口音在表达什么，双方的感觉未必共通。

"尽管我攻占了色弗黎两次、提比里亚四次和加巴拉一次。"他这样说，想给我们留下深刻印象。他补充说，他从来没有惩罚过这些城市的任何叛徒。[28] 不仅这些声明大部分明显不真实，而且这个声明承认了他无法维持他在加利利的权威,此时的加利利肯定陷入了绝望的混乱。尽管他高度评价自己的军事成就,但作为一名实战指挥官,他显然并不擅长本职工作,这并不意外,因为他没有军事经验。他的无能解释了为何他的政府面临如此多的反抗,为何吉萨拉的约翰从未放弃取代他的希望。

公平地说,至少有一位现代史学家倾向于相信他取得了成功,并且相信他的自命不凡只是表象。E. M. 斯莫尔伍德认为,到67年春天,当罗马开始新的攻势时,约瑟夫斯已经在色弗黎之外的其他所有加利利地区都建立了权威。[29] 尽管她的学识令人钦佩,但并非所有人都认同她的观点。

约瑟夫斯不得不再次承受屈辱。色弗黎是加利利的首府,那里的居民给第十二军团司令兼赛司提亚司在安提阿的副手凯森尼乌斯·迦流写信,要求他给他们派一支罗马驻军。驻军如期到达,而约瑟夫斯无法将之驱逐。无论罗马统治多么高压,色弗黎人倾向于罗马人统治下的安全,而不是一个无能的犹太总督。然而,在描述完他率领他的无敌舰队如何智胜提比里亚市民之后,他平淡而不真实地声称"加利利又恢复了平静"。"人们放弃了内部纷争,转而准备与罗马人的战斗。"[30]

他们肯定已经做好准备要在耶路撒冷战斗,他们正加固城墙,并且每一个富人,只要他不是罗马人的秘密支持者,都为自己和仆人购买了一个武器库。铸造武器和盔甲的声音在全城范围内此起彼伏。大多数年轻人都热衷于军事训练,日常生活的正常模式被扰乱,但市民之中更冷静的人士的确非常忧郁,他们意识到了悲剧即将降临,不断为命运悲叹。种种预兆都显示灾难即将降临,即使煽动叛乱的人还在试图给他们一个乐观的解释。

即使在罗马人到来之前，犹太首都内的情绪也是非常分裂的。一方面，有些人相信他们的城市可能很快就有灭顶之灾，但他们决心拼尽全力。另一方面，有乐观主义者认为，希律王的防御工事能使耶路撒冷从最艰苦的围困中幸存下来，这并非全无道理。然而，可以肯定的是，耶路撒冷军政府没有时间，也不太情愿去帮助这位仍在担任加利利总督的人，特别是在委员们报告他如何以智取胜他们的情况下。约瑟夫斯此时孤家寡人，不得不自谋生路。

7

罗马军团再临

> 有一队蝗虫又强盛又无数,侵犯我的地。它的牙齿如狮子的牙齿,大牙如母狮的大牙。
>
> ——《约珥书》(1:6)

"当尼禄得知发生在犹太地的叛乱时,心中自然充满了惊恐和警惕,不过他小心地隐藏起这些情绪。"约瑟夫斯告诉我们,也许是复述一个在场朝臣的描述:

> 他爆发了,说发生的事完全是他的指挥官的错,与敌军的将领没有任何关系。他相信,像他这样一个背负整个帝国重担的人应该对这种骚乱表示蔑视,因而总是假装漠视任何形式的不利因素。然而,他竭尽全力地修复问题,从这一点可以看出他有多么担心。谁最了解如何在混乱时期处理东方的问题?谁能够镇压犹太叛乱,并阻止麻烦扩散到其他国家?在一阵自我辩论之后,他认为,只有韦帕芗才适合这个工作。[1]

57岁的提图斯·弗拉维·撒比奴斯·韦帕芗来自一个叫列阿特(即列蒂)的小村庄,口音粗俗,远非贵族。此人不说无意之话，不做无意之事，为人坚韧精明，办事高效，机智中带着刻薄。他是士兵中的士兵，总是身先士卒，并屡次负伤，因此，尽管他凶狠又严格，却还是深受部下的爱戴。据塔西佗的说法，他经常在他的部队最前方步行行军（尽管他有痛风），每晚标出夜间驻扎的营地，摆在他面前的是什么就吃什么，从不挑食，并且穿戴与士兵相同。[2] 如果他在职业生涯的这个阶段看起来是个平庸之才，至少也是一个有经验的庸才，在日耳曼和不列颠都参加过战争，苏维托尼乌斯说他参加过 30 场战役，占领过 20 座城镇，并征服了怀特岛。[3] 即便如此，他后来因为资金短缺，放弃了军事生涯，开始买卖骡子。

具有讽刺意味的是，尼禄对韦帕芗深表厌恶，两人无论如何都不算志同道合。他在皇帝唱歌的时候睡着，差点因为缺乏鉴赏能力而被处决。苏维托尼乌斯告诉我们，在音乐会结束后的第二天，他被拒绝进入帝国，并被逐出宫廷。他大约正躲藏在亚该亚一个偏僻的小镇上，担心发生最糟糕的事情，这时候有使者前来，给了他一支军队的指挥权，让他担任叙利亚总督。[4] 他的名字已经列在退休名单上好几年了，这个提议一定令人惊讶，但是他欣然接受了任命。

韦帕芗穿越达达尼尔海峡，尽快前往安提阿，在那里接管了第五军团和第十军团（马其顿军团和海峡军团）的指挥权，第十军团原属于赛司提亚司·迦流，韦帕芗接替他担任了叙利亚使节。他派他的儿子提图斯前往埃及，从亚历山大带来第十五军团（阿波罗），同时他得到了包括亚基帕二世的一小拨部队在内的各个附庸国辅助部队的支援。最终，他组建了一支编制超过 4.5 万人的部队——约瑟夫斯说它有 6 万人——其中最精锐的是 23 个步兵大队和 6 个常规骑兵中队。这比征服不列颠时所用的部队还要多得多。这表明了罗马对待犹太的威胁非常认真。根据苏维托尼乌斯的说法，韦帕芗彻底整顿了每个部队的纪律。

犹太人未等新的罗马将军抵达，便决定攻击沿海的希腊城市亚实基伦，该城只有一个步兵大队、一个骑兵中队和一个不到1000人的骑兵先遣队。他们依然还因为击败了赛司提亚司而兴高采烈，"这出乎意料的胜利和好运使他们激动得忘乎所以，开始有些飘飘然"，这一支庞大而过于自负的军队由三名英勇无比的人领导，分别是比利亚的尼格尔、巴比伦的塞拉斯和爱色尼派信徒约翰。[5] 虽然他们的目标驻守不足，但他们忘记了它拥有强大的防御工事和一名极其足智多谋的指挥官安东尼。

当犹太人到达亚实基伦时，他们贸然地一路冲向城市，但安东尼并没有躲在城墙背后，而是将他的骑兵拉到墙外。然后他发起了冲锋。犹太人纪律松散，装备落后，还没有坐骑，他们毫无取胜希望。有很多人逃跑了，但被抓捕和屠杀。其他人勇敢地奋战到晚上，死伤一万人，其中包括两名首领。而罗马人只损失了几个人。看到这么多伙伴躺在战场上，犹太人不为所动，第二天再次发起攻击，由比利亚的尼格尔一个人带领，但是他们被冲散了。尼格尔和他的一些部队躲在一个名叫贝尔泽德的村庄的一座塔楼里，罗马人很快点燃了村庄。他们认为已经成功地杀死了尼格尔，但他从火焰中跳了出来，藏在一个山洞里，三天后，当他的属下流泪搜寻他的尸体时，他又重新出现。他的奇迹生还使犹太人备感高兴，他们为拥有这样的指挥官而自豪。但这是他们最后一次袭击罗马驻军点。

韦帕芗带着部队从安提阿出发，沿着海路直到推罗，之后到达多利买，在那里进入了冬休。他在色弗黎安置了驻军，由护民官普拉西德指挥，1000匹马和6000名步兵驻扎在城外的平原上。约瑟夫斯不切实际地尝试想要夺回他的首府，他失败了，不仅是因为他手下部队太少，而且是因为色弗黎人并不想要他回来。虽然这并非打仗的季节了，但罗马骑兵在66—67年的整个冬季袭击了大片土地，焚烧庄稼和村庄，赶走牛群，将可怜的"阿姆-哈阿莱兹"送到奴隶市场。"加利利遍地大火肆虐，血流成河。"《犹太战争》这样告诉我们，"逃亡的居民唯一的避难所就只有约瑟夫斯防守的城镇"。[6]

这时，躲在城墙后的人们仍然感到安全。意识到这一点，普拉西德决定猛烈进攻距离色弗黎只有几英里、防守最强的城市约塔帕塔，希望占领它之后可以震慑他人，使之投降。然而，约塔帕塔的居民一知道他在路上，便伏击了他的军队，并在他们的必经之路上投掷阵阵标枪，罗马人在撤退时整齐有序，只损失了七个人。

提图斯带着第十五军团和他的父亲一起在多利买过冬，并训练他们的军队进行攻城战。韦帕芗在围困不列颠和猛攻山顶堡垒时获得的经验将会大有作用，虽然加利利山区的城镇更加牢固。到了67年的春天，罗马人已经准备就绪。在《犹太战争》中，约瑟夫斯给我们描述了他们的军队从多利买出发去征服加利利的画面：

> 轻装上阵的援军和弓箭手充当前锋，他们的任务是击退突然袭击的敌人和侦察可能藏有敌人伏兵的树林。接着是携带重型武器的步兵和骑兵，每个百人队都有10个人跟在后面，除了自己的行装，他们还抬着部队扎营的用具。之后是工兵，他们负责把弯路变成直路，铲平崎岖的路面，清除挡

路的树林，避免部队由于辛苦行军而疲惫不堪。他们后面是骁勇善战的骑兵保卫的重心——指挥官和其他高级军官的私人装备。接下来才是韦帕芗自己带领着他的骑兵和步兵的精锐，以及一队持矛者。紧接着是军团特别骑兵。每个军团都拥有这样一支120人的骑兵部队。随后是驮着石弹机和其他机械装置的骡子。再后面是高阶军官、队长和护民官，后面跟着精挑细选的侍卫。

接着是每个军团上方都飘扬着的带有鹰徽的军旗，象征着百鸟之王和无所畏惧的精神，他们都把这看作帝国的象征和必胜的征兆，无论他们的胜算有多大。神圣的徽章后面是号手，紧随其后的才是主力部队，他们肩并肩，六个人一排，照例由百夫长带领保持队形。每个军团的随从都整齐地跟在步兵之后，照料骡子和其他牲畜驮着的行李。兵团后面是大量的雇佣兵，随后是负责防卫的后卫部队，由携带轻型和重型武器的步兵以及一队强悍的骑兵组成。[7]

韦帕芗深谙心理战，当他准备击溃加利利诸城时，他抑制了部下的进攻。他猜想，对方看到他们装备精良的部队会放弃战斗，他猜对了。约瑟夫斯承认，这个巨大的战争机器正在接近，精心调整着步伐，一路发出铿锵有力的声音，向着这个临时拼凑的军队进发，而他的部队驻扎在距离色弗黎四公里的加里斯的营地上，单单是这个战争机器靠近的传言就足以击溃加利利人。他曾经竭尽全力训练的人，一看到敌人便溃不成军。他们逃亡后，他感到极为沮丧，因此他断定战争已经失败，他身边只剩少数部队，他们躲在提比里亚。

韦帕芗对加利利的重新征服始于加大拉，他发现该城几乎无人防守。他用刀剑暴风洗劫了这座小城，不仅屠杀年轻人，还屠杀老人和妇孺。焚毁了这个城市还不够，他还有条不紊地将该地区的每个小镇和村庄付之一炬，任何愚蠢到没有跑掉的人都一律被处死。

当约瑟夫斯到达时，提比里亚人惊慌失措，怀疑这位曾经满怀信心的总督，若不是相信战争已经失败，永远也不会逃走。他们是正确的。他已经准确地知道将会发生什么，而唯一的机会便是讲和。然而，他坚持他宁可死很多次，也不愿玷污他作为军队指挥官的职位，去违背他们政府的意愿，懦弱地与敌人讲和。相反，他派出最快的信使，向耶路撒冷的领导者发了一份完整的报告，希望能够说服他们立即进行谈判。

多年之后，他声称他一直确信罗马人会赦免他，我们不应该相信他。在那些日子里，罗马人更有可能将他钉死在十字架上，他肯定生活在恐惧之中，试图拼命地找到改变立场的手段。他对提比里亚人没有太大信心，因为他们给他带来这么大的麻烦，但他知道另一个加利利城市的防御非常牢固，几乎坚不可摧，他在那里可能会比较安全。可怕的是，韦帕芗在摧毁加大拉之后，已经明确要包围它了。约瑟夫斯悄悄地放弃提比里亚，任它自生自灭，67年5月，就在罗马军队在附近安营扎寨之后，他溜进了山城约塔帕塔。他用自己无私的方式告诉我们，他这样做是为了"鼓舞犹太人低落的士气"，但几乎可以肯定，他的真正动机是因为这个城市比提比里亚更有可能在围攻下幸免于难。然而，他将会发现，他被困在了城市中，就像一只老鼠被困在了无法逃脱的陷阱中——尽管这是一只足智多谋、口齿伶俐的老鼠。

8

约塔帕塔大围攻

> 你因心里所恐惧的,眼中所看见的,早晨必说:"巴不得到晚上才好!"晚上必说:"巴不得到早晨才好!"
>
> ——《申命记》(28:67)

约塔帕塔隐藏在延绵的群山之中,在到达之前几乎难以看见。它坐落在加利利最安全的地方,在悬崖上,三面由深不见底的峡谷护卫,城市的北部地势较低,向山下倾斜,然后地势再向上延伸至一个细长山脊,只能从那里才能进攻。根据约瑟夫斯的指示,他们在这个战略要点上修建了另一堵城墙来保卫山脊。通过山丘的引道比羊肠小道好不了多少,刚好只够人步行,不适合马匹甚至骡子通过,对那些还没见过罗马工兵的人来说,这座小山城似乎是牢不可破的。它有一个重大缺陷就是城内没有泉水,因此完全依赖蓄水池中储存的雨水。

我们了解约塔帕塔围攻战的唯一渠道就是约瑟夫斯在《犹太战争》中留心告诉我们的事情,因为他在《人生》中并未提及此事,而且同时期也没有其他的历史资料提及约塔帕塔。我们也应当记住,几年后,他一直在写作,他的心中有两个截然不同的观众:他在战争期间投靠的罗马人,还有已经被他放弃了的犹太人。

此外，他试图尽可能以最好的方式刻画自己的行为，把自己描述成英勇的指挥官在力挽狂澜。

身为指挥官，他不得不与罗马人作战，无论他是否喜欢。如果他试图逃跑，约塔帕塔人会想办法杀掉他，即使他逃跑成功，也很可能会被敌方的巡逻队抓住，那他就命不久矣了。在《犹太战争》中，他将自己描绘成勇敢又坚定的领导者——一个足智多谋、决不气馁的将军。但实际上，在围攻即将到来前夕，他越来越渴望谈判，但一直没有得到机会。

然而，即使他在《犹太战争》中的有些叙述明显歪曲了事实，但其中的大部分内容似乎合情合理且具有说服力，尤其是他没有描述自己的行为时。还有另一个理由，使我们可以相信他叙述的梗概是准确的：当约瑟夫斯写他的历史时，他知道围攻的罗马指挥官将会仔细阅读他的作品。这是因为目光锐利的韦帕芗将巴勒斯坦战役的笔记本借给了他。《犹太战争》中记载了大量的细节，特别是有关罗马军队的细节，例如部队番号和敌方指挥官的名字，这些信息只能来自韦帕芗的笔记本。

约塔帕塔的实力使它成为韦帕芗的优先进攻对象。如果他成功地占据了这个地方，那么加利利的其他据点就不会认为自身坚不可摧。而且，他知道城里有大量狂热的犹太人。当一个逃兵告诉他加利利总督也在那里时，他很高兴，认为这就是天意。"他最聪明的敌人自己送上门来，这一定是神的旨意。"约瑟夫斯谦虚地记录道。[1] 罗马将军的第一步是派出普拉西德和骁勇善战、足智多谋的十夫长伊布提乌斯，带着1000人围住该城，使总督无法逃脱。"他以为只要俘虏了约瑟夫斯，犹太地的所有人都将屈服。"《犹太战争》中这样说。[2] 这听起来像吹嘘，但这可能是真的，因为他知道韦帕芗会读这段记录。

5月21日，在约瑟夫斯到达约塔帕塔的几个小时前，韦帕芗已经带着整个军队抵达那里。他选择了城市以北四分之三英里的一个小山丘作为营地，这样，他就可以看到守军的全景，他希望仅凭自己军队的数量就可以吓倒这些防御者。他的第一个行动是用两列步兵和另一队骑兵封锁城市，防止任何人进出。

第二天，罗马人发动了一次全面的攻击。一些犹太人试图在袭击者到达城墙之前阻止他们，但是韦帕芗用弓箭手和投石兵进行远程射击，牵制他们的火力，同时自己带着步兵爬上了城墙上最容易攀爬的一个斜坡。约瑟夫斯意识到了危险，带着所有驻军冲了出去，把军团赶离了城墙。战斗持续了一整天，守军有17人死亡和600人受伤，罗马人有13名被杀，受伤的人更多。犹太人倍受鼓舞，于是次日早上他们再次出城攻击敌人。他们进行了多次突围和野蛮的肉搏战，一直持续了五天，双方都损失了很多人。最终两军暂时停战，稍事喘息，因为罗马人造成了如此惨重的伤亡，犹太人开始失去信心。

即便如此，犹太人的战斗也足够有效，他们让韦帕芗认识到，城墙的坚固程度超乎他的预料。在咨询了他的高级官员之后，他下令在城墙最薄弱的一侧建造一个攻城平台。他的部队开始砍伐邻近山脉的所有树木，并收集大块石头，用麻袋装上泥土。在建造平台的时候，他们用层层木制围栏保护己方免遭雨点般落下的标枪和石头的袭击。

与此同时，罗马的攻城火炮、160只蝎弩，连同石弩和投石机一起，不间断地朝城墙开火。他们似乎有两种类型的蝎弩，一种大的十字弓可以连续发射，一种是较小的轻型弩炮。轻型弩炮安装在推车上，有很多串扭力弹簧，可以以非常高的速度发射穿甲武器，如弩箭或石球。投石机有巨大的机械吊索，用以投掷巨石、一桶桶的石块或成束的火把。重型投射武器效果非凡，一些守军吓得都不敢到城墙上去。尽管如此，一些特别勇敢的犹太人仍然一次又一次地突围，扯下遮盖，杀死下面的工兵，并拆掉了平台。

作为对策，约瑟夫斯在对面修建了一堵高出平台30英尺的城墙，他用新宰的牛的皮盖住掩体，以保护他的工兵免受投射武器的攻击。受到攻击时，湿润的牛皮会弯曲而不是裂开，而且多少还有点防火的功能。他还在墙上增加了一排木塔和新的护墙。罗马人被这些措施吓了一跳，而犹太人则信心倍增，在夜间加紧突围，突袭并烧毁了围城工事。

攻城进度缓慢，韦帕芗非常恼火，守军的防御也让他深感佩服，于是他决定让约塔帕塔的民众饿到投降为止，因此撤走部队，但继续封锁全城。这个城市食物充足，但没有足够的雨水来补给蓄水池，用水需要配给。然而，当约瑟夫斯看到罗马人怀疑城中居民口渴难耐时，他让人在墙上挂起沉重的衣服，往下面滴水。韦帕芗非常泄气，所以又恢复了每天对城墙的攻击。

尽管封锁严密，但有那么一阵子，约瑟夫斯能够与外界沟通并至少获得一些他需要的物资。那里有一条狭窄得几乎无法通行的沟壑，罗马人疏于防守，他派遣信徒们将羊皮盖在背上作为伪装从这条沟壑出去与外界联系。但最终这个计谋被发现，整个城市与外界的沟通被彻底切断。

令人着迷的是，有时候约瑟夫斯让我们看到他内心的想法，在某种程度上几乎是诚实的表达。正如他自己承认，他为了自己的安全而去了约塔帕塔,但这时他已开始失去勇气。"约瑟夫斯意识到他们没法坚持太久了,如果再待下去,恐怕他自己都性命难保,所以和领头的市民商量怎么逃走。"他直白地告诉我们[3]。对于离开人民,任由他们惨遭屠杀,他丝毫没有良心不安。听闻关于他计划的传言,一大群人聚集起来,请求他不要抛弃他们。"如果他逃跑,抛弃他的朋友——风平浪静时登上船,但遇到暴风雨时弃飘摇的船于不顾上岸——他们永远都不会原谅他,"他们大喊道,"如果他放弃了这个城市,他们信念的唯一来源一旦消失,就没有人会再冒险继续抵抗敌人了。"[4]

约瑟夫斯隐藏起对自己安全的焦虑,宣布自己是为了他们才计划离去。如果他们幸存下来,他留在城里给不了他们多少帮助;如若他们落到敌人手里,也只不过多了一个牺牲品而已。但是另一方面,如果他逃出敌人的包围圈,他就可以在城外给他们最大限度的帮助;他可以马上从全加利利集结一支部队攻打敌人,引开围困这个城市的罗马军队。他看不出来此时自己再留在这里对他们有什么好处。最有可能的结果就是促使罗马人加大围攻的火力,因为他们的主要目的就是抓住他。如果他们发现他逃跑了,就会大大减轻对城里的压力。[5]

没人肯听他的解释,约塔帕塔的市民都下定决心不让他走。孩子、老人以及怀抱孩子的妇女,哭着跪在他面前。他们抓住他的脚,紧紧抱住他,哭着哀求他留下和他们并肩作战。他们都觉得,只要他肯留下来,他们就能得到拯救。如果他留下,他们会认为他是在回应他们的祈祷,但如果他试图离开,他将被处以私刑,最终他大度地同意留下。他甚至声称他的决定是对这些人的同情。他宣布:"我们已经没有退路了,是开战的时候了。以生命的代价赢得这场世人皆知的战争,或者用一个壮举使自己流芳百世是非常光荣的。"然后,他告诉我们,他随即引领了一次出击,杀死了罗马人的一些哨兵,摧毁了一些围城工事,"而且在此后的很多天不眠不休地同敌人作战"。[6]

军团已经退出前线,等待全面攻击的时刻。蝎弩和投石兵,以及阿拉伯弓箭手和叙利亚投石兵都保持着火力,造成了许多伤亡。犹太人唯一的回应是反复地出击,耗尽他们的力量。到这时为止,攻城平台几乎已高达城墙的顶端,所以韦帕芗认为是时候使用破城锤了。破城锤是一块巨大的木料,像船的桅杆,它的末端装有一块巨大的铁块,形状像公羊的头部,由绳索悬挂在脚手架上,底下有轮子。由一队人反复向后拉动,然后向前猛射,它的铁头可以毁坏大部分砖石建筑。在罗马炮兵加大轰炸力度的同时,敌人将这个破城锤拉到进攻位置,由皮革和障碍物保护。它的第一次撞击就撼动了整面墙壁。约瑟夫斯回忆道:"城里的人发出了尖锐的叫喊声,好像城市已经被攻破了。"[7]

他试图从墙上垂下装满糠秕的袋子来减轻破城锤的冲击力,但罗马人用带钩子的长杆把它们推到一边。新建成的城墙开始崩塌。然而,犹太人从三个不同的突围口冲出来,出其不意地用沥青、树脂和硫黄的混合物烧毁了保护破城锤的上层结构,从而将它摧毁。"有一个犹太人站了出来,他的名字值得被铭记。"约瑟夫斯在《犹太战争》中说。[8]这个人是以利亚撒·本·撒麦阿斯,他出生于加利利的萨博。他从墙上扔下一块巨石,砸到破城锤的头上,把铁头敲下来。然后,他跳进罗马人之中,抓起铁头,带回城墙上,站在那里挥舞着战利品,直到倒下。他身中五支标枪,受了致命伤,痛苦地翻滚着,但仍然抓着他的战利品。

围攻者修复了这个破城锤,并于傍晚时分开始撞击围墙的同一部分。韦帕芗被一支用过的标枪击中脚部,当时罗马人中爆发了一阵恐慌(这表明他一定站在靠近墙壁的危险位置)。但当他们意识到他受伤不重后,便开始了真正愤怒的攻击。约瑟夫斯和其他人彻夜战斗,有时候突围去攻击这个破城锤,但是他们点燃的火焰使自己成为对方隐藏在黑暗中的重型投射武器攻击的目标。蝎弩射出巨大的弩箭,其阴影掠过队伍的上方,而弩炮掷出的石头摧毁了城墙的一部分,并撞掉了塔的几个角。约瑟夫斯毛骨悚然地描绘了这种武器的致命威力。例如,他写道,站在他旁边的一个男人的头被一块石头撞掉,抛出了600多码,一名孕妇被击中腹部,她子宫里的孩子被抛出300英尺。

攻城器械发出了恐怖的咔嗒声,罗马人发射的无尽的箭和石头的嗖嗖声也同样令人颤栗。死人从城垛上掉下来时,尸体撞击地面,发出不祥的声音,这同样令人气馁。城内的妇女不断尖叫,而许多伤员痛得大声惨叫。城墙前面血流成河,而尸体堆得像城墙一样高。这座城市被群山环绕,回声盖过了一切,使得喧嚣声变得更加可怕。

临近早晨,在破城锤的不断撞击下,墙壁终于倒塌。韦帕芗让他的人马稍事休息,准备在黎明时发动袭击。他命令重装骑兵中的精锐下马,驻扎在突围口的三个深坑中,准备在梯子就位后立马冲进城。他在他们后面安置了最好的步兵。其余的骑兵仍在马上,队伍向后延伸,以便在城墙倒下之时砍倒任何试图逃跑的人。更后面安置弓箭手，排成弧形，个个拈弓搭箭，还有投石兵和炮兵。他命令部队使用梯子，并攻击城墙未遭破坏的部分，以转移守军的注意力。

意识到即将发生的事情，约瑟夫斯把老年人和还能走动的伤员安置在仍然挺立的那面城墙上，那里有更多的保护，也可以对付敌军爬上城墙。他把更有战斗力的男人安置在城墙裂口之后，包括他自己在内，通过抽签分成六人一组，站在前面，准备承受正面攻击。他命令他们塞住耳朵，以免被军团作战的呐喊声吓到，并在对方发射第一次弹雨时后退，跪下躲在盾牌下面，直等到弓箭手射空箭囊，然后在罗马人把梯子推上碎石时立刻往前冲。

"一刻也不要忘记，这里的老人和小孩，他们将遭到屠杀，你们的妻子将被敌人残暴地杀害，"他劝诫他们，"记住这种暴行在你们心中激起的愤怒，用这愤怒杀死那些即将带来这种暴行的人。"[9]

天亮之时，妇女和儿童看到三队来势汹汹的罗马军队，城墙上破了巨大的口子，漫山遍野都是敌兵，他们发出了最后可怕、绝望的尖叫。约瑟夫斯下令将他们锁在自己的房子里，以免削弱男人们的决心，然后回到破口的位置。奇怪的是，他曾经向周围的一些人预言，这座城市将会失守，他会被囚禁，这一预言似乎很合理，但这对士气并无益处。

突然间，罗马的蛇形号角隆隆作响，号召部队进入战斗，军团士兵大声呐喊，太阳在各种投掷物的遮蔽下变得模糊不清，这些投掷物有标枪、箭矢、蝎弩弹、掷石，以及弩炮所投掷的石头。约瑟夫斯的人谨记他的指示，塞住耳朵，躲在盾牌下面。等敌人一放下梯子，他们就向前冲锋迎击敌人。然而，他们没有任何储备力量，而敌人似乎拥有无穷无尽的补充部队，后者用大而长的盾牌形成了一个龟甲阵，并开始向主要的突破口推进。

但是，约瑟夫斯早有所料，并已做好准备。他下令从破口两侧的墙壁向龟甲阵倾倒沸腾的热油。军团士兵在痛苦中乱跳和扭动，从梯子上掉了下来，紧身的盔甲使得他们无法逃脱极度痛苦的死亡。犹太人用完热油后，又用煮熟的葫芦巴替代热油泼到梯子上，让新一波攻击者难以保持平衡，有些便失足摔倒并被践踏致死。当晚早些时候，韦帕芗停止了进攻。

此后韦帕芗下令增高平行于墙壁的三个突击平台，并为每个突击平台配备一座50英尺高的防火铁质攻城塔。他的弓箭手、弹弓手和标枪手能够以相对安全的方式，从这些攻城塔的顶部朝守军近距离射击，塔上还安装了大型十字弓可以连续射击。

与此同时，韦帕芗并没有将自己限制在围绕约塔帕塔的战事中。他派第十军团的指挥官乌尔皮乌斯·图拉真——就是未来的皇帝图拉真的父亲——率领3000人去攻击17千米以外的雅法，因为雅法人加入了叛乱，他派儿子提图斯前往增援图拉真的军队。图拉真和提图斯一共杀死了1.5万多名犹太人，另外还俘虏了2000人。而第五军团的塞克斯图斯·凯列阿里斯进军撒玛利亚，尽管撒玛利亚人对犹太人怀有一贯的敌意，但他们看起来也处于叛乱的边缘，1.1万多名聚集在基利心山的撒玛利亚人被屠杀。

围攻约塔帕塔的第47天，攻城平台高过了城墙。一名叛逃者告诉韦帕芗，守军已经筋疲力尽，无法投入大量的战斗，而且哨兵经常在凌晨时分睡着。黎明前，罗马人爬到平台上。提图斯是首先爬过城墙的人之一，跟他一起的还有护民官多米提乌·撒比奴和第十五军团的一些人。他们切断了守卫的喉咙，然后悄悄地进入城市，后面是护民官塞克斯图斯·卡瓦留斯、普拉西德和其他部队。(约瑟夫斯肯定是从韦帕芗的战争笔记中获得的这些细节。)

在很短的时间内，罗马人便占领了悬崖边缘的城堡，并冲入了约塔帕塔的心脏地带，但甚至到天亮时，守军还没有意识到城市已经失守。大多数人仍然睡得很熟，他们因疲劳而瘫倒，而浓密的雾笼罩着一切。已经醒来的极少数人也因为太疲惫而无法保持警醒。只有当约塔帕塔人看到罗马军队已跑遍街头，遇人便杀，他们才明白一切都结束了。

约塔帕塔很快变成了一个屠宰场。军团们并没有忘记他们在围城期间遭受的痛苦，尤其是那沸腾的热油。他们的主要装备是一种两边开刃的罗马短剑（更像是一把大型匕首而非剑），非常适合大屠杀。他们把惊慌的人群从城堡中赶出来，穿过狭窄的街道走到山脚下，让他们紧紧地挤在一起，那些想反击的人根本无法举起双臂。约瑟夫斯一些最优秀的部下在尚有能力之时，绝望地切断了自己的喉咙。

有一些人坚守在北部的一座塔楼上，但他们不知所措，似乎只能迎接死亡。军团只损失了一个人。一个隐藏在山洞里的约塔帕塔人向一个名为安东尼的百夫长大声喊叫，想要投降，求他伸手救他出山洞，但当安东尼伸出手时，犹太人却用矛从下面刺入了他的腹股沟。罗马人杀死在街道或房屋中发现的每一个人后，接下来花了几天搜捕躲藏在地下的守军。在围城和猛攻期间，他们杀死了至少4万名犹太人。（这是约瑟夫斯给出的数字，这可能是他唯一一次没有夸大其词。）他们只俘虏了约1200名妇女和儿童。

即便如此，小城约塔帕塔的防守也相当惊人。在世界上最有效率、装备最精良的军队的攻击之下，约塔帕塔抵抗了近八周的时间，这是一项了不起的成就。犹太人再一次表明，他们知道如何凭直觉战斗，尽管他们缺乏任何军事训练，武器落后而且少得可怜，但他们有可能成为最强大的对手。

尽管约瑟夫斯在和平时期可能是个糟糕的加利利总督，但在约塔帕塔被困期间，他证明了自己是一位勇敢而又足智多谋的指挥官，即使他曾一度想逃跑并抛弃他的人民。领导这座城市的防御是他一生中最伟大的胜利之一。

但他这时又在哪里呢？

9

洞穴与预言

> 躲避恐惧声音的必坠入陷坑;从陷坑上来的必被网罗缠住。因为天上的窗户都开了,地的根基也震动了。
>
> ——《以赛亚书》(24:18)

约瑟夫斯如何说服逃亡的同胞自杀是他整个职业生涯中最含糊其词的故事。一些历史学家认为他用心险恶。然而,他很有可能没有做错任何事情。我们只知道他自己在《犹太战争》中告诉我们的情节。他如果认为这可能会损害他的声誉,本可以选择不把它写进书中。他没有在他的自我辩护作品《人生》中提及此事,表明他认为这不需要解释。

罗马军团尤其努力地寻找约瑟夫斯,因为他们憎恨这位叛军领袖,他在围攻期间给他们造成了如此多的痛苦,也因为他们的将军已经下达了捉拿他的特别命令,他们本幻想只要俘虏他,就会在几周内赢得战争。他们到处搜寻,翻遍了所有的尸体,洗劫了房屋,进入城市的地窖和洞穴,但都没有成功。

但当罗马人占领城市的时候,约瑟夫斯在天意的超自然庇佑下,偷偷从敌人中间溜了出去,跳进了一个深沟,沟的一边与一个宽敞的山洞相连,从上面根本看不见。他找到了躲在那里的 40 名(约塔帕塔的)重要人物,那里的给养足够维持好几天。他白天藏在洞里,因为到处都是敌人,晚上出去寻找逃跑的路径和查看哨岗。可是由于罗马士兵正到处搜寻他,所有路径都被封锁了,根本没办法逃出去。所以他又回到了洞里。头两天他都逃过了敌人的搜查。[1]

第三天,罗马人抓住了从山洞里上来的一名女子。在他们的逼问下,她告诉他们总督的藏身之处。韦帕芗立即派出两名护民官(保利努和加利卡努)前去山洞。他们朝下面大喊,礼貌地叫他上来,告诉他不要害怕,他可以保全性命。然而,在杀害和伤害了那么多罗马人之后,他估计自己会死得很惨,无论如何,他都知道罗马人经常食言。他拒绝了邀请。

韦帕芗随后派出了第三名护民官,叫作尼加诺,他是约瑟夫斯的一位老朋友,他解释说,他的指挥官不想惩罚他,只是想挽救一个勇敢士兵的生命,并补充说,韦帕芗绝不会用一个人的朋友来欺骗他。一听到敌军将领不会遭受惩罚,军团士兵开始大吼,说他应该被烧死在洞穴里。尼加诺阻止了他们。他想要活捉他。于是约瑟夫斯看到了一线生机。

"约瑟夫斯记起了那些深夜的梦中,上帝曾经预先警告过他犹太人即将遭受的灾难和罗马皇帝的未来,"《犹太战争》告诉我们,"此外,在释梦时,他能够预测出上帝模棱两可的话中所包含的意义。作为一个祭司和祭司的后代,他熟悉圣经中的预言。"[2]

他声称自己受到了神的启示,想到梦中那些可怕的事情时,便向神祷告。"既然您愿意把愤怒发泄在您亲手创造的犹太人身上，而把所有繁荣的前景都赐给了罗马人，而且因为您确实选择了我的灵魂来把这些公之于众，所以我自愿把自己献给罗马人，这样也许我就可以活下来，但我庄严地宣布，我并不是作为一个叛徒出去的，而是作为您的仆人。"[3]

这段话很关键，即使这是在几年后才写成的。怀疑论者质疑他对于犹太和罗马前景的预见，也怀疑他称自己可以"释梦"。但他很可能听说过关于新的世界统治者的传言。此外，尼加诺可能暗示过他可以通过预见未来使自己为韦帕芗所用，因为犹太人在罗马有着可以预言的名声。无论是什么启发了他，这个敏锐、足智多谋的人已经误打误撞地找到了一条生路，摆脱了非常不利的状况。

"在整个东方流传着一个古老的信念：到时（尼禄统治结束之时）从犹太地来的人必将统治世界。"苏维托尼乌斯这样告诉我们。[4]约瑟夫斯肯定听说过这事，人人都知道尼禄的政权日益不稳。他也没有忘记年轻时从爱色尼先知那里学到的东西。虽然犹太人都知道他的祭司身份并没有赋予他洞悉未来的特殊能力，但这个身份可能更利于说服罗马人。

他接受了尼加诺的邀请，要求尽快与韦帕芗交谈。不幸的是，他在洞里的朋友无意让他走。约瑟夫斯有一个罗马百夫长老朋友，他的名字听起来像希腊语，他们可能还用希腊语对话，对这些直率的加利利山里人来说，这本身就已经糟透了。但是从他们得到的信息来看，他们怀疑自己的领袖正在考虑为敌人服务，这是彻头彻尾的叛国。约瑟夫斯记录，他的同伴们努力地阻止他投降：

上帝自己制定了这法律，他赋予了我们蔑视死亡的精神！约瑟夫斯，你就这么热爱自己的生命，忍受像奴隶一样生活吗？这么快你就忘记自己是谁了！你曾经劝服了多少人为了自由而献身啊！虚伪，彻头彻尾的虚伪，这就是你用勇气和智慧获得的名誉。如果你真的希望你曾沉重打击过的那些人赦免你，并且相信他们的保证是真的，你就不配作为一个男人，等着被人唾弃吧！但是如果你被罗马人的胜利吓昏了头，我们将会保护祖国的名誉。我们会借你一把剑和一只执行的手。如果你愿意自杀，你将作为犹太人的司令官而死；如果你不肯，你就是一个叛徒！[5]

很可能这些粗鲁的乡下人从一开始就不信任这个从耶路撒冷来的富有贵族。他们用剑威胁他，说如果他试图向罗马人投降，他们就会砍倒他。他必须跟他们一起集体自杀。约瑟夫斯害怕他们会在自杀前攻击他，他便试图说服他们更加合理地思考——"像一个哲学家"一样。他在《犹太战争》中的回复太长，难以全文引用，但哪怕这些是在回忆中写成的，他也肯定重复了他所说的一些事情。

"是什么阻止我们向罗马人投降？"他问，"难道不是对死亡的恐惧吗？那么我们因为惧怕可能死于敌人手中，是不是就应该自己杀死自己呢？'不，是害怕成为奴隶。'有些人会这样说。好像我们此时是自由人似的！"然后他争论说，自杀是一种罪，"如果有人这样疯狂地对待自己，他们的灵魂会被关进地狱里最黑暗的洞中，天父上帝会让祖先的罪行报应在后代身上。因此，上帝痛恨自杀，最明智的法律制定者（摩西）曾宣布这是一项该罚的罪行。按照我们的法律，即使我们敌人的尸体也有权被埋葬，但自杀的人,尸体却应被暴晒在阳光下直到日落。"在质疑"谋杀自己"时,我们无需怀疑他的真诚。很多拉比都不赞同自杀。毫无疑问,比起当阶下囚,奋锐党人更倾向于自杀,就像他们要在马萨达所做的那样,但约瑟夫斯并不赞同"第四哲学"。

"我不会为了成为出卖自己的叛徒而向罗马人投降,"他总结说,"如果我这样做,就比逃到敌人一边的那些人傻得多,因为对他们来说,逃跑意味着生存,对我却意味着死亡——我自己的死亡。但是,我祈祷罗马人能违反承诺:如果在给我承诺放过我之后把我送上断头台,我会愉快地受死,因为我将从这些背信弃义者的身上找到比胜利本身更大的安慰。"[6]

他的讲话引起了轩然大波,他形容自己就像被猎人包围的野兽一样。"他们都被约瑟夫斯触怒了,"他坦白地承认,"他们握着剑从四面八方向他冲过来,骂他是胆小鬼。每个人似乎都想刺死他。"洞穴里的景象一定如同一场噩梦,前总督试图在黑暗中拼命躲避剑刃,不断地闪避和恳求。最终,他设法让他们冷静了下来。[7]

即便如此,他仍然同意了自杀协议。"你们已经选择了死,"他简单利落地控制了场面,大声说,"那么我们就来抽签轮流杀死对方吧,抽到 2 号的人将杀死 1 号,以此类推,一切听天由命。这样,谁也不用亲手杀死自己——如果别人都死了,只有一个人改变主意活下来,那对别人是不公平的。"40 个人冷静地依次让别人杀死自己,直到最后只剩下约瑟夫斯和另一个人。"他并不想通过抽签来决定谁杀死谁,也不愿为了活下来而让双手沾上犹太同胞的鲜血。因此,他劝服了那个人,他们达成了协议,一起存活了下来。"[8] 但他只赢得了爬出洞口面对罗马人的机会。

"应当把这归因于上帝的庇佑或是幸运",他如此解释自己幸存的原因。[9]有些评论者并不确信，他们相信是他操纵了结局。有人表示，这是一个循环计数问题，而非简单的抽签，并且他可能通过使用一个公式来计算结果，数学家们不公平地把它称之为"约瑟夫斯环"。[10]然而，只因为约瑟夫斯选择了将此事告诉我们，我们才得以知道约塔帕塔的山洞里发生了什么。如果他认为其中有邪恶之处，就不会把这个故事讲出来了，而显然他很自豪自己防止了同伴"谋杀自己"。他的敌人似乎也没有指责他在山洞里做过什么错事，尽管他们肯定都读过《犹太战争》。

在1世纪的犹太地有许多先知，他们都相信他们自己拥有耶利米或以赛亚的恩赐。罗马人也没有忽视这种预知能力，他们也有自己的异教神谕。正是在这种情况下，约瑟夫斯声称做过异梦，他在梦境中看到战争将如何结束以及谁将统治罗马。尽管他事实上从来没有将自己描述为先知，但在冲突结束之前，他也开始把自己比作耶利米了。

67年的整个夏天，韦帕芗肯定异常忧虑。就在前一个秋天，尼禄皇帝迫使他最好的将军多米提乌·科尔布罗自杀，尽管科尔布罗击败了帕提亚人，使罗马摆脱了它在东方最大的危险。无可否认的是，贵族科尔布罗是因为与有政治野心的人沾上关系而被除掉。苏维托尼乌斯在他的《罗马十二帝王传》(*Lives of the Caesars*)中解释了韦帕芗被选中的原因："没有必要畏惧他，因为他本人和他的家族都不算显赫。"[11]然而，尼禄可能也很容易得出结论，认为他并非那么无害。每个高级指挥官都害怕皇帝。(后来，他的继任者加尔巴说，每当收到罗马的来信时，总是想知道里面是否含有尼禄赐死的命令。)

几乎同样骇人的是，皇帝已经越来越不受欢迎。在65年的政变中，有人进行了一次拙劣的尝试，涉及禁卫军的守卫，还有另外一次，或许成功的政变并非不可能。如果政变，那就意味着一场一个世纪以来从未有过的内战，并带来选择的困境，要生存就必须站对阵营。好几个政治强人都可能为尼禄的位置而互相争斗，而罗马贵族仍然在为失去共和国叹息。未来充满了危险。即便如此，无论在罗马发生什么，韦帕芗都已经决心赢得这场战争，在这种情况下，犹太地比意大利安全得多。

罗马人费了很大的劲儿才把敌人的将军从山洞里哄出来，这显示出了俘虏他的价值。约瑟夫斯自己都承认，这个价值太高了："他认为只要逮捕了约瑟夫斯，战争多少就算是结束了。"[12]然而，前加利利总督手中拥有大量的信息，这对罗马人来说极其有用。后来他的作品中明显可以看出，他不仅精通地形，了解犹太地那令人迷惑的地貌，这对他们的战略和战术至关重要，但在某种程度上，他还能够明智地猜测出耶路撒冷那些犹太领袖的想法。

至少，如果这场战役成功后韦帕芗会凯旋，那作为敌方指挥官的约瑟夫斯将会成为一个用来装点罗马壮观游行的非常不错的点缀。然而，对于韦帕芗这样一个现实主义者来说，这个估计过于乐观，因为尼禄最不可能以这种方式奖励他。总而言之，韦帕芗可能还没有决定是否在听取报告后立即处死这个囚犯，还是将他送回去给尼禄，以表明犹太地的战役进展顺利。

在百夫长尼加诺的带领下，他被拖到了罗马将军的面前，约瑟夫斯不知道会发生什么。军团士兵把将军和他的囚犯团团围住，争先要看个清楚，并要求处死他。他说所有的官员都为他感到难过，我们可以质疑这个说法。毫无疑问，他觉得他非常有可能会被钉十字架，这是惩罚反抗罗马之人的标准做法。然而，我们知道他已经想到了一个可能奏效的计划——他生存的唯一希望。

他看到一位将军坐在折叠坐凳上——罗马指挥官在营地都会使用这种坐具——对方身材魁梧，秃顶，长着罗马式的鹰钩鼻子，前额紧绷，嘴唇紧闭，表情紧张而奇怪。（苏维托尼乌斯说韦帕芗看起来总像是在便秘。）[13] 然而，从幸存的半身肖像和硬币上的轮廓来看，若说这张面孔惊人地强硬，那它明显也很滑稽。在罗马贵族的眼中，他"不够绅士"，而且他似乎缺乏他们那种冷酷、傲慢。

他的旁边站着他的副官，27 岁的大儿子提图斯。他没有父亲那么高，但有着和父亲一样的鼻子，尽管肚子很丰满，还算是一个英俊而体面的年轻人，表情和善。然而，无论他如何微笑，显然也是个非常可怕的人，的确如此。

约瑟夫斯知道罗马人非常在意尊严，所以在被推上去的时候尽可能摆出一副无动于衷的神情。如果他的记录可信，这个举动影响了提图斯，他立即为约瑟夫斯感到惋惜，也让一些其他的罗马军官产生了同感。这位囚犯乞求允许他私下与韦帕芗说点什么，韦帕芗叫所有人都离开，只留下提图斯和两名高级官员，然后约瑟夫斯向俘虏他的人请求：

先生，您以为抓住我只不过是得到了一个俘虏，其实我是神派来等待您的使者，我清楚犹太人的律法，也知道一个将军应该怎样去死．要不是神亲自派我来见您，我早就死了。您要把我交给尼禄吗？那又怎么样？尼禄和在您之前的继承人都无法幸存。您，韦帕芗，将成为恺撒，成为皇帝，您的儿子将成为您的继承人。所以，用您的锁链锁住我，把我留在您身边，因为您不仅是我的主人，还将是陆地、海洋和整个人类的主人。如果我不听从神的指令行事，作为惩罚，请让我处在最严密的监禁之下。"[14]

生性多疑的韦帕芗起初怀疑他为了保住性命而撒谎。其他两名军官也这么认为。"我很奇怪约瑟夫斯为什么没有警告约塔帕塔的守兵们这个城市将会失陷，或者预言他自己将被捕，"其中一个不快地反驳道，"除非你现在说的这些话只是为了转移罗马人对你的愤怒。"这是他一生中最危险的时刻。[15]

可是约瑟夫斯回答说："我已经向人们预言了城市将会在47天之后失陷，自己会被罗马人活捉。"[16] 韦帕芗随即下令盘问其他囚犯，可能是女囚犯，因为男人都被屠杀了。当他知道这些预言确实是由约瑟夫斯所说时，他开始更加认真地看待这些预言，而且再没说要把他送去给尼禄。韦帕芗同意了提图斯的意见，赦免了他，并下令将他严密地看押起来，但让他待得舒适。

一位杰出的现代史学家提出，约瑟夫斯后来杜撰了预言，并将之插入在《犹太战争》中，作为掩盖，以减轻他与罗马人的通敌程度。[17] 但这似乎不太可能。尽管他几乎肯定向罗马人提供了重要的信息，但若要怀疑他对韦帕芗所做出的预测，未免又怀疑太过了。

我们必须记住，他并不是唯一一个做出这种预测的人。如我们所见，苏维托尼乌斯在他的《罗马十二帝王传》中提到了一个在东方流传多年的传闻，说世界的新统治者即将在犹太地出现。犹太人的先知和"术士"也曾多次预言弥赛亚的到来。他可能会是个外邦人而非犹太人吗？拉比约哈南·本·撒该告诉韦帕芗他将成为皇帝，跟约瑟夫斯所说的一样。也有异教的预兆。塔西佗和苏维托尼乌斯都提到韦帕芗在迦密山请求巴力的谕示。"献祭时，考虑他的秘密野心，圣地的祭司巴西里德仔细检查祭牲的内脏，然后告诉他'不管你在计划什么，无论是不是盖房子、扩大你的财产或增加自己奴隶的数量，巴力都会赐给你一个宏伟的住所、广袤的领土和一大堆人'。"[18] 韦帕芗和提图斯确实都非常认真地对待这种预言。

描述他如何在韦帕芗面前预言时，约瑟夫斯谨慎去除了期待弥赛亚的气氛，这种气氛普遍存在于他的同胞中。他这样做是为了掩盖犹太人被罗马占领的不满情绪，好使他可以争辩说大多数犹太人都反对战争，只是被一些阻止和平实现的极端分子所操纵。[19]

约瑟夫斯在韦帕芗面前的先知话语不仅仅是出于对罗马政治局势的猜测，或者是一个讽刺的估算，其结果可能还有利于韦帕芗的声誉。他真的相信他拥有某种预言的恩赐，后来他确信自己是个先知，即《旧约》中的那种先知。在约塔帕塔大围攻之后，他之所以幸存的唯一理由是他确实对罗马帝国的未来做出了预言，并且非常具有说服力，韦帕芗和提图斯都认为这个预言可能会成真。他们没有其他理由青睐他。他相信自己拥有先知的能力，这也解释了他在接下来的战争中的许多行为。[20]

10

约瑟夫斯被囚

不要为明日自夸，因为一日要生何事，你尚且不能知道。

——《箴言》(27：1)

在夺取约塔帕塔之后，韦帕芗将两支军团分别撤退到多利买和凯撒利亚港。第三支军团被撤退到10公里外的希腊城市西古提波利。毫无疑问，他疲惫的部队期望67年的作战季可以比以往更早地结束，因为他们遭到了疯狂的践踏，觉得需要时间来恢复元气。但他们那位坚强的老将军没有精力享受这种奢侈的余暇。

当军团进入凯撒利亚时，一群希腊人蜂拥而至，将他们围在中间，咆哮着要处死约瑟夫斯，但韦帕芗忽视了他们的要求。在接下来的几个月里，他肯定常常审问他的囚犯。人们若揣摩《犹太战争》字里行间隐含的意思，就会发现，约瑟夫斯使用了他所知道的每项技巧，试图说服他的俘虏者，犹太人精通超自然的神秘力量，除此之外，好像就是不断在重复那拯救了他性命的预言。

在《犹太古史》中，约瑟夫斯提到了一场表演，那无疑打动了对方。"我就见过一位同胞，名叫以利亚撒，他在韦帕芗及其儿子、他的众位护民官面前，使那些被鬼附身的人得到释放，"他告诉我们，"他的治疗方式是这样的：以利亚撒将一个附有所罗门流传下来的驱邪草根的环套在被鬼附者的鼻孔上,然后(这人吸鼻子的时候)经由这人的鼻孔把鬼拉出来。这人立刻倒在地上;以利亚撒念诵所罗门的名字以及他所写的驱邪语,禁止鬼回到这人身上。"[1] 以利亚撒可能是个爱色尼人,这种带魔力的草根可能是发着磷光、臭烘烘的曼德拉草,据推测该植物长于马萨达附近,《犹太战争》第七卷对此有所描述。

尽管韦帕芗对约瑟夫斯严加看守,但也给他送去了衣物和贵重的礼物。[2] 在凯撒利亚港,他可能居住在海边总督那宜人的白色宫殿里,过上了好几个月以来最舒适的生活。他回忆说,这里冬季气候温和,夏季酷暑难耐。随着时间的流逝,他的囚禁被解除,锁链也被取下。"韦帕芗也对我表示了最大的尊重。"约瑟夫斯骄傲地告诉我们。[3] 韦帕芗甚至给了他一个妻子,并命令他娶她,但他在耶路撒冷已经有一位妻子(我们对她一无所知)了。她是"一个在凯撒利亚被抓的女俘虏,是凯撒利亚人,也是一个处女"。[4] 这是他所说的关于她的一切,但是因为她没有被送到奴隶市场,我们可以猜测她肯定很漂亮,让人喜爱。他获释之后,她就离开了他。

尽管如此,他不可能没看出自己的生活仍处于危险之中。如果尼禄没死,韦帕芗决不会原谅他的欺骗。我们也可以猜测,除了韦帕芗和提图斯,他与其他罗马军官关系紧张。无可否认,作为一个了解罗马、能说一口流利希腊语的人,比起他近期的战友——约塔帕塔的土包子——来说,他和这些罗马人有着更多的共同点。他们甚至可能尊他为贵族:苏维托尼乌斯将他加入出身名门的贵族之列,这一点很能说明问题。即便如此,他们始终保持怀疑态度,不相信这个变节的敌方指挥官。在被囚的早期阶段,约瑟夫斯肯定非常紧张，永远不知道第二天是否就是自己的最后一天。

大多数犹太人都把他当作一个叛徒，一个与自己国家为敌的人。起初只是约塔帕塔沦陷的传言传到耶路撒冷，因为没有幸存者可以去讲述故事。许多人都不相信它已陷落。当传闻被证实时，又有流言说约瑟夫斯是死者之一。他用冷峻又不失幽默的笔调记录了这则消息："一个月之中，圣城里的人都泪流不止，很多人甚至雇了职业哀悼者来表达他们的哀痛。"他们哀悼他，胜过哀悼自己的朋友和家人。毕竟，他是民族的主要将军之一。然而，当人们知道他不仅活了下来，还被罗马人友好对待，他们的悲伤转为了愤怒。他讽刺地说，人们称他为懦夫和逃兵，居民们渴望报复他，这使他们比以往任何时候都更加渴望与军团开战。[5]

但是，我们可以假设，在所谓的上层阶级的温和派中存在着例外，就是那些他后来在《人生》中写到的犹太人。[6]他们中有些人仍在耶路撒冷城内。当罗马军队毫不留情地向前推进时，他们开始认同他的观点，即战争毫无希望，而犹太民族已被狂热的少数派占领。像这样的人暗中同情他投靠罗马人的做法，还希望能效仿他。

在与约瑟夫斯的对话中，韦帕芗真正感兴趣的是从中识别潜在的犹太盟友并试图理解他们的态度。我们知道，他在《驳阿庇安》的声明中频繁发表了这样的看法："被囚期间，韦帕芗和提图斯要求我经常跟他们见面，一开始还让我戴着镣铐。"[7]他们大概认识到他是一个实用主义者，而非一个变节易帜的将军，这样的人可能大有用处。也不用太怀疑这两位罗马人对这位犹太贵族的偏爱，这将在后来的恩惠中表现出来。

与此同时，约瑟夫斯越发了解韦帕芗，并对这位与他一样艰苦奋战的士兵产生了真正的敬佩。尽管脸色冷酷，但这位将军私下是一位格外善良的人，对批评很宽容，别人甚至可以开他的玩笑，也很少对人怀怨。他是一个愉快的同伴，喜欢大笑。我们从苏维托尼乌斯那里知道，后来作为皇帝时，他的日常生活到底有多平静，那么他在凯撒利亚港时的情况不会有多大差别。

> 他在将要黎明时早早起床，读完信件和官方报告后，就接待他的朋友。当他们向他问候时，他开始穿衣，还穿上了自己的鞋子。处理完事情之后，他会驱车漫游，然后与一个嫔妃小憩，这些妃子是妻子科尼斯去世时所纳的。休息后，他会洗个澡然后吃饭。他们说，这时他的心情比其他任何时候都要好，更乐于给予恩惠，如果其家庭成员想要请愿，他们就会等到这个时候。[8]

尽管热爱平静的生活，但韦帕芗从不闲散。虽然他的军队非常需要休息，但在 7 月结束之前，他还是从凯撒利亚出发去对付海岸以南的约帕港，那里被赛司提亚司洗劫了，已经变成了海盗窝。近期的战役摧毁了很多犹太城市，其中有大量的难民逃到该处定居，许多人开始盗用船只进行掠夺，捕获当地商船，并使埃及和叙利亚之间的交通日益危险。它们也危及亚历山大的谷物出口，而那正是罗马市民赖以生存的面包来源。

当听说罗马军队即将到来时，海盗们便乘上他们的船只逃难。然而，约帕并非一个天然的港口，当暴风（约瑟夫斯称之为"黑色北风"）在夜间降临时，那儿没有安全的避难所，于是船只被吹上了布满乱石的海岸或者被吹得相互碰撞。一些海盗自杀了，因为他们相信，死于刀剑要比死于溺水还少些痛苦，而其他人则被岩石撞成血腥的碎片。在风和海浪的咆哮之上，可以听到可怕的尖叫声。《犹太战争》中的描述非常生动，以至于人们只能断定约瑟夫斯是韦帕芗幕僚中的一员，亲耳听到了这些声音。后来，4000多具伤痕累累的尸体被冲上了附近的海滩。[9]

第二天早上，韦帕芗带领军团进入了空无一人的约帕，没有遇到什么反抗，因为已经没有活人了。他将它夷为了平地，之后又在前卫城的一个营地内留下了一支骑兵分队，由少数步兵防守。骑兵们得到了特定的命令，纵马出去并摧毁周围的乡村，毁灭了当地的城市和村庄，每天如此，重复了一个月，把这个地方变成了一片旷野。罗马人恢复了对整个海岸线的控制。

之后，韦帕芗率领部队前往东北部，在国王亚基帕二世位于哥兰的首都凯撒利亚腓立比拜访了后者。除少数城市外，国王的土地都位于犹太人领土之外，因为他和他的臣民都是以土买人。虽然没有人比亚基帕更文明，以土买人和犹太人也是同宗信徒，但犹太人还是认为以土买人是以实玛利的野蛮后裔，这种区别可能使罗马人更容易接受以土买人。韦帕芗在凯撒利亚腓立比度过了三周，让他的部队休息，并且大肆娱乐。《犹太战争》中提到了"宴会"，因此亚基帕很可能举办了一些高级派对，而约瑟夫斯作为韦帕芗的本地顾问，应该也去了那里享受。罗马将军从亚基帕那里得到了他想要的东西：粉碎犹太叛军的许可证明，这些叛军近期接管了国王的提比里亚和特里基亚诸城。

韦帕芗的三个军团在距离提比里亚三英里远、能看到城墙的地方安营扎寨。十夫长瓦勒良与六名骑兵被派出去向市民讲话。

为了让自己显得更加和平，瓦勒良下了马，说他很清楚地知道，提比里亚人热爱和平，并且他意识到是一小部分人强迫他们成为叛乱分子。（这些肯定是约瑟夫斯告诉他的。）在他讲话的时候，约瑟夫斯的老对手杰苏斯·本·撒菲亚斯突然率领暴徒发动袭击，瓦勒良不得不丢下马匹逃跑。然而，提比里亚的权贵前来找韦帕芗，乞求他不要因为一些疯子的行为而怪罪这个城市，杰苏斯逃往特里基亚。第二天，为了方便进入，罗马人拆除了南墙，之后和平进城。韦帕芗向市民保证，只要他们忠于亚基帕国王，就会得到安全保障。

随后韦帕芗将他的营地搬到提比里亚和特里基亚之间。增援部队涌入特里基亚，虽然没有新的将军接替约瑟夫斯的位置，但驻军显然还打算战斗。在山地和城墙的保护下，这个城市似乎足够强大，而且在革尼撒勒湖上停着一支船队，一旦有问题便随时准备撤离守军。杰苏斯·本·撒菲亚斯精力充沛，在罗马军团安营时袭击了营地，试图毁坏他们的防御工事。但他寡不敌众，轻易就被击退，撤回到船上，撤退时他的弓箭手从船上向岸上的罗马人射击。

韦帕芗了解到敌人在特里基亚前方的平原上大量聚集，于是派遣他的儿子和军团中精选出来的600人步兵大队前去驱散人群。敌人的力量超过预期，因此提图斯请求父亲增加兵力。在等待援军的同时，他以激昂的演讲为他部队打气，告诉他们说，他们比犹太人的武装更好，训练更好，经验也更丰富。他们的对手的确很勇敢，但那只是一种疯狂的勇气；对方可能在为自己国家的自由而战，而他和他的部队却在为荣耀而战。"所以，不要令我失望，记住神会帮助我们进攻。不要忘记我们在近身肉搏中更有优势。"[10]

应他的要求，乌尔皮乌斯·图拉真出动了400名骑兵，而安东尼·西洛率领2000名弓箭手占领了特里基亚后面的山丘，让敌方弓箭手忙于应战，无法帮助他们外面的同胞。然后提图斯冲进了平原上的犹太人中。犹太人打得很漂亮，但由于装备落后，没有盾牌，在罗马骑兵的长矛面前毫无防备。他们溃不成军，冲向城市，在奔跑的过程中被砍杀或踩踏，许多人被屠杀。在城墙内，想要投降的市民与那些在城内避难并决心继续战斗的狂热叛乱分子发生了骚动。

提图斯猜到发生了什么，于是看准机会，再次鼓舞他的士兵。"就是现在，"他大喊说，"兄弟们，现在是你们的好机会。还犹豫什么？犹太人马上就要成为我们的囊中之物了。抓住你们的机会！你们听到那些争吵声了吗？"[11]他跳上马，带领部队沿着海岸冲锋，穿过湖面的浅滩，从城市没有把守的地方冲了进去。惯常的大屠杀开始了，但他很快就宣布停止屠杀。杰苏斯·本·撒菲亚斯和他的党徒逃到了乡下，大批顽固分子躲到了革尼撒勒湖的船上。

韦帕芗很快就到达，在特里基亚周围设置了警卫，命令杀死任何试图离开的人，然后他着手对付对方的船只，开始建造大筏子。犹太人的船只非常小，它们没有机会登陆，因为海岸已被骑兵密切防守。准备好木筏后，军团操纵着它们排成一排向敌人驶去。犹太人拼命地扔标枪和石块，但这对穿有盔甲的人没有任何影响。他们的船或被敌人登上，或撞上了岸，或被迫上岸。许多人在水中被矛或箭射中；而那些试图爬上木筏的人，则被砍掉头颅或双手。整个湖面都被鲜血染红，漂满了尸体，没有一人得以逃脱。之后几个星期，岸边堆满了腐烂的尸体，一直弥漫着可怕的臭气。包括那些已经在城市中丧生的人，死者人数达到6500人。

韦帕芗不希望把一个荒废、毫无价值的特里基亚交还给亚基帕。他坐在城市中心平台的一个折叠坐凳上，下令将当地人与新来的叛乱领袖分开，前者被赦免，后者被命令带上自己的物品前往提比里亚。虽然有士兵防守道路以防止他们逃跑，但他们已经很高兴了，深信自己能够幸免于死。然而，当到达提比里亚时，他们便被赶到了体育场，在那里约有1200名老弱被屠杀，而6000名强壮的年轻人被铁链锁起来，派往哥林多开凿尼禄的运河。剩下约四万人中，超过三万人被卖到奴隶市场。那些来自亚基帕领土的人回到了他们国王那里，后来同样被国王卖为奴隶。

根据约瑟夫斯的说法，韦帕芗因为愚弄了难民而感到有点不安，这些人本以为自己会被赦免。"但是，他的谋士们自行其是，认为怎么对待犹太人都无可厚非。"这意味着犹太人不具备被视为人的权利。[12] 然而，无论他看起来多么可钦可敬，韦帕芗仍像许多伟大的罗马人一样有着邪恶的一面，背叛对他来说并不陌生。

提图斯似乎没有他父亲那么不安，对于占领了特里基亚，他深感自豪，特别是革尼撒勒湖上那场战斗。71年，"船只"对于罗马的胜利起到了重要的作用，并且他父亲的一些硬币上也有体现。此时已到了9月。特里基亚沦陷后，几乎所有仍在反叛者手中的加利利城市和城堡都已投降。有三个重要的例外：迦玛拉、他泊山和吉萨拉。尽管理论上罗马的战争季节已经结束，这时是冬季休整的时候，可以让疲惫的军团休养生息，但意志坚强的韦帕芗决心在本年结束之前完成这项任务。

犹太人剩下来最坚固的堡垒是位于特里基亚湖远端的哥兰高地上看似坚不可摧的迦玛拉。事实上，迦玛拉比约塔帕塔更加难以接近。(它是奋锐党创始人加利利的犹大的出生地。)《犹太战争》中对该城的描述十分生动，所以读者意识到无论是在作为加利利总督期间还是在围攻期间，约瑟夫斯对这座城市都是如此熟悉。

在被称为高山的顶端，有一个高低不平的山坡，看上去像长脖子上隆起的"疙瘩"，迦玛拉就建在那里，因此它的名字意为"骆驼"。迦玛拉三面有深不可逾的沟壑围绕，只有一边的路径稍微好走一些，尽管居民们已经从岩石中挖出了一条巨大、倾斜的壕沟来防卫它。这些房屋沿着山的正面而建，一栋叠在另一栋之上，使城市看起来好像悬挂在半空中一样，随时都会倒塌。山顶是一座要塞，与约塔帕塔不同，城市远端有一处泉水，墙内还有一口井，这应该能确保充足的供水。此地不仅几乎坚不可摧，而且在前一年，约瑟夫斯已经挖掘了壕沟和地道，使它的防守更为坚固。

罗马人将迦玛拉交给国王亚基帕二世，但人民拒绝接受他为国王，仍然坚决支持叛乱。攻陷并归还这座城市不仅会取悦亚基帕，而且会摧毁一个威胁着加利利的重要叛乱中心。尽管如此，在围困约塔帕塔的漫长而艰苦的过程中，韦帕芗的人员伤亡惨重，人们只能怀疑他为何如此自信能够占领这个鹰巢。然而，他身边有约塔帕塔的前任指挥官，可以为他提供建议，并了解守军的想法。

由于山顶地带的优势，迦玛拉人民更加确信他们可以抵抗围困，不会像约塔帕塔那样陷落。他们城中可以战斗的人较少，但他们可以依靠天然的防御。过去七个月，亚基帕的部队一直在围困他们，但没有取得任何进展。9月24日，当韦帕芗与亚基帕王抵达之时，他发现通常用一圈士兵包围城市的做法不适用于这里的地形。取代那种做法的是，他占领了附近的一座山丘，并在每个便利的点都安置了哨兵和监视哨。等军团在山上扎好营并加固完成，他就开始建造突击平台。其中一座在东端，由第十五军团建造，面向城市最高的塔楼，另一座正对城中心。第十军团将战壕和沟壑填平。亚基帕上去试图说服守军投降，他提出优厚的条件，并恳求他们听取理性的建议。他们拒绝对话，其中一名投石兵扔了一块石头，幸运地正中国王的右手肘。罗马人被这种野蛮的反应所震动。如果这些人想要杀死一个为他们最大利益着想的杰出同胞，那么他们将会面临一场异常激烈的斗争。

在约塔帕塔完成过相同工作的军团成员在惊人的短时间内建成了突击平台。他们开始在上面安置重型投射武器。城市中的领袖卡瑞斯和约瑟夫命令迦玛拉的男子上城墙，尽管他们已经失去了勇气，部分原因是他们所谓取之不尽、用之不竭的水源正在枯竭，另一部分原因是食物储备不足。他们不断投射标枪，一时间减缓了军团运送攻城器械的进度，但是当蝎弩和投石机就位并开始射击之时，他们便开始放弃城墙，到城内躲避。

围攻者用破城锤在三个地方突破墙壁，"巨大的号角声、武器的撞击声和士兵的呼喊声震耳欲聋"。[13] 看起来，似乎只需片刻迦玛拉就会沦陷。市民们拼命地战斗，却被逼回到城市的上部。

但之后，情况开始对罗马人不利。出乎意料的是，守军从城市上部向下冲锋，把大惊失色的敌人冲了回去，堵在山腰陡峭狭窄的街道上，军团的高级武器在这里毫无用处。为了逃跑，他们开始跳上低矮房屋的平顶，但是房顶上的人越来越多，摇摇晃晃的干石棚屋便塌掉了，造成更多的死亡。有些人因落梁被砸死，有些人摔断了腿，有些人被灰尘呛得窒息而死，有几人甚至刺伤了自己。废墟为市民们提供了大量石头作为武器，他们还从死亡和垂死的敌人手中抢夺刀剑。灰尘如云层一样遮盖了视线，罗马人在阴沉的灰雾中误杀了自己人，他们很难找到离开这座城市的路。

韦帕芗看到他的部队伤亡如此惨重，便非常不安，急于重新控制局势，他没有撤退，反而在少数军官的陪同下，在混乱中向城市的上部推进。突然间，他发现自己的退路也被切断了。作为一个有经验的战士，他设法聚集了足够的部队组成了一个龟甲阵，替换了他在前线的位置。士兵们举起盾牌面对前方或上方，击退他们的敌人，一步一步地撤退，直到城墙以外。

罗马人遭受了严重的损失，他们最重要的阵亡者是杰出的十夫长伊布提乌斯，他曾在新近的战役中"给犹太人造成了重创"。其他人全凭运气才免遭死亡。"一个名叫迦流的百夫长，在激战中和其他10个战士一起被阻隔在了城里，躲进一个房子里，"约瑟夫斯告诉我们，"他和他的手下都是（讲亚兰语的）叙利亚人。傍晚，他们在藏身之处听到屋主们在吃饭时谈论市民们打算怎么办，尤其是怎样对付罗马人。夜里，他从藏身之处溜出来，割断了这几个人的喉咙，和他的手下一起安全地回到了罗马人的营地。"[14]

军团士兵灰心丧气。他们以前从来没有如此溃不成军，而且几乎遭受失去将军的耻辱。韦帕芗在一个富有智慧的演讲中向他们解释了什么地方出了问题。他提醒他们，作为士兵，伤亡本在意料之中。像所有的古代作家一样，约瑟夫斯也忍不住让这个演说变得更华丽，而且由于他当时在场，他的版本可能相当接近真相。听起来，这也像是韦帕芗会对部队所说的那种话：

你们已经杀死了成千上万的犹太人,而命运女神只是给了我们一个象征性的惩罚。胜利时欢呼是粗俗的,而失败时哭泣也是怯懦的表现。你们永远不知道哪个会更长久。一个优秀的战士从来不会只记得成功,也不会被失败打垮。就像现在,我们战败了并不是因为我们懈怠或是犹太人更勇敢。他们的胜利和我们的失败都是因为复杂的地形对敌人有利,而对我们不利。你们的错误就是鲁莽和冲动。当敌人退到高处时,你们不应该鲁莽地跟到顶上去。占领下城之后,你们就应该把敌人引到低处,正面和他们作战。但是,你们不顾自己的安危,一味急功近利。我们的胜利靠的是训练和纪律。鲁莽和缺乏自制不是罗马人的品质,而是野蛮人的错误,犹太人才会常常犯这样的错。这取决于我们自己,让我们再一次发挥自身的战斗技巧,不要因为这次小小的挫折而愤怒,也不要垂头丧气。你们的右手会给每个人最好的鼓舞,那就是你们怎样为死去的同胞报仇,如何惩罚凶手。而我自己,会在这次和今后的所有战斗中第一个和敌人作战,最后一个离开战场。"[15]

一些聪明的迦玛拉民众沿着无人看守、人迹罕至的山沟或密道逃走。有那么一阵,约瑟夫斯透露出对他们的同情。"他们意识到自己已经没有任何谈判的希望了,而且心里很清楚他们是逃不出去的。"他告诉我们"给养已经不足了,他们变得异常沮丧,再也没有勇气了"。[16]许多人饿死。即便如此,大多数人仍然坚持。10月,在一场动静大得听起来像只有超人才能办到的大挖掘之后,第十五军团的三名士兵破坏了一座塔楼,并攻开了另一个突破口。迦玛拉的其中一位领袖约瑟夫在试图捍卫塔楼的时候被杀，而另一位领袖卡瑞斯在病床上听到这个消息后震惊而死。罗马人因为之前的挫折而小心谨慎，他们尚未派出强攻队。

在10月的第四周，提图斯回到了他父亲的身边。在抵达后不久，他就带着200名骑兵和几名军团成员，在守卫没来得及拦截他之前突然穿过突破口袭击了城市。他的父亲紧随其后，攻击可触及的任何敌人。"从各个方向传来守军被杀的凄惨叫声，整个城市血流成河，鲜血顺着山坡流下来。"[17]

所有尚能逃走的守军都与家人一起逃到了"要塞"中，那也不过只是个光秃秃的山顶，不久就挤满了惊恐的男男女女，他们疯狂地朝罗马人扔石头或滚落岩石。突然间，起了一阵风暴，强风吹得围攻者的矛头直接刺入了守军的脸，他们几乎无法在山上立足。军团士兵无情地推进，用短剑刺人，将婴儿扔进沟壑。许多人跳入悬崖逃跑，怀中还抱着他们的妻子和孩子。罗马人没有抓住任何俘虏，唯一的幸存者是亚基帕的一名高级军官的两个侄子。5000名犹太人死于迦玛拉。即便如此，他们仍杀死了4000名罗马人。

在围攻迦玛拉的过程中，韦帕芗还派普拉西德率600名骑兵去攻占犹太人位于西古提波利和大平原之间的他泊山城堡。此地高约2000英尺，约瑟夫斯一如既往夸张地说它有两万英尺，它的顶峰是一个四分之三英里长的高原。乍看之下，这个地方似乎也坚不可摧，但毫无疑问，约瑟夫斯已经向韦帕芗解释了这个地方的缺点——缺水，这就是为什么他认为一支小部队就可以解决它。驻军从山上下来，假装要求和谈，但实际上是希望能打罗马人个措手不及。他们一发起攻击，普拉西德就率领他的手下迅速进入平原。当敌人追赶时，他便调转军队去屠杀他们。那些逃走的人逃到了耶路撒冷，而他泊山的居民为了性命和水而投降。

到 67 年 10 月底，迦玛拉和他泊山均已沦陷，罗马人准备进入冬休。这时加利利只有一个据点还在犹太人手中——该省最北端的吉萨拉。

约瑟夫斯能够活着是一种幸运，囚徒生涯给了他足够的时间思考。一定是在这段时间里，他认定了以色列的上帝抛弃了祂的子民，因为他们不够虔诚，并且以罗马人作为工具，代施惩罚。什么也无法拯救犹太人。

11

吉萨拉的约翰到访耶路撒冷

> 他的口如奶油光滑,他的心却怀着争战;他的话比油柔和,其实是拔出来的刀。
>
> ——《诗篇》(55:21)

我们对约哈南·本·利未(即吉萨拉的约翰)的了解全都来自约瑟夫斯,正如我们所见,约瑟夫斯憎恨他,因为后者想要夺取他加利利总督的位置,更不用说还几次下定决心想要谋杀他。显然,我们难以从一个敌人所做的证词中判断什么是真的。然而,约翰是一个毫不妥协的爱国者,他热忱地相信犹太人的自由,并相信犹太人能够赢得这场战争。无可否认,他对自己的能力有点过于自信以致精神失衡,他可以毫无顾忌地杀死任何阻碍他的人。

约瑟夫斯说,尽管吉萨拉(又称古什·哈拉夫)的大部分居民都是热爱和平的农民,只对农作物感兴趣,但有一大群匪徒进入了这个小城市,并且该城的一些知名人士"也患上了同样的狂热病"。他解释说,这些人煽动他们反叛,因为约翰是一个疯狂、雄心勃勃的阴谋家,能够聪明地取得他想要的东西,并知道如何取悦所有人。"任何人都看得出来,他一心一意想打仗只不过是为了把自己推上独裁者的地位。"尽管大多数人都想发出信息表示他们准备投降，但吉萨拉的"不满者"选择了他作为他们的领导者，准备对抗罗马人。[1]

韦帕芗先已将两支军团带回凯撒利亚，正派遣第三支（第十军团）前往西古提波利。这两座城市都为他的人马准备了充足的食物，而且韦帕芗非常清楚他们需要休息，他想在冬季加强自己的力量，攻占耶路撒冷需要投入巨大努力，他必须做好准备。这个国家的首都不仅具有天然的地理优势，而且它的城墙异常坚实，并由狂热分子看守。涌入都城的难民补充了短缺的人手。即使是韦帕芗也为前景而担忧。约瑟夫斯评论说，他像训练摔跤手一样训练他的军团。

吉萨拉位于加利利东北部的偏远地区，并无战略价值。它的重要意义纯粹是象征性的，因为它是该省最后一个仍然在犹太人手中的据点。提图斯仅带几千名骑兵出发，前去攻占这个地方，在侦察之后，他决定用突击的方式轻松攻下。然而，这意味着屠杀其中的居民，至少此时他似乎已经厌倦了流血。为了说服守军投降，他骑着马走向墙壁，那里挤满了男人，正挑衅地大吼大叫。

你们到底在期待什么？加利利的其他城市都已经陷落了，比你们坚固得多的城市都承受不住一次袭击，而你们还在这里孤军作战。所有接受罗马投降条款的城市都安全了，他们的财产和生活都得到了保障，这些提议现在仍然有效，尽管你们粗鲁无礼。渴望"自由"很正常，但在没有取胜可能性的情况下顽抗是荒谬的。如果你们拒绝我的慷慨提议和诚挚的给予，你们就要学习一下战争到底意味着什么。对罗马人的攻城器械来说，你们的城墙就是个玩具。如果他们认为自己可以依靠这些城墙，那么加利利最后的叛军很快将会发现自己不过是徒有其表的奴隶，已经成了自己的囚徒。[2]

据约瑟夫斯所说，当地人都不敢回答。无论如何，他们甚至都不被允许走上城墙，这些城墙完全由看守大门的土匪控制，后者阻止任何人外出投降，也不准放入敌方骑兵。约翰亲自回答了提图斯。他很满意这些条款，会让城里的其他人都接受，他大声说道。但提图斯必须同意犹太人遵守安息日，因为他们的律法禁止他们在那一天使用武器或进行谈判。即使是罗马人肯定也都知道，犹太人在这一天会停止一切劳动，任何强迫他们违反律法的人都与违反律法者同罪。延迟谈判对提图斯没有什么坏处，因为在夜间，犹太人唯一能做的就是逃离，只要在城市周围安营，轻易就能防止他们逃跑。犹太人因忠于他们的传统而获益，如果他也尊重他们的方式，这会让他显得更加慷慨大方。

"显然上帝是要留下约翰给耶路撒冷带来毁灭，"约瑟夫斯评论道，"也是上帝让提图斯不仅接受了推迟的借口，甚至还在离这里较远的赛多萨扎营。"[3] 赛多萨是一个叙利亚村庄，有着悠久的反犹历史。提图斯仅带 1000 人就可以包围吉萨拉，这表明这座城市肯定很小。

那个安息日的夜晚，当罗马人离开，留下无人看管的城市时，约翰向南逃到了耶路撒冷，和他一起的不仅有他的手下，还有几千名当地人，他们穿过加利利和犹太地进行漫长而危险的行军，其中大部分地区都被敌人控制。"逃命吧，"他告诉他们，"如果那些只能被我们留下的人落入罗马人手中，你们逃到可以给他们报仇的地方就行。"

不幸的是，在行军几英里后，妇女和孩子们便无法跟上，约翰猜测提图斯很快就会无情地追上来，不得不把他们留下，任凭妻子们在背后尖叫着要丈夫留下来。被弃者害怕被罗马人抓住，有人试图追赶约翰的队伍，结果被践踏或迷失在沙漠中。这个描述是基于《犹太战争》中的记录。几千名当地人试图跟随约翰离开，这一细节与约瑟夫斯的陈述相矛盾，因为他称大部分居民都想投降。约翰试图英勇地疏散每一个忠于犹太自由事业的人，约瑟夫斯却没有给予他任何功劳。

第二天早晨，提图斯和他的骑兵向吉萨拉的大门驰去，大门立即打开，城中居民和他们的家人出来向他致意，仿佛他就是一个解放者。同时他们告诉他约翰已逃脱。提图斯派出几个骑兵中队追击，但他已跑得太远。在艰难的强行军之后，约翰带着他的这支小部队的大部分人员在11月初安全抵达耶路撒冷。然而，罗马人杀害了6000名与他一起出发的非战斗人员，将囚犯拖回吉萨拉，其中有近3000名妇女和儿童。虽然提图斯因为被欺骗感到愤怒，但他出奇得仁慈，认为威胁比死刑更具威慑力。他只是拆除了城墙的一部分，并留下了一支驻军。

约翰和他的手下受到耶路撒冷人群的热烈欢迎，他们坚持说自己没有逃跑，而是撤退，去往更有利的战场作战。"不值得为吉萨拉或是其他防守不佳的小城冒生命危险，"他们解释说，"我们想要保存武器和人员来保卫首都。"即便如此，耶路撒冷也因为吉萨拉的沦陷以及许多难民在撤退期间被杀或被俘而感到震惊。约翰试图使人们振作起来。他声称，敌人比任何人想象的都要羸弱，他们的攻城器械用尽全力也只突破了加利利一些小城的城墙。"即便罗马人长了翅膀,也无法飞进耶路撒冷的城墙。"[4]这话对年轻人很受用,这让他们渴望打仗,但年长者更有智慧,他们察觉到自己正处于可怕的危险之中。

《犹太战争》告诉我们,在罗马人重新夺回犹太地之前,所有城市的律法和秩序都已崩溃。每个家庭都因政治分裂而争吵不休,那些渴望战争的人和希望和平的人在街道上争斗。强盗团伙恐吓富人,闯入民宅并劫掠农村。最后,他们的头领聚在一起,带着他们进入耶路撒冷寻找更多的不义之财。耶路撒冷的人口因饥饿难民的涌入而大为膨胀,这个首都越来越像一个噩梦,尤其是对于富有的市民而言。抢劫、谋杀和其他任何想象得到的犯罪都时时存在,不仅在夜晚,而且在光天化日之下进行。

约瑟夫斯的描绘夸大了事实,因为他属于面临最大危机的阶级。大多数他称之为土匪的人很可能只是不识字的年轻农民,只是一些失去了农场的"阿姆-哈阿莱兹",而非职业的犯罪分子。诚然,即使他们不了解"第四哲学"的精妙之处,也完全同意向罗马纳税是有罪的,其中一些是平等派人士。尽管如此,并非所有的"反叛者"都是农民。上流社会的成员比约瑟夫斯所说的要多;他们被这群人的理想主义、勇气和拒绝妥协的激情所吸引。[5]他们的共同点就是对犹太人自由的渴望,同时他们也为宗教的热情而感到自豪——这正是奋锐党名字的来源。

约瑟夫斯没有提到失去加利利的影响,这件事向所有人显示了他们的统治阶级如何辜负了他们。正是在这段时间里,奋锐党开始联合一场革命运动。虽然他们中有许多贵族,身世卑微的人会怀疑这些人对国家事业不冷不热的态度,怀疑他们是否想妥协。看起来好像有好些人因为他们的阶级出身而被看作潜在的合作者。

约瑟夫斯的背叛可能会加剧这些怀疑。

突然之间,这些不安分子抓住了安提帕和另外两个与他一同掌管公库的显赫贵族,并用铁链锁住他们。安提帕具有王室血统并极具影响力,另外两个人中,一个是"重要人物"利未雅,另一个是流珥的儿子索法。这三人都是富有的贵族,他们的武装扈从可能会营救他们,所以他们被迅速处死。这项行动由多加的儿子、奋锐党人约翰执行,"他是所有人中最残暴的一个"。[6] 他带着其他 10 个流氓,前往关押这三个人的监狱,割断了他们的喉咙。这一消息在整个耶路撒冷引起轩然大波。每个人都担心自己的安全问题,仿佛这座城市已经危在旦夕。"处决"他们的理由是,这些人与罗马人保持着密切的联系,并密谋交出耶路撒冷,这个指控可能有一定的依据,虽然《犹太战争》暗指这纯属捏造,其背后的真正动机是阶级仇恨。奋锐党人以所谓的密谋为借口,坚称自己是人民的救星和自由的化身,他们接管了圣殿,把它变成一个堡垒。

但是,更令约瑟夫斯感到愤怒的是,奋锐党人中的平等派强行选举出了一个出身卑微的人做大祭司,但是这个职位多年来一直由世家大族垄断。他的名字叫非尼哈·本·撒母耳,来自阿夫提亚村,"不仅不是大祭司的后代,而且太粗鲁了,根本无法理解大祭司一职的意义"。在《犹太战争》中,约瑟夫斯告诉我们,他们如何把这个"无知且出身卑贱的人"恐怖地从乡下拖出来,带进圣殿,穿上圣服,并且告诉他怎样扮演这个角色,约瑟夫斯还说,奋锐党人认为这个人和他的当选就是个笑话。[7]

虽然非尼哈没有杰出的祖先,但他仍然是第一任大祭司亚伦的后代,因此他有权称自己为"大祭司"。约瑟夫斯说他是一个农民，但他是一名石匠，对一个底层祭司阶层成员来说，这完全是一个很体面的职业。此外，一则史料称他已经娶了纳西（即犹太公会首领）的女儿为妻。[8] 直到城市陷落之前，他都在赎罪日戴上大祭司的圣冠和胸牌。即便如此，非尼哈的被选也预示着阶级斗争。然而，从政治角度来说，他完全是个无足轻重的人，从未尝试过要影响未来的事件。

当时的奋锐党领袖是以利亚撒·本·西门，是个有上层背景的人，他前一年出现在与赛司提亚司的战斗中，是他建议要占领圣殿。尽管以利亚撒炫耀自己的理想主义，但他实际上只是一个有着"暴君脾气"的帮派老板。在吉萨拉的约翰抵达首都相当长一段时间之后，他才接管了奋锐党的领导权，在那之前，奋锐党似乎不太可能拥有一个连贯的战略。正是约翰对旧机构发起了宣战，并领导了犹太人的"革命"，尽管起初他隐瞒了自己的目标。

犹太建制派的领导人是资深的前大祭司亚那·本·亚那。他有四个兄弟曾担任大祭司之职，他就是犹太富豪阶层的缩影。他仍然主持着军政府，虽然其盟友以利亚撒·本·亚拿尼亚的失踪削弱了他的力量，历史学家也无法解释这一事件。在约瑟夫斯眼中，亚那是一个非常精明的人，他本可拯救这座城市。毫无疑问，他涉嫌谋杀了耶稣的兄弟雅各，但他知道如何控制自己的野蛮倾向。为了反抗圣殿内的极端分子，他在精英分子中迅速地找到了新的盟友，特别是另一位前大祭司约书亚·本·迦玛拉，以及葛立安·本·约瑟夫和西门·本·迦玛列。这四个人在整座城市中发表演讲，强留在街上遇到的每个人听他们的演说。

他们召开会议，指责耶路撒冷的市民不反对奋锐党人，他们

"称自己是'奋锐党人',听起来好像他们献身于正义事业,而不是热心于各种恶行"。[9]有一次集会吸引了特别多的人,他们都抱怨奋锐党人占领了圣所,还抱怨发生了如此多的抢劫和流血事件。因为奋锐党人如此难以伺候,他们不敢做任何事情。然而,在集会期间,亚那发表了一篇长而雄辩的演讲,这表明他的观点与约瑟夫斯的观点相近,后者无疑在写给我们的版本中插入了自己的观点。这次演讲是与罗马人达成某种解决方案、逃避灭顶之战的最后机会。

"上帝的圣殿已经被数不尽的恶行玷污,这无比神圣的地方聚集了手上还滴着鲜血的恶人!要是在看到这一切之前死去,那该多好啊!"亚那站在一大群人中间,开始了演讲,说话的时候眼含泪水,不时地转身,颇具深意地望向圣殿的方向。他愤怒地指责听众纵容奋锐党人武装自己和支配圣殿;指责他们纵容奋锐党人囚禁安提帕和他的朋友们,折磨和谋杀他们;还指责他们纵容奋锐党人建立暴政。他们怎么可以眼睁睁地看着自己最圣洁的财产被这些罪犯践踏呢?"你们真是一群可怜的东西!"他告诉听众们。"你们为什么不站起来把他们扔出去呢,"他补充道,"难道你们在等着罗马人来拯救我们的圣地吗?"

"我们正与罗马处在战争之中——我不打算猜测这对我们有利还是有害,但是我想提醒你们记住战争的目的是什么,"他继续说道,"确定是为自由吗?那么我们是否应该拒绝向世界的主宰低头,却要忍受自己族人的专制?"

"提到罗马人,我要坦诚地说出我讲话时的想法以及我对他们态度的改变。这就是:即使我们落在罗马人手上——愿上帝禁止以这样的方式结束这一切,他们对待我们的方式也远比这些卑鄙的人强。"

亚那继续微妙地暗示了议和带来的好处。"罗马人从来没有超越为不信神者设立的界线，从来没有践踏过我们任何一项神圣的风俗，而是恭敬地从远处望着圣所的墙壁；可是我们自己的国人，在我们的风俗下成长的犹太人，却在圣堂内部随心所欲地悠闲漫步，双手还滴着族人的鲜血……简言之，我告诉你们，罗马人可能才是真正支持律法的人，而律法的敌人却在圣城的内部。"[10]

最后，他乞求人群为拯救圣殿，为拯救他们的妻子和孩子，为了上帝的荣耀而死战到底。约瑟夫斯同情地评论说，亚那是一个现实主义者，他知道这场斗争会有多困难，但他已做好准备，甘冒任何风险。他的演讲取得了令人鼓舞的成功，他的听众大声呼喊必须立即恢复圣殿并要求选出一个领袖。紧接着，亚那开始收集武器并武装他的新追随者。

奋锐党人了解到亚那正在组织一支军队，便突然冲出了圣殿袭击了他的支持者。在圣殿外面的街道上爆发了一场越来越严重的恶斗，先是用石头和标枪，然后是近距离用剑互相攻击。虽然温和派装备很差，但愤怒给了他们击退对手所需的力量。最后，他们冲进了圣殿的外院，把奋锐党人封锁在内院。然而，虔诚的亚那却拒绝打破神圣的大门。取而代之的是，他抽签选出6000人，在柱廊里守卫。约瑟夫斯严厉地指出，许多较为富有的温和派人士雇用替补人员来接替他们进行防守。一时之间，温和派看似已经赢得了胜利，奋锐党人很快就会饿得不得不投降。摧毁温和派的人是吉萨拉的约翰，约瑟夫斯严苛且不实地说他就是"那个背叛吉萨拉的人"。[11]回想一下，自约翰到达这个城市以来，他肯定一直在策划推翻军政府，因为他意识到他们正计划与罗马人达成和平。他深信战争是正义的，并同样深信自己是赢得这场战争的唯一人选。他认为尽管奋锐党人有很多缺点，但他们是唯一一个致力于战争的团体，并决定成为他们的领袖。在与亚那的斗争中，他看准了时机。

约翰假装站在温和派一边，坚持每一天、每个小时都与亚那在一起，特别在他与军官讨论问题时，还有在晚上检查岗哨时，大部分时间也都与他在一起。之后一旦有任何攻击计划，约翰就发出密信向圣殿内的奋锐党人发出警告。最终，亚那和他的谋士越来越怀疑他，并想知道是不是因为他，敌人才不可思议地知道他们所有的计划。然而，没有证据证明他有罪，而且他在高层有很多信任他的朋友。他没有被逮捕，而是被要求宣誓效忠，他令人信服地宣誓了，后来被允许出席亚那的理事会会议。他们甚至委托他与奋锐党人谈判，提出议和条件。

一进入圣殿，约翰就提醒奋锐党人，他如何经常冒着生命危险拯救他们，给他们传信，告诉他们有关亚那的计划。他告诉他们，他们的处境非常危险，并撒谎说，亚那已经说服他的党羽派人去邀请韦帕芗来占领耶路撒冷。与此同时，亚那正在安排第二天的洁净礼，好使他的手下可以进入圣殿攻击他们。约翰说，温和派人数众多，他看不出奋锐党如何能够坚持下去。他们只有两种选择，要么乞求怜悯，要么从其他地方寻求帮助。如果他们选择前者，亚那的追随者可能会屠杀他们为己方死者报仇。

在《犹太战争》的记载中，约翰在圣殿中的演讲并不令人印象深刻，但这只是约瑟夫斯不温不火地基于传闻甚至猜测的重现。[12]很可能约翰演讲的内容完全不同，并且的确很出色。约瑟夫斯甚至在其他地方承认他是一位最有效的演说家，因为他靠演讲实现了他想要的一切。就在这时,吉萨拉的约翰成为奋锐党的领袖,并且足以开始一场革命,即使不算革命,至少也是组织重建,他希望能够赢得这场战争。

12

奋锐党的革命

> 他们吊起首领的手,也不尊敬老人的面。
>
> ——《耶利米哀歌》(5:12)

令人备感兴趣的是,约瑟夫斯为何能够如此准确地知道这么多在耶路撒冷发生的事情。我们猜想,可能是罗马在整座城市安插了间谍,从事卧底工作,约瑟夫斯肯定帮助过他们获取情报,而几乎可以肯定的是他已经在审问叛逃者——我们知道他后来也这样做了,因为他的经历很适合来判断这些叛逃者的动机。他围绕着他的宿敌吉萨拉的约翰,对犹太首都内部发生的事情进行了再创造,一如既往地以毫不恭维的态度描绘了他。

毫无疑问,奋锐党人已对约翰的演讲深信不疑。在一段时间内,他们的领导者依然还是谋财害命的以利亚撒·本·西门,他们之所以跟随他,是因为他有着未经证实的精明名声。他的副手是撒迦利亚·本·法勒克——耶路撒冷另一个祭司家族的成员。约翰告诉这两人,亚那特别挑选出他们,将对他们施以残暴的惩罚——这是他的又一个谎言。他们被约翰的警告吓坏了。他说亚那打算把这座城市交给罗马人,奋锐党人——可能在约翰的建议下——从巴勒斯坦以南的沙漠国家召来以土买人。他们立即给以土买的统治者送了一封信，说除非他们快速到来，否则耶路撒冷很快就会再次落入罗马人的手中。

于是，这些以实玛利的后裔、野蛮的以土买人，"像疯子一样"行动了起来，聚集了两万人——这无疑是夸张的说法——奔向耶路撒冷。[1]亚那的追随者看到他们来了，就挡住了城市的大门，所以当他们到达时，发现自己被关在门外。他们在墙外破口大骂，指控亚那是卑鄙的叛徒，准备将耶路撒冷卖给罗马人。

仅次于亚那的资深大祭司约书亚·本·迦玛拉从城墙的塔楼上发表了一篇长篇演讲，回答以土买人，他谴责这些奋锐党人，说这些指控都是他们的谎言。"圣城中到处弥漫着眼泪和恸哭，因为没有人没受过这些贪婪恶魔的迫害。他们如此疯狂和残暴，不仅放肆地抢劫了从农村和偏远城镇到犹太世界中心的大部分地方，他们的强盗行为甚至还从圣城转移到了圣殿！他们把圣殿当成自己的指挥部和堡垒，作为进攻我们的基地。"[2]约书亚拒绝让他们进城，除非这些以土买人放下武器。

因为他坚持要他们放下武器，以土买领袖被惹恼了，而且无论怎样，他们的手下都因为没有被立即允许进城而怒不可遏。一位以土买将军大声回答说："毫无疑问，自由的勇士被囚禁在圣殿，而我们的人则被拒之于本属于我们大家的城市门外。这些把我们关在门外的人也许正用花环装饰大门，准备迎接罗马人的到来。"最后，他许诺，他和他的部队会在外面扎营，直到被允许进城，这样约书亚才结束了长篇大论的语言攻击。[3]

夜间起了强力风暴，以土买人更加愤怒了。雨水淹没了他们的营地，他们不得不躲在盾牌下面。耶路撒冷的许多人都认为这场风暴是灾难的征兆。的确如此。正当圣殿柱廊和城门口的哨兵都忙着排水的时候,奋锐党人偷偷地从他们眼皮底下溜走,在风声、雨声和雷声的掩盖下锯穿了一扇大门的栅栏,为以土买人打开了大门,后者冲进城市,直达圣殿。

以土买人和奋锐党联合,进攻圣殿周围的区域。居民慌忙逃命,附近的妇女中爆发出一阵可怕的尖叫声,而奋锐党人也一起大喊以土买人的战争口号。"暴风雨使得四面八方的喧哗声更加恐怖。"[4]以土买人天性凶猛,毫不留情。天亮之时,圣殿外院已经血流成河。有8500人死亡,但是以土买人没有就此收手,他们在城中横冲直撞,洗劫房屋,见人就杀。曾经带领温和派的大祭司们被追杀,亚那和约书亚的尸体被扔出墙外。

"如果我这样说应该也不会错到哪里去:圣城的失陷是从亚那的死开始的,而城墙的倒塌和犹太国家的灭亡则可以追溯到他们看到大祭司,同时也是他们的勇士在市中心被暗杀的那天。"约瑟夫斯悲痛地评论道。[5]

亚那的死并没有结束流血事件。奋锐党人和以土买人继续屠杀普通人,"像屠宰肮脏的牲畜一样把他们都杀掉了"。[6]大屠杀结束后,几天之内,年轻的贵族们照例被抓捕、捆绑、投进监狱,然后被杀害,《犹太战争》将之描绘为上层阶级的清洗,称他们只要同意奋锐党的条件就可以被放一条生路,奋锐党"希望有人会因此加入奋锐党,但是他们宁愿选择死亡也不愿与这些罪犯为伍"。[7]他们没有被直接处死,在被鞭打和摧残至奄奄一息之时,再被砍死。那些白天被捕的人晚上就被杀害,他们的尸体被抛出来,以便为新囚犯腾出空间。亲戚们都不敢为他们哀悼。约瑟夫斯夸张地称,至少有"1.2万"名年轻贵族以这种方式死去。

几乎可以肯定,这是对已发生事实的歪曲,可能遇害的只有少数人。虽然在战争期间也有阶级仇恨的因素，但约瑟夫斯利用每个机会将之夸大。他是一个自私的贵族，相信只有贵族才是真正的犹太人，其他人都不重要，他偏颇的记录声称，他们全都希望与罗马达成和平。他试图说服我们，一个人不可能同时既是贵族又是奋锐党人，即使已经有大量证据证明事实并非如此。

约瑟夫斯描绘了一幅城市图画，在这幅画中，每个有教养、有资产的人都想逃离。然而，无论《犹太战争》告诉我们什么，现代学者已经揭示，许多上层阶级加入了奋锐党，并以疯狂的热忱加入了这场战争。[8]在围城期间，他列出了守军中那些出身名门之人的名字，但看数量就不禁使人怀疑他故意扭曲了这幅图画。如果富豪受到迫害，那更多是因为有人想要夺取他们的财富，而非出于阶级敌意。城中设立了虚假法庭，其中包括一个由70名法官组成的假公会。在圣殿进行了"作秀审判"，指责富有的撒迦利亚·本·巴里斯与韦帕芗串通，并密谋背叛耶路撒冷。[9]没有出示任何证据，这些指控的真正目的是摧毁危险的对手，并侵吞他的钱财。撒迦利亚驳倒了对他的指控，然后在愤怒的咆哮中列举了指控者的种种罪行。当他被"主席"宣告无罪后，立即有两名男子将他砍倒，并将他的尸体扔进圣殿下的峡谷，并大声喊道："你得到了我们的判决，结果更好！"之后，他们手持刀剑，用剑背暴打所谓的公会成员，将他们赶出法庭。

以土买人很快就发现，所谓将耶路撒冷交给罗马人的阴谋从未存在，亚那和他的朋友们是无辜的，他们并没有勾结罗马人。私底下，一名奋锐党人揭开了谣言的起源，并解释说"自由的捍卫者"正在消灭对手，以巩固自己对城市的控制。大多数以土买人并不为嗜血行为感到骄傲，很快就离开了城市，回到了自己的家园，这让每个人都深感意外。在离开之前，他们释放了大约2000名囚犯，其中大多数立即趁机逃离了这座城市。

当时如果以土买人留下来，他们可能成为一股遏制势力。此时他们已经走了，奋锐党再无任何顾忌。他们加强了清洗工作，不仅清除了每一个他们不信任的贵族男子，而且还清除了任何潜在的对手，即那些有着优秀的履历但与他们观点不同的士兵。根据《犹太战争》中的说法，"他们杀害前者是出于嫉妒，杀害后者是出于恐惧"。[10] 他们杀害的富豪之一是葛立安·本·约瑟夫，此人直言不讳地批评了他们的活动，而在战士当中他们清除了比利亚的尼格尔，他曾与赛司提亚司作战，随后成了亚实基伦的英雄。尼格尔也是死于说话太坦率了。当被拖着穿过城市去执行死刑的时候，他向人群展示了他的伤疤，当他被杀害时，他还诅咒说让罗马人、饥饿、瘟疫和战争都来报复这些谋杀犯，除此之外，他还大喊希望他们最终死于互相残杀。

奋锐党人发动了一场阶级战争，一些现代史学家把它比作1793年法国的雅各宾派恐怖统治。[11] 只需一点原因就能将人处决。那些试图避开新主人以躲开他们注意力的人被指控为傲慢，那些对他们太冒昧的人被指控为蔑视，而那些对他们产生怀疑的人则被指控为阴谋者。最微不足道的指控都会带来重至极刑的惩罚——死亡。只有穷人才能摆脱每天都会被处决的恐惧。

亚那的去世和对犹太地统治阶级的袭击也证实了约瑟夫斯的观点：奋锐党人是凶残的狂热分子，而罗马人的再征服是犹太人民唯一的希望。"这座城市是三大灾难的猎物：战争、独裁统治和党派争斗……人们还是逃离了自己的同胞，到外国人那里避难，在罗马人的营地里，他们感到了在自己的家园根本没有希望找到的安全。"他这样描述当时的耶路撒冷。[12]

这是约瑟夫斯选择让我们看到的画面,因为他想说服《犹太战争》的读者,他那个阶级的每个成员都像他一样,拒绝反罗马战争,是一小撮出身卑微的狂热分子激起了这场战争。但它不可能完全准确。他自己也记录了有很多富豪家族留了下来对抗罗马人。虽然许多犹太贵族都被他们的同胞所杀,但研究表明,他们中有很多人成了奋锐党人,数量之多令人吃惊。

不过,约瑟夫斯在另外一件事上还是很有说服力的,他说每天都有人试图逃离耶路撒冷,尽管有人看守大门,一旦被抓就会因涉嫌投靠罗马人而被处决。不是每个人都想待在一个被围困的城市中。死人沿着道路堆成山,尸体留在太阳底下腐烂。但是,富人通常能够贿赂守卫。

在首都之外,自战争开始以来就占领马萨达的短刀党人开始在全国范围内劫掠。如果《犹太战争》可信,他们在逾越节期间袭击了小城隐基底,在该城的男人逃离之后,他们洗劫了房屋,夺走庄稼,并冲进去杀死700名妇女和儿童。此外,据说他们掠夺了马萨达要塞范围内的每个村庄,把整个地区变成废墟。短刀党人从全国各地招募新兵。在其他地方,抢劫事件也时有发生,各式帮派在抢劫完自己的村庄后,躲藏在沙漠中。他们集中力量,联合攻击城市,造成通常只在战时才有的伤亡,然后带着战利品消失在荒野中。几乎可以肯定的是,大部分遇难者都是因对反罗马战争态度冷淡而被杀。

与此同时,吉萨拉的约翰已经成为耶路撒冷的独裁者,约瑟夫斯讽刺地描述,聚集在他周围的人如同一支由变态杀人狂组成的私人军队。他无视奋锐党同胞的意愿,在没有咨询任何人的情况下做出决定并下达命令，似乎人们也遵守了，因为每个人都害怕他。根据《犹太战争》中的说法，他的傲慢疏远了他的追随者，他们担心他打算模仿马加比，甚至是希律，想自己称王。可以预见的是，凶恶的以利亚撒·本·西门不愿意接受他的命令，他们很快就争执不休。这个运动分裂成两个互相敌对的派别，以利亚撒将自己安置在圣殿内院。双方都猜疑地看着对方，有时候会打起来，尽管此阶段他们设法避免了彻底的内战。

平心而论，不得不说，像奋锐党人这种狂热的极端主义者，需要约翰这种强势的领导者。即使《犹太战争》也承认，他们中有些人跟随他完全是出于个人感情，而约瑟夫斯则一如既往地认为这些感情是因为他"利用雄辩的伎俩赢得的支持"。然而，约翰绝非毫无政治家的品质。他敦促美索不达米亚的犹太人去说服帕提亚人攻击罗马人。与此同时，他加强了防御工事，为即将到来的围城储备了食物。即使是约瑟夫斯也必须承认，"许多人被他的身体和头脑的精力所吸引"，这只能意味着他充满活力和人格魅力。[13] 吉萨拉的约翰的统治从68年春天一直持续到次年春天。他倾向于暴政，他的追随者倾向于使用刀剑，所谓的"革命"仅限于用流血的方式将奋锐党的理想强加给市民。尽管到这时为止，这个新的犹太国家仅限于首都和犹太省的一些城市，但它仍然以合理的效率运作良好。他们持续铸造带有乐观铭文的硬币，并且圣殿中每日的祭祀仪式也没有中断。

13

夺回犹太地

> 你们不要往田野去,也不要行在路上,因四围有仇敌的刀剑和惊吓。
>
> ——《耶利米书》(6:25)

与此同时,在凯撒利亚港大本营的罗马人听到耶路撒冷发生内讧的消息后雀跃不已,认为这是神的旨意。韦帕芗的战争顾问团告诉他,事不宜迟,他应该发动袭击。"天意有利于我们,使敌人自相残杀,但是事态会很快扭转,"他们建议说,"当犹太人对自相残杀感到疲倦或产生厌烦情绪时,他们会随时重新联合起来。"[1] 韦帕芗不同意。"你们正对我们的下一个举动犯下严重的错误。"他回答说。

你们太急于向敌人展示我们的装备有多精良,忘记了策略和伤亡。倘若即刻就向圣城进军,只会让敌军很快集结起全部的力量将矛头指向我们。如果我们再等久一点,参战的敌人就会更少,因为看起来有大量敌军会死于内讧。神是一个比我更好的将军,祂用这种方式把犹太人当作胜利的礼物拱手交给罗马人,而我们自己根本用不着动手,这样对军队没有任何伤害。既然我们的敌人正忙于自相残杀,而且正遭受着可想象的最严重的阻碍——内战,那么这种情况下我们最好是静观敌人的争斗,而不是与那些自寻死路的疯子一起投身到殊死的斗争中。倘若有人认为没有经过战争的胜利就不甜蜜,他最好认识到等待有利时机取得胜利好过奋战沙场招致杀身之祸。[2]

韦帕芗的军官接受了他的评估,如他所料,奋锐党内部的分裂更加严重。韦帕芗定期审问那些设法避开守卫逃出城门的难民,以保证能够充分地了解耶路撒冷的事态发展。68年的战争季节开始时,他的军团从凯撒利亚出发,看似打算围攻首都。而实际上,他的首要任务是占领巴勒斯坦的其他地区,直到除耶路撒冷外,再没有其他城市掌握在犹太人手中——这是一种孤立的战略。

他的第一个目标是加利利以东崎岖多山的比利亚省。他穿越约旦河,向比利亚的首府加大拉进军。虽然这个城市防守坚固,内有想要战斗的奋锐党人,但这个城市的贵族和更富有的市民秘密地派出了一个代表团迎接他,许诺会立即投降。富有的人不希望重蹈加利利人的覆辙。奋锐党人直到看到罗马人接近时,才意识到发生了什么。因此,他们没有时间准备防守,于是动用私刑杀害了多勒苏斯——秘密组织投降的贵族领袖——并且破坏了他的尸体,然后逃离了这座城市。那些留下来的人拆除了防御工事,在韦帕芗进城之时发出欢呼。他留下了步兵和骑兵驻地以保护他们,以免爱国者返回加大拉。

韦帕芗不仅留下了一支驻军,还派出了经验丰富的护民官普拉西德带着3000名军团士兵和500名骑兵追击爱国者,这表明加大拉的奋锐党人一定数量可观。逃犯们从远处看到了这些骑兵，意识到自己正在被追捕，便在一个名为伯宁拉的大型设防村庄避难，在那里武装年轻人，逼他们承诺会共同作战。当罗马人出现时，他们便发起攻击。普拉西德的手下先是撤退，引诱犹太人离开城墙，直到骑兵能将他们切断才悠闲地射击。一大群人冲向军团，"像疯狂的动物一样冲在敌人的刀上"。[3] 他们装备低劣，也没有盔甲，成群结队地被砍倒。

普拉西德用骑兵阻挡他们撤退，他的手下使用标枪和弓箭造成对方致命伤害。只有最坚定的奋锐党人才冲出了重围回到伯宁拉。居民们设法关上大门，但是罗马人一次次发起攻击，并在傍晚又袭击了村庄，屠杀了里面能抓到的每个人，有大量人群逃到了周围的山上。在洗劫房屋之后，军团士兵们点燃了村庄，整个地方被烧成灰烬。

很多幸存者逃出了伯宁拉，他们散布消息说整支罗马军队即将到来。该地区的居民恐惧万分，全体逃往耶利哥，但是约旦河因为下雨而涨水，无法过河，他们的去路被挡住了。普拉西德在尽可能广阔的前线部署他的部队，他袭击了河岸上的逃亡者，屠杀了1.5万人，"不计其数的人"投入约旦河溺水身亡。有2000多人被俘，并有无数驴、羊、牛和骆驼被掠夺。《犹太战争》告诉我们，虽然这场灾难并不比犹太人遭受的其他灾难更严重，但由于农村散落着死尸，而且尸体漂浮在约旦河上使得河流无法通行，因此看起来更加严重。普拉西德采用恐怖的做法，侵占了该地区的城镇和乡村，无论他在何处发现逃亡者和爱国者，都一律屠杀。在很短的时间内，除了马盖耳斯堡，他在比利亚所有的地区重建了罗马统治，直达死海。

与此同时，韦帕芗还有比巴勒斯坦更需要担心的事情。68年3月中旬，高卢总督尤利乌斯·文德克斯在近西班牙总督苏尔比基乌斯·加尔巴和卢西塔尼亚总督萨尔维乌斯·奥托的支持下，和一群高卢酋长叛乱反抗尼禄。虽然这次叛乱在两个月内就被来自日耳曼的军团击溃，但尼禄的统治开始变得越来越脆弱。尽管皇帝在希腊长假之后于67年末赶回罗马，但不仅他的行为让人难以接受，连政府也陷入资金短缺的困扰。54—63年与帕提亚人之间的长期战争耗费了罗马的巨额资金，公元60年的不列颠起义也是如此，而僵持不下的犹太战争也令它付出了巨大的代价。除了平叛需要巨大的花销之外，叛乱还意味着没有税收，这导致罗马人无法享受"购买面包和支付竞技表演"的休闲乐趣。他们要求行省支付比平时更重的税额，引起帝国各地的不满。如果帝国当局崩溃，整个罗马世界将陷入混乱，甚至可能瓦解。

"韦帕芗已经预见到即将到来的内战及其对整个帝国的危害，认为如果迅速平息东部地区，就会减轻意大利的困境，"约瑟夫斯告诉我们，"因此，尽管时值隆冬，他还是增加了驻军，保护已占领的城镇和农村地区。"[4]另外，我们可以猜测，在文德克斯的叛乱流产之后，韦帕芗变得更加紧张，作为一个军队指挥官，他担心尼禄在清除潜在对手时可能会把他也计算在内。然而，这个时候他的脑海中似乎还没有浮现出要成为皇帝的想法。

在这样不确定的时代，最好的行动方式是让人看见自己在好好工作，在毫不拖延地压制犹太人。他放弃了之前坐等奋锐党人在内战中自我削弱的策略，并着手准备了一场预备战役，旨在围攻和夺取耶路撒冷。他一旦决定让犹太省屈服，便连更晓夜地工作，表现出非凡的精力（虽然他已将近六旬）。

普拉西德重新征服了比利亚,让图拉真全面掌控行动。韦帕芗行军回到凯撒利亚港,进入内地直到安提帕底,在那里用两天的时间便恢复了罗马的统治。在此之后,他用"火与剑"摧毁了周围数英里的地区,每到一个村庄就将之毁灭殆尽。在征服了亭拿周围的领土之后,他继续向吕大和雅比聂(即雅弗尼)进军,杀死或奴役当地的居民,并以耶路撒冷逃出来的人取而代之,后者还包括上层阶级的人。

他将第五军团(马其顿)驻扎在以马忤斯的一个设防营地,以封锁进入耶路撒冷的道路,然后他前往首都西南方的伯勒特法,把该城烧为灰烬,还摧毁了周围的乡村,并屠杀一切活动之物。进而继续向南推进,穿过犹太边界进入以土买,占领了两个重要的村庄,杀死其中一万名居民,并奴役了另外1000人。

然后,他从山上向北进军耶利哥,那里的居民听说他要来,大部分都跑进了周围的群山。那些愚蠢到愿意冒险留下的人大部分都被屠杀,只有极少数生还。他还表现出对科学的癖好,选出不会游泳的囚犯,将他们的双手绑在背后扔进死海,好看看他们是否会浮起来,结果他们浮了起来,"仿佛有一阵风迫使他们向上浮起"。这些实验和后来纳粹的一些实验在精神上一脉相承,这些囚犯大概在饱经磨难之后也被处死了。[5]

不久之后图拉真便带着比利亚的所有部队与韦帕芗会合,使他能够在耶利哥和阿迪达建立设防营地,每个设防营地都驻扎有军团士兵和辅助骑兵。此外,韦帕芗还派卢修斯·安尼乌斯带一小队骑兵和步兵混合的部队前往格拉森。安尼乌斯在第一次出击时就发起猛攻,屠杀了1000名年轻人,俘虏了其他能抓到的人,然后让他的士兵抢劫房屋,放火烧城,并在周围的村庄全部如法炮制。

这一切活动背后的目的是孤立耶路撒冷，韦帕芗计划在周围建立一圈牢固的据点，封锁耶路撒冷。（在选择据点的时候，约瑟夫斯对当地地形的了解一定起到很大作用。）在近来的战役中，他的每一步都旨在确保交通通畅，他有条不紊地消除海岸和乡村中的每一个反对势力中心，这样就不会有敌人中断他的补给线。到这时为止，他故意留着敌国的首都。然而，似乎很清楚的是，他最终准备好处理它的时刻很快就要来临了。

68年春天，大约就在这个时候，一个特别有趣的逃兵抵达了罗马营地，可能当时韦帕芗已经回到了凯撒利亚。这是一位来自耶路撒冷的老法官，他曾是一位商人，也曾是希勒尔的学生，名叫拉班·约哈南·本·撒该，因其博学而闻名于整个犹太地。关于当时发生了什么有几个不同版本的说法，但总体的说法是一致的。关于战争，约哈南与约瑟夫斯的看法相同，都对它越来越不满，或许是因为他反对战争，又或者是因为他相信妥协的和平。最后他靠躲进棺材里才逃出了首都，期间几乎被刺死，因为有一名守卫把剑插入棺材中以确保里面真的装的是尸体。

当他看到韦帕芗时，约哈南用拉丁语喊道："至高统治，皇帝万岁！"显然，他是当着一大群人的面这么做的，因为感到震惊的韦帕芗回答说他不是皇帝，如让尼禄听到，他就会被杀掉。约哈南接着告诉他，他将成为国王，因为有一个传统是圣殿只会向国王屈服，而且有一位王子会砍掉黎巴嫩的森林。约哈南引用以赛亚的话："稠密的树林，他要用铁器砍下；黎巴嫩的树木必被大能者伐倒。"（《以赛亚书》10：34）拉班·约哈南知道韦帕芗对约瑟夫斯预言的接受程度，他还要求准许他在沿海平原的一个小镇雅比聂附近建立一所拉比学校，许多逃离城市的人能获准前往避难。[6] 具有讽刺意味的是，他的学校将成为一种智力上的微妙反叛，反抗罗马所代表的一切。

虽然有人提出，他的预言故事是为了掩盖某种肮脏的交易，也许是为了提议暗中合作，但没有理由怀疑约哈南在这场对他同胞的战争中帮助了罗马人。[7] 他就是罗马人欢迎的那种受过良好教育的犹太人，因为罗马人长期以来一直致力于分裂对手，并重建一个顺从的统治阶级，以便在战后与他们合作。然而，几乎可以肯定的是，他的预言给了他自由。

在此之前，就有其他犹太人预言过韦帕芗将统治世界，他们出身不如拉班·约哈南高贵，名字也没有被记录下来。他们的预言已经得到了更加有影响力之人的支持，这进一步证实了约瑟夫斯早期预言的准确性，这个预言即将被事件所证实。

68年6月9日，在包括禁卫军守卫在内的整个军队叛乱之后，元老院宣布尼禄为公共敌人，并"以祖先的习惯"处决他——将他鞭打致死，尼禄一听闻此消息便割喉自杀了。[8] 73岁的加尔巴被宣布为皇帝，而到了秋天，韦帕芗派提图斯到罗马向他宣誓效忠并请求赐下军令，因为他的指挥权在尼禄死后就自动失效了。他被迫放弃了围攻耶路撒冷的计划。

14

西门·巴尔·吉奥拉

你生我作为遍地相争相竞的人。

——《耶利米书》(15：10)

与此同时,一种新的麻烦又产生了,就是西门·巴尔·吉奥拉这个人。"有个年轻人叫西门,生来就是格拉森人。他虽不及耶路撒冷的首领约翰有谋略,但是更为勇猛、胆大。"约瑟夫斯在《犹太战争》中如此简洁地描述西门。[1]然而,与往常一样,人们必须谨慎接受他对敌人的描述。

西门来历不明,而且出生于小城市格拉森,因此势利的约瑟夫斯鄙视他,把他描绘成一个来自贫民窟的血腥暴君,但这也许并非完全不可信。他有一半希腊血统,他的父亲皈依了犹太信仰。无可否认,现代史学家马丁·古德曼认为他是统治阶级的成员,但他的说法令人难以信服。[2]然而,无论西门的背景多么卑微,约瑟夫斯从来没有低估这位无情的领袖,他足智多谋,总能唤起人们内心最深处的忠诚。罗马人认为他是最危险的对手。

约瑟夫斯和他的朋友们完全有理由憎恨他。在他们眼中,西门和吉萨拉的约翰是这场战争中的两个邪恶天才,其中西门数最甚。然而,西门用可怕的方式表达自己,近似于一个奋锐党人。

可能他对犹太富豪的仇恨不是因为他卑微的出身或渴望平等的本能，而是因为他认为他们背叛了这个国家，长久以来并没有抵制罗马的占领，而是随时准备与他们合作。他的势力迅速崛起，这只会发生在社会秩序崩溃的情况下，值得我们好好描述。

在已故的亚那统治耶路撒冷的短暂时期内，这位老奸巨猾的大祭司立即意识到，虽然西门·巴尔·吉奥拉年纪轻轻，却是个非常危险的人物。他的行为明显透露出令人不安的侵略性。亚那发现西门试图通过逢迎农民在阿克拉巴特尼行政区建立一个权力基地，于是在他造成更大威胁之前，把他赶出了这个地区。

从耶路撒冷被驱逐出境后，西门到死海旁马萨达的奋锐党短刀党人处避难。起初，这些手持短刀的人怀疑他，只让他和跟随他的妇女一起留在堡垒的外院，禁止他进入他们设在希律王旧宫殿里的营房，但他是一个异常友善的同伴和具有同情心的听众，他富有魅力的个性和对奋锐党的无私奉献给他们留下了深刻的印象。不久，他们就让他参加偷窃马萨达附近牛群的行动。西门野心勃勃，很快就对这种生活方式感到不满，特别是在听说他的旧敌亚那被杀而且奋锐党人已夺取了首都之后。

西门在新朋友——短刀党人——拒绝离开马萨达以帮助他那看似荒谬的野心计划后进入了山地，在那里他聚集了一支军队，承诺要让被奴役的得自由，让自由的人受奴役。起初这只是一群装备不良的乌合之众，但很快便拥有了良好的武器和纪律，学会了在这样一个才能非同寻常的指挥官手下好好战斗。一旦它变得足够强大，西门就开始攻击并掠夺防守不佳的山村，他的成功吸引新兵不断涌入。在很短的时间内，它便已经强大到可以深入低地和突袭城镇。他非常有感召力，即使是地位高的人也开始加入他的军队,他的活力为他赢得了许多支持者。约瑟夫斯在《犹太战争》中如此评价说:"他带领的不再是一帮奴隶和强盗组成的乌合之众,而是一支由士兵组成的军队,他们都服从他,仿若他是国王一样。"[3]

西门拥有了足够的军队,占领了阿克拉巴特尼及周边地区,远至大以土买。他在一座名叫拿因的村庄建造了土墙,设立了防御工事,以作为他的指挥部,并将附近法兰谷的洞穴当作营房或仓库存放他掠夺的谷物。在那里,他训练和演练他的追随者。他没有隐瞒攻击耶路撒冷的意图,而是告诉了每个人。

如他所愿,首都的奋锐党人都惊慌起来,在他变得太强大之前派出一支力量来压制他。但是西门轻易地将他们打垮,并一路追赶幸存者直到耶路撒冷。由于他没有足够的资源来袭击这座城市,他决定消灭以土买人,以防止他们帮助敌人,因为他们此前曾协助过约翰。西门带着两万名男子向南行进,所有人都武装得当。听闻西门正在朝这边赶来,以土买人匆匆集结了他们最好的部队,共约2.5万人,然后在边境将他成功拦截。

经过一场艰苦但胜负未分的战斗之后,西门撤退到拿因,在那里让他的士兵休整。然后他再度入侵以土买,在提哥亚村扎营,并从那里派出一名叫以利亚撒的军官前往希律堡附近,要求那里的以土买驻军投降。以利亚撒获许进入,但驻军一听到他的无理要求便拔剑追赶他,他在城墙周围到处逃窜,看到已无路可逃之后便纵身跃下城墙,摔入深沟而死。即便如此,以土买人还是被西门的自信所震惊。在冒险开战之前,他们决定去调查一下他的部队有多强。

有一个名叫雅各的以土买指挥官自愿前往调查。他从以土买人驻扎的奥鲁洛斯村出发,到了西门那里。他向西门提出条件,可以出卖他的同伴,并帮西门征服整个以土买,从而换取一个有影响力的职位。善于利用叛变的西门爽快地同意了他的条件,甚至承诺了更好的回报,还给他举办了一个丰盛的宴会。雅各回到奥鲁洛斯,在给弟兄们汇报时夸大了西门部队的规模,散布了阴郁和沮丧的情绪,并暗示拯救自己生命的唯一希望就是投降。然后他向西门派出秘密使者,叫他即刻发动进攻。进攻一开始,雅各和他的朋友便跳上马匹逃之夭夭,还尖叫一切都完了。整个以土买军队军心大乱。

赢得了这场兵不血刃的胜利之后,西门向南推进到以土买,掠夺了尚未被罗马人摧毁的希伯伦,并在那里发现了养活他大军所需的粮食。此时他的部队超过四万人,比以往任何时候都更加强大,其中还包括重装步兵。接下来,他蹂躏了整个以土买,抢劫了城镇和乡村,把农村变成了荒地。"正如蝗灾过后整个森林一片荒芜一样,西门的军队过后只留下废墟了,"约瑟夫斯评论道,"他们放火烧了一些地方,把另一些夷为平地。"[4]

耶路撒冷的奋锐党人比以往任何时候都更加担心,但他们又缺乏信心,不敢冒险进行全面战争。他们在山路上伏击了西门的部队。在其中一次伏击中,他们俘获了西门的妻子,希望他能投降并祈求释放他的妻子。然而,这不但没有挫败他的士气让他投降,反而激怒了他。"他抵达耶路撒冷城下,像只抓不着猎人的受伤的野兽,把气出在所有碰到的人身上,"《犹太战争》告诉我们,"只要发现任何在城墙外游荡的人,通常是出城采集草药或柴火的手无寸铁的老人,他都会将其折磨至死。他气得几乎忍不住啃咬他们的尸体。"[5]

他砍断其中一些人的双手,将他们活着送回城市,叫他们告诉当局,西门·巴尔·吉奥拉已经向神起誓,除非他们即刻送还他的妻子,否则将一路杀进城,粉碎城墙,杀掉城中所有的人,无论年老或年少,有罪或无辜,一个不留。不仅是群众,就连奋锐党人都被他的凶狠吓倒了,他们立刻释放了他的妻子。妻子回来之后,西门回到了以土买,把还没有夷为平地的地方统统毁掉。许多忍饥挨饿的以土买人试图在耶路撒冷避难,而那些在途中被捕的人,通常是淳朴的农民,在西门的明确命令下被处死。到这时为止,正如他所预期的那样,比起奋锐党人或罗马人,犹太人更害怕的是他。在完成破坏工作后,他回到耶路撒冷并围住了城墙。

与此同时,在耶路撒冷城内,吉萨拉的约翰为了奖励支持他的奋锐党军队,让他们为所欲为,结果军纪崩塌了。他们抢劫富人的房屋,谋杀男子和强奸妇女。据约瑟夫斯说,奋锐党人出于纯粹的无聊,成了同性恋,穿着女装,使用化妆品和香水,还在眼睛下画眼影。"他们做尽最肮脏的勾当,把整个城市变成了妓院,涂炭生灵,"《犹太战争》告诉我们,"然而,尽管装扮得像女人,他们却有着恶魔的双手。他们迈着小碎步缓缓走来,可是即刻之间就从染了色的披风下面拔出利剑向行人刺去,一副杀人狂魔的姿态。"[6]

有人怀疑这幅耶路撒冷被凶残的同性恋者统治的图景完全出自约瑟夫斯的想象,这是他决心诽谤奋锐党人的另一个例子。奋锐党人中有许多人都虔诚地信仰宗教,深知在他们的信仰中,同性恋是有罪的。描述中的那种事情可能会发生,但即便如此,那可能也只是一个被极其夸大了的孤立事件。我们也完全可以想象,由于贫穷，许多出身卑微的奋锐党人无法区分富人的男装和女装，对他们而言，丝绸长袍都一个样。

然而，很明显，在吉萨拉的约翰统治下，对于不属于奋锐党守军的人来说，耶路撒冷的生活将会非常难熬。墙外的领袖比墙内的领袖更嗜血，他杀死了所有试图离开的人。就此时而言，西门已经终结了逃往罗马的所有希望。

尽管约翰沉迷于放纵他们——或许正因如此——相当数量的耶路撒冷驻军最终选择了反对他。以利亚撒·本·西门及其团体已经与他对立，而且脑袋清楚的士兵肯定已经意识到，在罗马人最终决定进攻时，这样一支混乱的军队将毫无拯救城市的希望。对约翰政权的第一次反抗于69年春天由一群以土买难民发起。他们反抗他，除了因为不喜欢他统治耶路撒冷的方式，还因为他的残酷。在接下来的战斗中，他们杀死了几名奋锐党人，将其余部分赶进已经成为约翰私人住宅的王宫。该王宫由阿迪亚波纳国王的亲属加皮特修建，也是约翰存放战利品的地方。在追逐奋锐党人进入圣殿之后，以土买人开始掠夺约翰的宝藏。

以土买人瓜分战利品时，整个城市的奋锐党人迅速加入了那些在圣殿外避难的人，约翰正在那里试图组织反击。尽管以土买人相信自己在真刀真枪、面对面的战斗中总能击败奋锐党人，但他们害怕那种奸诈的偷袭，奋锐党人曾经就是这样在夜间袭击了亚那的。以土买人害怕对方会在睡觉时割断他们的喉咙。

以土买人灰心丧志，不得不召集了其余的祭司长，并就如何防范这种攻击征求意见。"但似乎是上帝让他们找到了最糟糕的解决方案，他们选择了以毒攻毒，而'新毒药'更加致命。"[7] 经过一番激烈的辩论之后，祭司长们得出结论，认为唯一可能摆脱约翰的方式是让西门·巴尔·吉奥拉接管，尽管后者也声名狼藉。毫无疑问，祭司长们暗中也希望他能摆平以土买人，毕竟他已经击败他们这么多次。这个决定得到了幸存贵族的热烈支持，因为他们担心失去自己的性命、房屋和财产。他们似乎希望西门会变成第二个亚那。在血统上无可挑剔的前大祭司马提亚·本·庞特斯被送到西门在城墙外的营地里，去邀请他来统治耶路撒冷。

西门慷慨地接受了市民们的邀请，如同要从奋锐党人手中拯救这座城市的救世主一样骑马进城，受到人们的欢呼接待。一进城，他很快就明白自己也是个十足的奋锐党人。西门把那些邀请他的又并非约翰的人当作敌人。与此同时，西门尽可能从约翰那里夺取宝藏；而后者退到了圣殿的外院，以利亚撒和他那一派则继续占领内院。"因此，在战争第三年的4月（尼散月），西门成了耶路撒冷的首领。"《犹太战争》记录道，这意味着这是在69年3月或4月的某一天。[8]

奋锐党一词源于非尼哈，他在《民数记》中被记载因为对神发热心而杀死了心利和他的异邦妓女。[9]这个词在《犹太战争》中仅代指以利亚撒·本·西门的追随者，但很可能三位领导者（吉萨拉的约翰、西门·巴尔·吉奥拉，以及以利亚撒·本·西门）和其支持者都用了这个名字，因为他们有着共同的理想。这当然是描述耶路撒冷捍卫者的最佳术语，从现在开始，本书将用这个词来代指耶路撒冷的捍卫者。[10]

约瑟夫斯倾向于认为一个人要么全都好，要么全都不好，除了残忍的勇气、无情的战斗技巧和欺骗性的魅力之外，他没有称赞西门任何优良的品质。然而，邀请西门进入耶路撒冷的人不可能全都是傻瓜；实际上，他们中的许多人都继续支持他到最后。无论他有多凶残，显然在某些方面他比吉萨拉的约翰更可取。很多以土买人加入了他这一方，他们由一位雄心勃勃的军官雅各·本·索西亚斯率领，甚至还有一些犹太贵族也加入了进来，如亚那·本·巴格达图斯，后者成了他的主要追随者之一。

然而，这还远不能了结约翰。他也有忠诚的追随者。尽管他们被包围，寡不敌众，但他们和以利亚撒的人仍然各自在圣殿的外院和内院负隅顽抗。在市民的帮助下，西门一次次发起进攻。圣殿中的两个奋锐党派系都从罗马人手中夺取了重型投射武器，并且已经学会了如何在距离不够远的情况下进行近距离攻击。他们在四座新建的塔楼上安装了弩炮和蝎弩，向围攻者发射了一阵阵势不可挡的石林弹雨。与此同时，投石兵和弓箭手从柱廊和城垛上的狙击点规律地向下射击。尽管西门也有投石兵和弓箭手，但他没有重型投射武器来对抗这种持续的轰炸，而且他的手下每天都有许多人遇害或负伤。他们对圣殿的袭击逐渐平息，开始因对方优越的火力而灰心丧气。即便如此，他们直到最后一刻仍继续封锁着圣殿中的奋锐党人。

西门·巴尔·吉奥拉的到来，剥夺了耶路撒冷联合指挥的希望。从罗马人的角度来看，前途充满希望，好得不能再好。正如韦帕芗所料，耶路撒冷的守军分裂成互相敌对的奋锐党军队，每个军队都意图消灭对方。但是，他不得不暂时推迟围攻计划，因为欧洲发生了太多重要的事情。

15

四帝之年

> 尼禄死后,一切都崩溃了。这种混乱鼓励了好几个人尝试去做皇帝,而军团想要改变,因为他们都想要战利品。
>
> ——约瑟夫斯,《犹太战争》(1:5)

尼禄自杀的消息可能于68年秋传到韦帕芗那里。这就是所谓的"四帝之年"的开始。尽管韦帕芗已向新皇帝加尔巴致信表示效忠,但他从未收到任何答复。更令人不安的是,皇帝既没有确认他的任命,也没下达新的军令。他无奈地暂停了犹太战争,在69年春季之前不再采取任何对抗犹太人的行动。

韦帕芗一直停留在凯撒利亚港,因为从罗马到犹太地的信使首先从那里登陆,带来关于首都发生事件的报道、命令和通信,尽管这些消息至少要等六周以后才会得到,那时很可能早已时过境迁了。(10月以后,由于冬季的风暴令穿越地中海的旅程极其危险,信使会走得更慢。)在韦帕芗等待命令期间,奋锐党人的军队利用这个间隙,重新夺回了犹太地的部分地区,特别是希伯伦。

约瑟夫斯在《犹太战争》中告诉我们,他无意随便讨论尼禄的死。"在此我可以叙述尼禄是如何滥用职权的,"他赞同地说道,"而那些毁灭他的,不久之后就受到了惩罚。"[1]这一谨慎的声明暗示了他对所有皇帝的崇敬，这种崇敬这时已转移到韦帕芗身上，并深刻地影响了他们的关系。虽然约瑟夫斯绝非一个异教徒，但他并不能抵抗围绕在一名恺撒身上的半神光环。

在写作关于意大利内战的内容时，他似乎很有可能接触到一份已失传且来源不明的"原始文献"，这一文献也被塔西佗和苏维托尼乌斯使用过。约瑟夫斯几乎没有叙述加尔巴从68年6月到69年1月严厉无能的统治以及他在罗马广场的暗杀事件，也鲜有提及杀害加尔巴的更凶残的凶手兼继任者奥托的短暂统治，后者在4月以自杀告终。然而，他更多地告诉了我们关于维特里乌斯夺取权力的过程，维特里乌斯曾经指挥过莱茵河上的军团，而韦帕芗于69年5月在凯撒利亚公开承认他为皇帝。值得注意的是，当韦帕芗当着他手下的面向维特里乌斯宣誓效忠时，士兵们都一言不发。

然后韦帕芗开始了他最后的战役，攻击犹太地少数仍然坚持反对罗马人的地方。这比以前的行动要求更低，如有必要便可迅速结束，这样既不会失去面子又不会太助长对手的气焰。他进入了山地，先控制哥夫拿和阿克拉巴塔地区，然后占领了小镇伯特利和以法莲，并安置了驻军。之后他向耶路撒冷进军，杀死或奴役任何他能抓到的犹太人，故意传播恐怖气氛。

与此同时，第五军团司令塞克斯图斯·凯列阿里斯率领了一小股武装，捣毁了上以土买地区，烧毁了大村庄卡菲特拉，然后困住卡法拉宾城，该城的居民在罗马人首次袭击之后便带着橄榄枝出来以示投降。凯列阿里斯的最终目的是进入已经被西门·巴尔·吉奥拉损毁的希伯伦，将城中之人无论老幼一律杀死，并将整座城市付诸一炬。

塔西佗评论道："（韦帕芗）仗着他的好运和决心，也仗着他有一批优秀的辅佐，在两个夏天里便占领了整个地区除耶路撒冷之外的一切城市。"[2] 只有希律堡、马盖耳斯和马萨达的城堡还在犹太人手中。就算状况会更糟糕，约瑟夫斯的预言也已得到证实，尽管罗马人争夺皇位的斗争给了犹太人短暂的喘息时机。

60 岁的维特里乌斯从一开始就在罗马不得人心，他从莱茵兰带来六万士兵和一群野蛮的日耳曼随军人员。军纪已经崩溃，他们和他们那些披着长发、穿着长裤、用黄油涂抹头发的朋友，一起在首都实行恐怖活动，抢劫和强奸市民。罗马人对野蛮人这种异乎惯例的占领深感憎恶，尽管他们对狂饮暴食并不陌生，但仍对又一位新皇帝和他手下的过度宴饮而深感震惊。塔西佗说："维特里乌斯的军队乱成一团，到处都有人酗酒。"[3] 到 6 月，他的现金开始告竭，无力支付自己的部队，更不用说已经因为他处决奥托军团的所有百夫长而愤怒的其他士兵了。

致使谨小慎微的韦帕芗染指皇位的导火索是野心勃勃的提图斯，后者说服父亲去追求皇位，并说服了另一位将军支持他。从尼禄逝世以来，提图斯可能一直在计划着发动政变。他被父亲送到罗马向加尔巴致敬，并请求皇帝下令发动犹太战争。提图斯约于 69 年 2 月在亚基帕二世的陪同下，乘坐桨帆船出发。途中，这两人驶入塞浦路斯的帕福斯，在那里提图斯乘机向阿佛洛狄特祈求神谕，据说是为了求问他的旅程，但暗中希望能为他父亲的未来求得有利的预兆。

他们沿希腊海岸继续前进，途中听说加尔巴被暗杀。亚基帕决定前往罗马，但提图斯"像是受到神灵的驱使一样"，回到了叙利亚，迅速抵达凯撒利亚港与父亲会合。[4] 他决定返回犹太地，而不是去罗马向维特里乌斯效忠,这暗示他相信是时候由他的父亲为最高权力展开斗争了。韦帕芗犹豫不决,因为他从不做赌徒。他说:"60岁时与两个年轻的儿子一起卷入内战是何等荒谬的事啊!"[5]他似乎认为自己出身太卑微、太无名、太老而无法成功。

然而,当韦帕芗听到叙利亚使节李锡尼·墨西安努斯在他的高级官员面前发表的讲话后,他终于被说服了,决定采取行动。尽管该使节也是一名优秀的战士,但他和韦帕芗并无其他共同之处。墨西安努斯是一位打扮花哨的同性恋者,喜欢穿女式服装,还是一位知识分子,写了一本关于叙利亚自然奇观的书,叫《奇观》(*Mirabilia*)。可能是墨西安努斯启发了韦帕芗的妙语评论:"我很满足于做个男人。"此外,他们在物资和管辖权方面似乎也出现了一些激烈的争议。然而,这位使节是一位精明的政治家,他在韦帕芗身上发现了成为优秀皇帝所需的全部素质。

"他(维特里乌斯)的士兵身上的热情和勇气正消耗在酒馆里,在放荡的生活中,"墨西安努斯告诉他,"你在叙利亚、犹太地和埃及拥有精力充沛的九个军团,它们没有受到战争的消耗,没有受到兵变的感染,这些军团有丰富的作战经验,因而是强大的,并且曾制服过国外的敌人。你拥有强大的海军、骑兵和步兵中队,拥有完全忠于你的国王,还有比其他所有的人更加丰富的经验。"[6]

在这场演讲之后,韦帕芗的军官援引那些预言他将必然成功的神谕,哀求他拯救罗马帝国。69年7月1日,在军团的阵阵掌声中,他在亚历山大被埃及总督提比略·亚历山大宣布为恺撒。犹太地的部队开始称他为"皇帝",叙利亚的军队也热情高涨。当地统治者,包括亚基帕二世和百尼基,提供资金支持他的战役,还把自己的部队借给他。

他的支持者在贝鲁特举行了一次会议，研究如何推翻维特里乌斯。最初的决定之一是取消对耶路撒冷的一切行动，好使相关军团可以转移到即将入侵欧洲的特遣部队。然而，会议还决定在犹太地维持强大的驻军，一旦韦帕芗登上皇位，提图斯应该恢复犹太战役。他们计划先入侵欧洲，然后与来自帝国其他地区的部队合作，找到并摧毁维特里乌斯的军队。他们也同意韦帕芗应该留在东方，从埃及协调战役。

我们必须记住的是，当韦帕芗夺取帝位时，他的胜利还绝非定局。事实上，维特里乌斯还远没有被击败，至少在名义上他仍是个皇帝。毫无疑问，韦帕芗在各方面都很出众，他是一名优秀的军人，为人也不错，得到了罗马军队中一些最优秀的军官的支持。然而，重要的是不要低估维特里乌斯。尽管韦帕芗的这位松懈的对手在平民关心的事情方面既无能，又缺乏建树，但他知道如何受到士兵的欢迎，这样他就有成千上万的士兵愿意为他而死，而不仅是为了得到金钱奖励。此外，人们通常认为那些来自莱茵河的军团是整个罗马军队中最优秀的部队。他也有一些非常有能力的指挥官，特别是费比乌斯·瓦伦斯和凯基纳·阿列安努斯。最重要的是，皇帝维特里乌斯控制了罗马，而罗马的名字就是个护身符。

约瑟夫斯告诉我们，从一开始韦帕芗的首要任务就是确保占领亚历山大港，因为埃及可以提供大量粮食，是帝国的主要粮仓。一旦控制了该地区唯一的粮食运输港口，如果有必要，他就能够让意大利和维特里乌斯饿到投降。他还需要驻扎在埃及的两支军团。

在 10 月离开亚历山大港之前，他想起了甚至在尼禄还活着的时候，约瑟夫斯就已经向他行皇帝之礼。他召唤墨西安努斯和其他高级军官，热烈地谈论了约瑟夫斯在约塔帕塔的英勇事迹，提醒他们他的预测显然是受到神的谕示。"这个预言了我掌权的神的旨意传达者仍然被当作俘虏对待是多么让人震惊！"他下令把约瑟夫斯带到他面前，并正式释放了他。

"我们应该把他的耻辱同他的脚镣一同取下。如果把镣铐砍断，而不是把它解开，这就相当于消除了耻辱。"提图斯建议道。这是对待被不公平地监禁之人的惯常做法，这样他就不会像被释奴隶那样受到人们的鄙视。韦帕芗同意了，并且公开用斧子斩断了铁链。为了这个仪式，约瑟夫斯再次捆上了早已不戴的铁链。"他就这样凭借以往的预言重新获得了公民权，大家都相信他具有预测将来的能力。"他自满地评判道。[7]

在埃及，韦帕芗将他和幕僚安置在亚历山大。该城由亚历山大大帝建立，在各方面都是一座希腊城市，那里只有极少数埃及本地人，人口近 100 万。城墙周长 15 英里，围绕着这座城市，城中有笔直而狭长的街道，呈网格状分布，主要干道上布满了豪宅、公共建筑和神庙。最大的神庙塞拉皮雍不仅用于崇拜塞拉斯神，还是世界上最大的公共图书馆的主要部分。因为亚历山大没有天然的海港，于是通过建立一道长长的防波堤延伸到法罗斯岛而形成了一个口岸，法罗斯岛上有一座 400 英尺高的灯塔，是古代的奇迹之一。

约瑟夫斯与韦帕芗一起前往埃及。虽然他会在需要时随时备询，但这种情况也不多，因为休战之时，犹太专家的建议几乎毫无用处。他很可能与当地的散居犹太人共同度日，那里是耶路撒冷以外最繁荣的犹太社区，此时因为涌入了犹太地的难民而大大扩张。他们大部分人似乎都很穷，尽管其中有一些确实非常富有。极少数人甚至获得了公民资格，包括哲学家斐洛的兄弟、海关负责人亚历山大。这里已经高度希腊化，再加上城中有一座宏伟的图书馆，为喜欢希腊文学的人提供了令人羡慕的机会。

约瑟夫斯从散居人群中选择了一位作为新妻子，虽然婚后并不幸福。（关于韦帕芗给他的妻子，他只说了一句，就是他们已经分手了。）他们大概是在城市东北部海边的犹太区开始一起生活的，"那里是最佳居住胜地"。他怀恋地告诉我们。[8] 没有比那里更美的过冬胜地了。他的妻子将生下三个儿子，其中一个他以马加比的祖先命名为许尔堪，这一举动值得注意。国王约翰·许尔堪是他的英雄，"他同时享有三种最高特权——政治首脑、大祭司的职位以及预言家的天赋。不断的神灵感应使之尽晓未来之事"。[9]

关于他与当地散居犹太人的其他联系，他什么也没有告诉我们，尽管他提供了一些关于亚历山大反犹主义的信息。具有讽刺意味的是，在一定程度上，这种反犹倾向正是由于亚历山大的犹太人支持罗马人。他解释他们如何组织成一个团体，希腊人称之为"政权"，由一群异邦人组成，由 70 位长老组成的理事会统治，实则就是一个由当地行政长官统治的犹太公会。他们有自己的集会、法庭和档案。在散居人群中，那些更富有、希腊化程度更高的成员所关心的大问题就是如何在不放弃宗教信仰的情况下获得公民身份。约瑟夫斯若曾经想过在那里安顿下来，这个难题便会驱使他放弃这个想法。

关于维特里乌斯的倒台，他还有话要说。可以理解的是，他对一场即将决定自己未来的战役产生了浓厚的兴趣，虽然他并没有透露战斗打响的时候他有多么担心。他很可能记得自己曾在尼禄的皇宫里看到维特里乌斯的可怕样子,他身材高大,大肚便便,一瘸一拐,因为酗酒,脸都变成了紫色。"他的父母对占星家为他绘制的星位震惊不已",苏维托尼乌斯说,年少时,维特里乌斯曾是提比略在卡普里岛的"玩伴"之一,并且因为成了皇帝的娈童而进一步推动了他父亲的职业生涯。苏维托尼乌斯说,随着年龄的增长,他被各种卑劣行为所玷污,他的罪孽是贪吃和残忍,他喜欢在任何人,甚至是朋友的身上施以酷刑和死刑。[10]

他没有做过战士,所以当加尔巴让他担任下日耳曼尼亚的指挥官时,每个人都感到震惊,但他不知疲倦地讨好部队,同意他们的一切请求,无论纪律如何都可以免遭惩罚,这使得他大受欢迎。他们喜欢他欢快而亲切友好的打招呼方式,并且经常被他在大型露天宴会上表现出的超人的酒量和食欲而逗乐。正是这些莱茵兰的军队为他成为皇帝而欢呼,以求获得丰厚的回报。

与此同时,除了犹太和叙利亚的军团,西班牙、高卢、不列颠、伊利里亚、摩西亚和潘诺尼亚的其他军团都出来支持韦帕芗,因为他是一位知道如何赢得战斗的将军。已故皇帝奥托恳求他拯救罗马的信件(可能是伪造的)在四处传阅,这推动了他的事业。韦帕芗拥有为犹太战争准备的资金,有资本竞争皇帝的宝座。他还可以依靠多米提乌·科尔布罗生前带领的军官们的忠诚,多年来这位天才般的将军成功地打败了帕提亚人,之后尼禄却让他自杀。墨西安努斯就是这些军官中的一员。韦帕芗派他穿过巴尔干半岛到达意大利,并派出一支庞大的军队前往罗马。与此同时,来自北欧和西欧的盟友前去入侵阿尔卑斯山对面的半岛。

欧洲的战争报道到达亚历山大时已经过时了,这让韦帕芗的支持者惴惴不安。传来的消息是战斗非常激烈，有大量人员伤亡。毫无疑问，在决定性的对抗发生前的一段时间里，约瑟夫斯仍然在为未来而颤抖。但在接下来的几个月里，维特里乌斯的处境恶化了，之后开始瓦解，部分是因为他的自我放纵，致使每个人都看到军事事务开始走向摇摇欲坠的境地，这与韦帕芗的领导形成鲜明对比。最终，维特里乌斯的军队连续输掉了两场关键的战役——10月在阿尔卑斯山南侧高卢的克雷莫纳损失了三万人，12月初，在意大利南部的纳尼亚（接近现今的斯波莱托市），大部分部队都跟着自己的指挥官投向了敌人。事实证明，这些失败是决定性的。维特里乌斯最好的将军费比乌斯·瓦伦斯在高卢被俘虏，那时他正拼命增加支援。他被送回意大利斩首。皇帝另一位杰出的指挥官凯基纳·阿列安努斯已经投靠了韦帕芗。维特里乌斯惊恐万分，提出只要给他一笔退休金，他就退位。

12月中旬在罗马发生了几出戏剧性的事件，韦帕芗的支持者，包括一些元老，因为时机不成熟夺取城市失败。维特里乌斯的士兵们回以猛烈攻击，并焚烧了他们避难的主神殿——朱庇特神庙，而韦帕芗的小儿子图密善通过穿上伊希斯女神祭司的祭服，才躲过了随后发生在卡比托利欧山上的大屠杀。（塔西佗认为，主神殿被焚是整个罗马历史上最可耻的事件。）维特里乌斯在宝座上坚持了一个星期。

韦帕芗的军队于69年12月20日进军罗马。"（维特里乌斯）从宫殿里出来，酒足饭饱，酩酊大醉。这是他最后一次行乐了。他被人从人群中拉出来，受尽各种侮辱和折磨，于首都中央被处死。"《犹太战争》这样描述前皇帝的命运，省略了苏维托尼乌斯所记录的他承受私刑时的恶心细节——他们如何拿匕首抵住他的下巴使他不得不抬起头,以及如何用精心设计的方法折磨他。"他统治了八个月零五天,我怀疑要是他活得再长一些,帝国是否能满足他放纵的欲望。"[11]

尽管如此,塔西佗强调,维特里乌斯的死只是战争的结束,而非和平的开始。最终墨西安努斯以韦帕芗的名义控制了首都。

约瑟夫斯带着明显的情绪评论道:"整个帝国已经稳定,罗马的霸主地位也惊人般地重建了。"[12]很显然,他担心它会瓦解。这是可以理解的,因为争夺皇位的斗争是一场灾难性的剧变,数万人在战斗中死亡。他对提图斯的英雄崇拜大概是从这个时期开始的,因为他已经看到了提图斯在幕后的巧妙安排为他父亲的胜利做出了贡献。

收到获胜的消息时,韦帕芗仍在亚历山大,并且第二年的大部分时间他都待在那里。来自世界各地的使节纷纷前往祝贺。尽管埃及首都几乎和罗马城一样大,但它似乎容不下这么多前来祝贺的人,约瑟夫斯如此说。这一评论暗示,他那恩主的胜利带给了他一丝安慰。新皇帝要到70年9月,甚至可能到10月才会进入罗马。然而,约瑟夫斯并不会出现在随行队伍中,因为有其他的地方需要他。

终于赢得了内战,韦帕芗"把他的注意力转移到犹太之战的最后阶段",这是指耶路撒冷和奋锐党人。[13]从接下来的事情来看,他和他的幕僚军官细致地设计了战役计划。我们可以肯定,约瑟夫斯参与了这个计划,因为他可以通过阅读送给亚历山大散居犹太人的信件来获悉敌人首都所发生的事情。提图斯在这位前犹太将军的陪同下,带着一支精锐部队前往围攻并占领耶路撒冷。

即使身处安全的亚历山大,69年的血腥剧变也严重地震撼了约瑟夫斯。他没有提到他的个人反应,因为这会破坏他自称是先知的说法。但在内战爆发之前,他已经对罗马帝国和罗马文明的未来产生了疑虑。正如他在《犹太战争》的序言中所写的那样,"犹太人预计他们在幼发拉底河之外的亲族会加入他们的反抗行列,而且无论如何,罗马人都与邻居高卢人和凯尔特人纷争不断,而后两者早已蠢蠢欲动"。[14]尼禄的死对已经危机重重的形势来说无疑是雪上加霜。

帝国的崩溃一直是奋锐党人最大的希望,但这并未发生。危机改变了约瑟夫斯。从此时开始,他认为自己既是犹太人又是罗马人,这是他在书中所揭示的双重身份。此外,他开始相信,在很多重要的方面,犹太人和罗马人都有着相同的理想。[15]

最重要的是,约瑟夫斯真的以为自己是先知。如果他之前预言韦帕芗会登上皇位是他在绝望中为了拯救自己生命所施展的诡计,但事实果真如此,这坚定了他的信念,他相信自己可以看见未来,并预测犹太人的命运。这就解释了后来他在犹太战役中的大部分行为。

16

提图斯掌权

> 那我就将使犹大诸城和耶路撒冷失去欢乐与喜庆之音。就连婚宴的喜乐之音也不会再听到了。整个国土将变得荒无人烟。
>
> ——《巴录启示录》(2：23)

"在亚历山大城我又被派去和提图斯一起围攻耶路撒冷。"约瑟夫斯在《人生》中告诉我们。他补充道:"在耶路撒冷,我经常九死一生,面临各种各样的致命危险,这危险不仅来自犹太人,也来自罗马人,因为前者认为我是叛徒,想把我抓回去处死,后者则把所有的战事失利都归咎到我的背叛上,甚至还不断向皇帝吵闹着,要他把我作为叛徒处死。但是,提图斯·恺撒非常清楚战争胜负的不确定性,根本没有理会士兵们对我的怒火。"[1]一如既往地,约瑟夫斯应该感谢提图斯。

鉴于他对提图斯的看法——从他后来所写的关于他的事情来看,他对这位恩主崇拜不已,这个罗马人值得我们仔细审查。提图斯为何总是向世界展示令人愉快的表情,这是一个让他同时代的人感到困惑的谜题。苏维托尼乌斯称他是"人类的欢乐和宠儿,因为他知道如何赢得每个人的喜爱,这或是出于天性狡猾或是纯

1. 公元73年奋锐党人宁愿在马萨达集体自杀，也不愿意投降。约瑟夫斯记录了他们的事迹，使他们被永久铭记。约瑟夫斯肯定是从当时参与围城战的罗马军官处听说了这个故事。其他的古代历史学家没有提及这个故事。

2. 公元1世纪约瑟夫斯的半身像，发现于罗马。如果评估正确，这个半身像可能是受波贝娅委托制作，这也反映了约瑟夫斯在尼禄的宫廷过得颇为滋润。

3. 比较可信的第二圣殿复原图，来自德·沃居埃的《耶路撒冷圣殿》。约瑟夫斯说，从远处看圣殿，"就像一座被雪覆盖的山，它周身没有包覆黄金，看起来是如此的洁白"。

4. 罗马帝国皇帝尼禄（公元54—68年在位）。他任命的无能的行省财务长官应对犹太战争负有很大的责任。他可能接见过约瑟夫斯，但不太可能如有些历史学家所言任命约瑟夫斯担任秘使。

5. 罗马帝国皇后波贝娅，后来由于被尼禄踢伤胃部而死。她对犹太人抱有同情，很欣赏年轻的约瑟夫斯。约瑟夫斯曾说皇后波贝娅"崇拜上帝"，她还赐予他很多礼物。

6. 公元69年三位先后统治罗马的皇帝：1月加尔巴（上）遇刺；4月奥托（左）自杀；12月维特里乌斯（右）被杀。约瑟夫斯曾预言尼禄之后即位的几位皇帝的统治时期不会长久。

7. 罗马军团的将军韦帕芗（之前曾买卖骡子）。约瑟夫斯曾预言韦帕芗将成为无可争辩的罗马帝国皇帝。韦帕芗逝世于公元69年末。这个预言拯救了约瑟夫斯的性命。

8. 法罗斯灯塔是古代世界"七大奇迹"之一，位于亚历山大港犹太区的对面。公元69年冬约瑟夫斯在该地生活，一直到公元70年。当时，他肯定每天都能看到它。

9. 罗马帝国皇帝提图斯（公元79—81年在位）。他毁灭了耶路撒冷及其圣殿。在其统治期间，他任命约瑟夫斯为顾问。后来，他批准了约瑟夫斯的《犹太战争》出版。

10. 罗马军团的围城器械攻城机及其发射装置。还有一种轻便型的攻城机，以"蝎弩"之名为人所熟知。耶路撒冷城的守军用俘获的这种攻城机，攻打罗马军团。

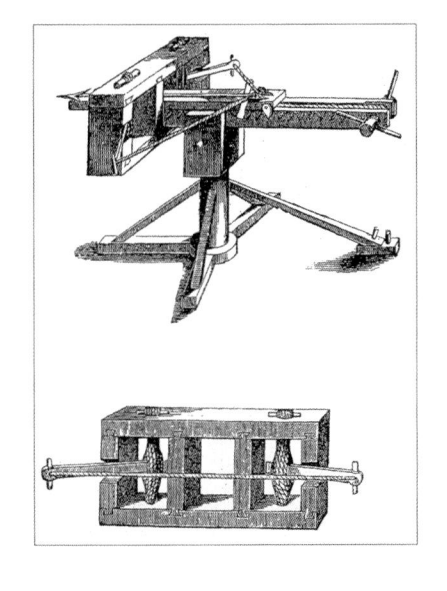

11. 公元70年8月，在提图斯的指挥下，罗马士兵毁灭了圣殿。约瑟夫斯在《犹太战争》中对此有所描述，当时他就在现场。这幅图是弗朗斯西科·海斯（1791—1881年）绘制的，现存于威尼斯美术学院博物馆。

12. 罗马提图斯拱门上的浮雕，建于公元81年。浮雕描绘了来自耶路撒冷圣殿的战利品，包括七枝大烛台。在韦帕芗和提图斯的凯旋式中，约瑟夫斯曾看见这些战利品由队列扛着一一展示。

13. 罗马帝国皇帝图密善（公元81—96年在位），韦帕芗的小儿子，是专横独裁的暴君，后来被刺杀。他惩罚了约瑟夫斯的"犹太指控者"，还免除了约瑟夫斯在犹太地的土地税。

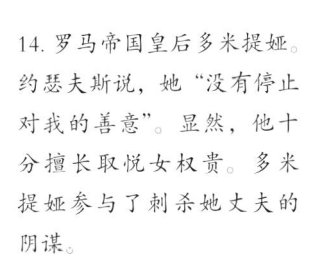

14. 罗马帝国皇后多米提娅。约瑟夫斯说，她"没有停止对我的善意"。显然，他十分擅长取悦女权贵。多米提娅参与了刺杀她丈夫的阴谋。

15. 马萨达脚下的罗马军团大本营的外观。公元73年，犹太省总督卢西里乌斯·弗拉维·席尔瓦指挥士兵建造了这道围墙和与山一样高的围城坡道，以便阻止守军脱逃。

16. 约瑟夫斯的奇特肖像，来自威廉·威斯顿虽出名但并不准确的译著（1737年）。实际上，在约瑟夫斯所处的时代，犹太人的服饰与其邻国东方帝国的服饰相似。

属好运"。苏维托尼乌斯还告诉我们，他英俊而庄重，是一名优秀的士兵和成功的骑士。提图斯读了很多书，拥有惊人的记忆力，除了会唱歌和弹奏竖琴，还会用拉丁文和希腊文写诗。"我从很多人那里听说，他能够非常快地记录各种信息，还喜欢和他的秘书比赛，看看谁更快，"苏维托尼乌斯说，"他能够模仿过目的任何笔迹，并开玩笑说他应该去当一个'造假王子'。"[2] 最重要的是，他看起来是个善良的人，对人们的感受很敏锐。

至少从表面上看，提图斯似乎有异常吸引人的个性。他的部队对他非常忠诚。然而，苏维托尼乌斯虽然总体上很欣赏他，但同时也承认他有时会表现出一些令人非常不快的特质，比如无情和残酷。对于谋杀，他丝毫不会受到良心的谴责。提图斯在犹太战争结束后回到了罗马，接管了禁卫军，然后用禁卫军清除了所有他不信任的人。他追求性欲的弱点削弱了他，除了长期沉迷于与某位伟大的犹太女士暗藏灾难的激情之外，他还养了一群娈童和宦官。尽管他颇具外交魅力和才能，但仍然具有把杰出的罗马人变成敌人的本领。

无可争辩的是，提图斯是一位精明的政治家、一位勇敢但鲁莽的将军。他完全领会到在占领耶路撒冷并恢复帝国军队声誉之前，罗马公众会不高兴。他若成功了，作为弗拉维王朝的继承人，这将会使王朝熠熠生辉。他的双眼一刻也没有离开过自己的目标，尤其在这个极其重要的远征中，他要继承他的父亲在罗马帝国的宝座。塔西佗写作于提图斯死后不久，以其惯有的敏锐注意到了他的热切决心："由于想给人以他的功业要超过他的命运的印象，他在战场上便总是穿着最华丽的盔甲，同时表现出自己是一个坚定而机智的士兵，留心用他的谦和有礼和亲切近人的态度赢得（所有军衔的）士兵的尊重，而且他在劳作中以及行军时常常同普通士兵混在一处，却又不损伤他作为统帅的尊严。"[3]

作为一名士兵，提图斯最明显的缺点是喜欢冒险。他像韦帕芗一样身先士卒，但与他的父亲不同的是，他会轻率到愚蠢的地步。有时候，他喜欢徒手格斗，这不仅危及他自己的生命，而且危及他手下的生命。虽然他们羡慕他的勇猛和胆量，但他那种过度鲁莽的勇敢导致他不止一次差点被俘虏。他过度自信，是那种能够将胜利变为失败的危险将领。

我们知道提图斯在70年春从亚历山大城去犹太地的路线，因为约瑟夫斯和他随行并为我们留下了这趟旅程的介绍，途中还穿越了埃及沙漠。他们由年迈的埃及长官提比略·亚历山大陪同，此人首先宣布韦帕芗为皇帝，并且从一开始就一直是弗拉维家族的忠实支持者。"他是韦帕芗最忠心的朋友，"约瑟夫斯这样描述他，"阅历和经验使他成为应对战争中出现的不确定因素的最出色的顾问。"[4] 他还拥有极其宝贵的关于犹太人和犹太地的经验。

韦帕芗指定提比略为提图斯的副手，原因之一可能是为了阻止他儿子兼继承人冒险行事。皇帝一直是个现实主义者，经常看到提图斯在战场上的表现，也听说过他的失败。很有可能，这位谨慎的老将军的制约在幕后为战役做出了实质性贡献，这是战争尚未得到充分认可的一个方面。

提比略略微有点邪恶，是古代世界的非凡人物：他是一个变节的犹太人，为了推动自己的职业生涯而背叛了祖先的信仰，向罗马帝国的异教神祇献祭。他来自一个无可挑剔的贵族家庭，他的父亲、首席行政官亚历山大来自埃及一个讲希腊语的散居犹太人大家族，他的兄弟是百尼基女王的第一任丈夫，他的叔叔是哲学家斐洛。20年前，他曾是一位异常高效的犹太省总督，"严格保留传统的习俗，维持了整个民族的和平"。《犹太战争》如此说。[5]约瑟夫斯这样写的意思是，他能够保持民族和平不仅是将两万个奋锐党人钉上十字架，也是尊重各种宗教信仰的结果。

显然，约瑟夫斯在许多方面都尊重和钦佩提比略·亚历山大。他甚至可能欣赏他。当然，这两人有很多共同之处。即便如此，约瑟夫斯一定也认为提比略为了自己的利益而放弃了犹太教，"他离弃了自己民族的宗教"，这是他的谨慎简洁的评论。[6]提比略的职业生涯建立在叛教的基础之上，这与约瑟夫斯所珍视的观点相抵触，他认为一个人可以属于两个民族，并不需要拒绝犹太人的信仰。

罗马人从亚历山大出发，向尼科波利斯进军，部队在那里登上大型船只，沿着尼罗河穿过门德斯区，到达思穆伊斯城。他们在那里下船，并继续在陆路旅行，在塔尼斯小镇度过了一个晚上，并在那里建造了常规的设防营地。第二晚在利奥坡里，第三晚在贝鲁西亚，他们休息了两天，然后才准备涉水渡过贝鲁西亚河口。在沙漠中行军一天之后，他们在朱庇特神庙扎营，经过又一天的行军，到了奥斯特拉金，由于没有合适的井，他们严重缺水。接下来，他们在里诺可拉驻停，再从那里前往标志着犹太边界的拉非亚。他们的第五个大营地在迦萨（今译加沙），之后沿着海岸通过亚实基伦、雅比聂和约帕继续前行至凯撒利亚。提图斯打算在那里集中他的整个军队，包括当地的辅助兵和盟友。

在凯撒利亚聚集的军队比韦帕芗的都多。提图斯有四个军团，是世界上最好的士兵，并有其他部队作为补充。这些军团包括由塞克斯图斯·凯列阿里斯指挥的第五军团、由拉修斯·雷必达指挥的第十军团、由提图斯·弗里吉犹斯指挥的第十五军团，最后还有第十二军团（"雷神"军团），约瑟夫斯没有提及它的指挥官，这个军团热衷于报复犹太人情有可原，因为他们想洗雪66年的溃败之耻。叙利亚的辅助军包括20个步兵大队和8个骑兵中队。此外，该地区的附庸国王提供了本地部队的大量支队。这些部队由亚基帕二世国王和埃美萨国王索哈默斯亲自率领。

总之，提图斯的军队编制在5万到6万人之间。这支部队的庞大规模表明，罗马人已经感受到了犹太人的战斗素质，虽然他们可能只是未经训练的士兵。回想一下，罗马会派出如此庞大的军队而不是一支小型的远征军队，这似乎令人惊讶。

与此同时，占领耶路撒冷的人已经分裂成三个敌对团体。约瑟夫斯将这种发展归因于神的报应，并将"内乱"比作是野兽吞噬自己肉体。即使是那些同情爱国者的人也很难为他们疯狂的内斗辩护。在整部《犹太战争》中，约瑟夫斯直接或间接地声称，只有像亚那这种属于他那个阶级的人掌权，这座城市才可能会更好地战斗，并且合理地保存下来，尽管他们无疑需要接受罗马人的苛刻条款。若公平地看待他的观点，不得不说，没有什么比奋锐党领袖统治下所发生的情况更糟的了。

驻军已经分成了两派，一派是吉萨拉的约翰的支持者，在圣殿里；另一派是西门·巴尔·吉奥拉的支持者，在上城，并在约翰打败以利亚撒·本·西门之后又占领了下城的大部分地区，以利亚撒也下定了决心想要掌握绝对领导权。虽然双手同样沾满鲜血，他却假装被对方暴行吓倒。以利亚撒的追随者包括犹大·本·切尔西亚斯和"权力者"西门·本·埃兹伦，以及《犹太战争》称之为"非凡者"的希西家·本·乔巴里——他们都是旧有的上层阶级成员。约瑟夫斯补充说，这些人个个都指挥着一帮数目不小的追随者，这意味着即使在基层，防卫也是四分五裂的。[7]

突然间，以利亚撒和他的朋友们占领了圣殿的内院，在通往圣所的大门设防。他们武装精良，食物充足，因为他们可以毫无愧疚感地吃掉祭牲，但由于他们的人数相对较少，没有足够的力量驱逐约翰离开圣殿。虽然约翰的人数更多，但是以利亚撒的人手占领了这座建筑的高处，能够从上面向对手射击。尽管如此，约翰还是发动了一次又一次袭击，双方频繁地发生冲突，持续交换远程火力。尽管约翰遭受的伤害比他所造成的伤害还要多，但他决不放弃，于是圣殿被鲜血所淹没。

看到以利亚撒从上面以这样的凶残方式攻击约翰，西门·巴尔·吉奥拉也再次对约翰发起猛烈的攻击。约翰使用诸如弓箭或标枪之类的近距离攻击武器，没有太多困难就击退了来自下面的攻击，同时使用蝎弩和石弩炮，成功地把以利亚撒的人挡在安全距离之外，尽管他的人还没有非常熟练地使用这些武器。不幸的是，重型投射武器不仅杀死了敌人，还杀死了圣殿中的信徒。直到战争快结束时，奋锐党人都确保献祭能继续进行，而以利亚撒的人在仔细检查之后——若是当地人，要从头顶检查到脚趾，而对陌生人就不太严格——允许任何犹太人去献祭，虽然被获准进入，但他们进去后有时会后悔。有段时间，当地人和外邦人、祭司和朝圣者的尸体躺在被炸死的绵羊、山羊和公牛旁边，主的院子布满了混杂着动物血和人血的水坑。约瑟夫斯评论说，内战已经把圣殿变成了一个停尸所。

以利亚撒一伙人喝掉了圣殿储藏室藏酒的大部分，信徒上交所得的十分之一和首批成熟的水果中就包含有酒，他们在酩酊大醉中加倍攻击约翰的手下。然而，约翰的主要对手是西门。每当上面的攻击放缓时——当很多以利亚撒的人因为喝醉而无法战斗时就会发生这种情况——他就趁机向西门的部队发起攻击，频频将他们驱赶回街道，然后他的士兵又因为敌人的反击而不得不撤回。

在这些小规模的冲突中，约翰的人放火烧了装有西门军队所需供给的仓库，然后西门的部队为了报复，又放火烧了约翰的供给。双方的领袖都无法阻止。其结果是，在"第七年"——安息年，原本可供守军生活10年的粮食储备被损毁，因为犹太人每七年要让土地休耕一年，因此也没有收成来补充他们的储备。[8]这些不可替代的补给被烧毁，突出了奋锐党人的两个弱点——缺乏纪律和适当的指挥结构。

这三伙奋锐党人正在撕裂耶路撒冷的人民。普通市民已绝望透顶。他们看不到这三派之间达成协议的可能性，而且他们也几乎没有机会逃离，因为到处都有警卫。如果说有什么是奋锐党首领们一致同意的，那就是杀掉任何提议与罗马人言和的人，或者任何他们怀疑计划逃跑的人。敌对团体间昼夜互相打斗的声音震耳欲聋，失去朋友或亲戚却不敢哭泣之人的呻吟声也是如此。死者无人埋葬。有些人不属于奋锐党的任何派别，自认已经被判死刑，看不到埋葬死人的意义。另一方面，爱国者们则无情地相互对抗，践踏他们脚下的尸体。

约翰挪用了一批巨大的木梁，这本是由亚基帕国王花费了大量的劳动力和费用从黎巴嫩山运来的，打算用作圣殿的支柱。然而，约翰用它们来建造防御塔，以抵抗他的奋锐党敌人。但是，由于事件发展过快，塔楼从没有被使用过。之后来自东方各地以及犹太地的犹太人来到耶路撒冷，他们是前来庆祝逾越节的朝圣者，他们到来之后不久，提图斯便出现在城墙前。

约瑟夫斯与提图斯的谋士一道，骑行到耶路撒冷，为我们展示了一幅罗马人前往敌人领土的快照，这是他亲眼看到的画面：

> 盟军诸国王的军队和辅助军队走在前面，接下来抵达的是修路和建筑营房的工人，再次是由武装力量护送的军官的行李包，之后是总司令提图斯及其率领的长矛兵和精兵。然后是军团骑兵。他们后面跟着重型投射武器等器械，由护民官及步兵大队指挥官带领的精兵紧随其后。接着是号兵，后面紧跟着拿着鹰旗的掌旗手，这之后就是军队主体，六个并排走在一起的军团，后面是紧跟着的仆人和他们的行李。最后边的是（军团）后卫严密监护下的雇佣兵。[9]

提图斯已经穿过撒玛利亚前往哥夫拿，然后经过漫长的一天行军，在犹太人用亚兰语称为"荆棘谷"的山谷里扎营。那里距离耶路撒冷只有大约3.5英里，然而却在守军视线范围以外。他带着一支600人的精锐骑兵中队，从那里出发，骑马前往城市侦察，去寻找削弱犹太人士气的方法，并查看是否有机会通过恐吓直接让他们弃战投降。他觉得普通人都希望和平，却因为害怕奋锐党人而不敢说出来，他这样的印象也合情合理。

当他在逾越节前几天沿着通往耶路撒冷的主干道骑行时，他看不到城墙上有任何生命的迹象，但当他离开主路，走上那条去往西北角大卫塔的通道，领着他的部队排成一列行军时，一大群一直躲在妇女塔旁的犹太人突然从旁边的北门冲了出来。他们以一种狡猾的方式冲散了罗马人，提图斯发现自己与部队分隔开了，身边只有一小撮人。

他不能向前跑，因为他前方是一片由沟渠和干石墙隔开的迷宫，所以他将马头调转过来，强行通过一大群敌人，用剑杀死了几个人，回到他的部队主体中。他没戴头盔也没穿胸甲，没有像一个同伴一样被标枪射死，也没有像另一个同伴一样被砍死，这是很幸运的。这起事件让守军的精神为之一振；他们差一点就抓住了提图斯，他若死了，围城很可能根本就不会发生。

《犹太战争》在这件事上留下了相当大的空间，把提图斯的生还归因于神的保护。我们可以明显看出，在描写提图斯遇险之时约瑟夫斯表现出恐惧之情，而在描写他逃生之后又表现出解脱之情。他非常清楚，若他的恩主被杀害，罗马军官会在最短的时间内将他杀死。

当晚，第五军团从以马忤斯抵达，第二天早晨，提图斯将他的军队迁至一座名叫斯高帕斯（意为瞭望之山）的山上。这是耶路撒冷北部的一座低矮的山，是一个著名的观景点，从那里，朝圣者将首先瞥见圣城的面目，远远看到金光闪烁的圣殿。他命令在距离城墙四分之三英里的地方建造第十二军团和第十五军团的联合营地，并设置了防御工事，另一个营地在距离第五军团600码的地方。意识到他的人在夜间行军之后必定精疲力尽，他想让他们远离敌人，以便可以在挖掘战壕之前休息一下。他们几乎还没有开始工作，第十军团就已抵达，受命在橄榄山上四分之三英里外的城市东部扎营。

军团营地在罗马的战术和战略中扮演着重要角色。他们建造军营的速度惊人，因为这些军团的协作传统堪比现今的军队，军营既是住宿地，也是一座设防城镇。若条件允许，他们会选择一条小溪，要求附近干燥且排水良好，没有灌木丛，若有，也要易于清除。军营总有两条宽 50 英尺的主干道，并垂直连接着次干道。睡觉（在皮革帐篷下）、吃饭、洗涤和演练都有特定的区域，有详细的标记，还有烤炉、储藏库、排水沟、垃圾坑和厕所。一栋附属建筑包含停放马车、存放骑马装备和打铁的地方。每个营地都由沟渠和栅栏保护；若使用时间很长，他们还会加上木塔，有时候还会加上干石墙。（"行军营"或过夜营地要简单得多。）如果出现问题，设防营地就是一个据点，可以防御突然的袭击。这样的结构一次又一次地避免了失败。在离开时，他们会烧毁营地，以免被敌人使用。

在犹太战役期间，约瑟夫斯习惯了在这种军营里待上好几个月，当时他是韦帕芗或提图斯的谋士之一。因此，他能够根据亲眼所见描述出长期驻扎在耶路撒冷之外的军团修建了怎样的建筑：

> 营地内部用于搭建帐篷，而外部看起来就像一面墙壁，上面齐整地排列着塔楼，里面装有蝎弩、弹弩、投石机和其他投射武器，随时准备射击。一共有四扇门，每个区域一扇，大至足够驮运东西的动物进入，宽至足以在紧急情况下突围。在里面，营地被划分成不同街道，军官的帐篷位于中间，最中间是总司令的帐篷，看起来有点像一座神殿。你会突然间看到一个城市出现在你面前，有市场和作坊，还有百夫长和

分区指挥官的办公室，他们在那里见面或召开军事法庭的审判。外墙和内部的建筑物以惊人的速度被建造起来，因为有多人同时工作。如果可以的话，还会在它周围建造一条宽深各6英尺的沟渠。[10]

守军从耶路撒冷的城墙上监视，恐惧地看到围攻者似乎建起了三座小城。他们拿起武器，发动突然袭击，冲向汲沦谷和橄榄山攻击敌人。军团士兵为了挖掘，取下了盔甲和剑，导致军团被打了个措手不及，大批士兵被砍倒。这次袭击的成功鼓舞了守军，于是增援军从城市冲出，在短时间内将罗马人赶出他们未完工的营地。

如果提图斯没有带着侍卫在关键时刻及时抵达，那么整个第十军团都可能会被轻易消灭。他诅咒手下是懦夫，并将他们重新集结起来，从侧翼反击犹太人，杀死了许多人，并将其他人赶到山谷中。但后者很快便在远端重新部署，顽固地继续战斗。中午之后，提图斯确定情况已经稳定下来，便将增援部队安置在山谷边缘，并将受损的第十军团派往橄榄山，开始在山顶建造一个新的营地。

犹太人错误地以为他们是在撤退，便再次发动了袭击。"他们来势凶猛，像一群公牛般冲向（罗马人）。"约瑟夫斯说。[11]罗马人逃到了山顶，留下了提图斯和少数部队被敌人围困在较低的斜坡上。他的手下大声叫他立刻突围逃命。然而，他试图击败那些犹太人，他们沿着斜坡向上攻击，人数越来越多，提图斯试图将他们赶进山谷中。敌人被他异常的凶猛给吓坏了，在提图斯面前留了很大一片空地不敢靠近，但仍继续追赶，把惊恐的罗马人赶上了山。最后,军团意识到提图斯并没有逃跑,而是在继续战斗,他们为丢弃自己的将军而感到羞愧,于是山顶上的军团士兵重新集结起来并奋力往下冲,将犹太人推入了谷中。提图斯一直战斗直到犹太人被赶出橄榄山。甚至在敌人撤退之前,他还再次命令第五军团在山顶上建造他们的军营。

"因此,要是实话实说,毫无溢美之词,也不会因为嫉妒而有所保留的话,"约瑟夫斯写道,"是恺撒(提图斯)自己拯救了整个军团并保证了军营的安全建设。"[12] 尽管如此,虽然提图斯无疑展示了最高超的战斗技能,并且近距离展现了令人炫目的领导能力,但这是罗马军队最高指挥官第二次几乎丢掉性命。约瑟夫斯肯定再一次思考了痛苦死亡即将到来的可能性。

幸运的是,对罗马人来说,围攻前这些令人沮丧的前哨战并没有将耶路撒冷的守军团结起来,而城墙内又爆发了一场自我毁灭式的痛苦对抗。5月1日,随着逾越节的开始,以利亚撒不明智地打开了圣殿内院的门,允许任何想要敬拜的人进入。约翰派出了一些不太知名的追随者,并身穿厚重的斗篷以免被人认出。他们一进入圣殿,便聚在一起,从斗篷下面抽出武器,攻击眼前的所有人。以利亚撒似乎在战斗中丧生,他的手下逃离城墙,躲藏在圣殿巨大的地窖里,敬拜的人都吓坏了,挤在祭坛周围或圣殿的前面,被棍打倒或被刀砍倒。许多毫无恶意之人死于私人恩怨,而杀戮者的借口是他们属于另一方阵营。

虽然约翰的手下继续杀害和折磨无辜卷入战斗的敬拜者,但他的副手与躲藏在地窖中的奋锐党人达成了谅解,后者被准允上来加入其中。此时他已经占领了圣殿的内院和所有的储藏室,而且除掉了以利亚撒。三派冲突已经减少为两派冲突。

与此同时，提图斯并没有因为在斯高帕斯山上的经历而气馁，而是决定在离耶路撒冷更近的地方建造一个营地。他安置了一支由步兵和骑兵组成的部队，全是精挑细选的人，有足够的力量来对付守军的任何突击，然后他用其余的部队在城墙前平整出一块400码的地方。这是一个颇费时日的工作，因为必须拔除花园、葡萄园和橄榄园周围的围栏，并砍倒树木，填满洞穴，夷平山丘，用铁锹挖出每块大石头。他打算把从斯高帕斯山直到蛇池附近的希律纪念碑之间的整个地区都整为平地。

他们正在做这项工作的时候，一群犹太人从妇女塔楼出来，出现在城墙前面，像是被内部的人赶出来的，里面的人坚持认为耶路撒冷必须立即投降，并开始在城墙下戏剧性地弯腰屈膝。墙上的其他犹太人向罗马人大声求和，并向下面的逃亡者投掷石块，并承诺他们会打开大门。军团兴高采烈地向前推进，认为这是一个冲过防线并向城市进攻的机会。

提图斯迅速察觉到了异常，就在进攻的前一天，他让约瑟夫斯担当中间人，前去提出了投降的条件，但犹太人提出了不可能达成的条件，所以他向手下大声呼喊，要他们按兵不动。然而，有一些远在前方的罗马军队听不到他呼喊，还在继续向前跑。他们一到达城墙，这些犹太"逃亡者"便从衣服下面拔出剑来攻击他们，城墙上也飞出石块和标枪向他们袭来。那些从伏击中幸存的人转身就逃跑，而犹太人继续进攻。城墙上的守军们欢呼雀跃，挥舞着武器，嘲笑罗马人。

提图斯怒不可遏。"犹太人已经穷途末路，他们所做的每件事都是经过事先周密考虑和常识判断的。他们精心安排战略，谨慎组织突袭。他们的计谋得以成功，要归因于服从以及对彼此坚不可摧的忠诚。"他愤怒地对他的军官们说:"然而,罗马人虽然常常因为纪律严明、积极听从指挥而胜利,可如今这些人却反其道而行之,由于缺乏自律性而被困,这让整个大军备受耻辱。最让我们羞耻的是,在恺撒面前,这些人竟然在没有军官和指挥的情况下与敌对抗。这对军队是多么大的打击!这个溃败的消息对我的父亲是多么大的打击啊!"[13]

每个听到提图斯话的人都相信他会通过十一抽杀律来惩罚这些被羞辱的军团士兵,这意味着这些队列中每十名士兵就有一名会被处决。他若是曾出于一时冲动要这样做,那他后来肯定被说服而改变主意了。约瑟夫斯肯定是他的谋士之一,他解释说,虽然提图斯相信处决个人可以保证纪律,但他认为大规模的惩罚对士气是极其不利的。无论如何,他已经阐明自己的观点,并且部队也因为受到惊吓而更加警醒。

提图斯决定,无论犹太人接下来有什么意外之举,他都要先发制人,以确保行李和供给能够安全抵达他手下那里,并在四天内平整指挥部与城市之间的地面。然后,他把最精锐的部队安置在城市的北部和西部,驻扎在守军弓箭手的射程之外,在坚固的防御阵地上排成七排。三排军团士兵在前,一排弓箭手居中,三排骑兵垫后。此时可以用骡子把供给从仓库运到罗马人手中,不会有被击中的风险。而且,从这时起,守军不敢在围墙外发动袭击。提图斯把他的大本营搬到了距离城墙只有400码的地方。营地正对着被称为大卫塔的高塔,北面的城墙从那里拐向西面。另一支部队位于名为希彼克楼的塔楼上,这是上宫殿的塔楼,与城市相距约400码。第十军团继续占据橄榄山上的位置。

5月1日,提图斯终于开始围攻,就在那一天吉萨拉的约翰袭击了圣殿内院。从罗马的角度来看，这几乎是一个不吉利的开始。在耶路撒冷城内，奋锐党人因为在与罗马人的前哨战中取得了一定的成功而备感自信。

17

围攻之始

> 各自做好准备,迎接战斗,要勇敢啊!准备明天拂晓与那些异教徒开战,这些家伙拼凑兵力,企图攻击我们,消灭我们和我们的圣所。对我们来说,战死疆场要比坐视国家和圣殿被毁强得多。
>
> ——《马加比传》(3:58—59)

塔西佗暗示,围攻耶路撒冷只是提图斯职业生涯中的另一步阶梯,这是一个向世界展示他作战天赋的手段,并显示弗拉维王朝完全可凭这种能力名正言顺地得到皇位。然而,当时看来肯定很明显的是,如果提图斯不能夺取这个城市,那么这么大的耻辱将会打破他的美梦,甚至可能轻易推翻他的父亲——新皇帝韦帕芗。

另一方面,对犹太人来说,无论约瑟夫斯对首都守军的评价有多低下,这都是一场维护信仰、民族和土地的重要斗争。这对双方来说都生死攸关。

重要的是要记住,在历史上,罗马人从来没有围攻过这样大一座城市,没有哪一座有这样强大。(迦太基城要小得多。)因为庞培侮辱性的占领,犹太人备感震惊,于是自希律王时期以来,犹太人一直在为战争做准备，他们有条不紊地贿赂罗马官员，好尽可能地加强此地的防守。幸存者曾见过首都的荣耀，塔西佗记下了他们的回忆，他还描述它肯定让罗马人望而却步：

> 但是这座城市建立在一个高地上面，而且犹太人为它所修建的防御工事甚至足够保卫平原上的城市。有两座很高的山被围在城墙内部，而且城墙修得很巧妙，它无论是突出还是凹入都能使进攻队伍的两侧全部受到火力的攻击。山到峰顶处都变成了陡峭的悬崖绝壁。依靠小山之助而筑起的塔楼工事的高度是 60 英尺，若在谷地里它们就惊人地高达 120 英尺了。这些塔楼十分壮观，从远处来看，它们也是同样高的。内城是环绕着皇宫修筑的，皇宫的塔楼安东尼堡和它那傲然的炮塔耸立在特别引人注目的高地上。之所以命名为希律是为了纪念马克·安东尼。圣殿修建得像一座城堡，它有自己的城墙，这道城墙较之其他任何城墙修造得更厚实、更费心。[1]

甚至圣殿的柱廊本身也是防御工事。西罗亚水池中有一个泉眼可补给饮用水，万一泉眼干枯，还有巨大的蓄水池储存雨水。至于食物，可能会通过墙底下的秘密隧道供应，尽管这一点并未得到证实。

据塔西佗称，耶路撒冷至少有 60 万男人、女人和孩子，他们宁死也不愿离开圣城，而约瑟夫斯告诉我们的数字更大。许多人都是难民，用塔西佗的话说，其中包括那些"最具不屈不挠精神的人"。在那些狂热的强硬派中，有 2000 名提比里亚人，他们极度渴望复仇。从理论上讲，城中的驻军绰绰有余。西门·巴尔·吉奥拉有一万名追随者，由50名军官指挥，还有5000名以土买人，由10名军官指挥，其中资深的有雅各·本·索西亚斯和西门·本·凯特拉斯。在圣殿里，吉萨拉的约翰拥有约6000名男子和20名军官，并辅以以利亚撒死后由西门·本·阿里率领的2400名奋锐党人。

因此，按照保守估计，驻守耶路撒冷的武装部队超过两万人，他们还拥有从罗马人手中夺取的重型投射武器。不幸的是，他们分裂成了两个互相敌对的派系。由于痴迷于消灭尚未成为奋锐党人的统治阶级成员，这种分裂变得更加严重。

西门·巴尔·吉奥拉占领了上城和大城墙（the Great Wall），远至汲沦谷，还有大部分旧墙，在西罗亚池的东边向南拐向（阿迪亚波纳国王）蒙罗巴斯王的宫殿。他还占据了喷泉和下城的一大片地方，一直延伸到蒙罗巴斯的母亲海伦娜王太后的宫殿。吉萨拉的约翰控制了圣殿和周围的许多地方，还有俄斐勒和汲沦谷。两位领袖已经破坏了这两个区域之间的地方，他们拆毁房屋，空出战场，以便双方开战。在此阶段，他们除了第一次突围时暂时恢复了理智，其他时候从未停止过战斗，尽管罗马人就在城墙之外。

"他们彼此给对方造成的损伤并不比罗马人带来的伤害少多少，"约瑟夫斯在《犹太战争》中评论说，"人们再也无法想象出比这更可怕的惨状了。"[2] 正如约瑟夫斯所说，他们持续不断自相残杀的战斗破坏了防守，直到最后罗马人才"摧毁了比城墙更坚固的内部分裂"。

提图斯这次带着足够的护卫队，绕着耶路撒冷的城墙骑行，寻找最适合的攻击地点。这并非一个容易的决定，因为城市南部和东部有欣嫩谷和汲沦谷的悬崖峭壁保护,围攻者无法使用破城锤和攻城塔。北侧城墙前没有任何悬崖或山谷,相对更加可行。虽然那里的旧墙外又补充了两道新墙,但它们距离完工仍差得很远,特别是最外面的亚基帕墙。

提图斯决定从雅法门西北侧,大约在大祭司约翰的坟墓对面的位置对那一侧发动攻击,那是防御工事最薄弱处。因为城墙仍未完工,亚基帕墙还不够高,第二城墙上还有一个巨大的豁口。他的计划是先攻破前两堵城墙,然后穿过旧墙,这样他就能够向上城推进并占领安东尼堡,最后占领圣殿。

提图斯几乎肯定咨询了他那位听话的犹太将军,后者是耶路撒冷本地人,从小就熟悉这座城市。约瑟夫斯甚至可能还建议了发动主要攻击的确切位置。他已经成为罗马谋士中不可或缺的一员。尽管如此,他仍然不被大多数军官所信任,而且在整个战役中他都必须尽可能地接近提图斯。但是,看似有一两个人对他很有信心。他告诉我们,他陪同提图斯骑马检查城墙时,他的老朋友护民官尼加诺对着城墙大喊,建议守军议和,结果被射中肩膀而受伤。[3]

提图斯下令建造三个攻城堤道。为了建造这些巨大的泥土堆,军队摧毁了郊区,并从方圆几英里以内砍伐树木来提供建筑材料。等土堆开始升起并可以提供足够的庇护后,提图斯就在土堆之间安置弓箭手和标枪兵,并在前面放置蝎弩、石弩和投石机,它们的作用是阻挡犹太人突围,并除掉为了阻挠围城工事而在城墙上射击的守军。

根据《犹太战争》中的说法,耶路撒冷的很多人都很高兴看到围城进展如此迅速,他们希望能在这些迫害者分心的时候获得一丝喘息。他们甚至期待着当罗马人成功夺取城市时,奋锐党人会得到应有的报应。⁴然而，当约瑟夫斯在写这些的时候，他一定指的是剩下来的统治阶级成员，而非所有人。

此时，吉萨拉的约翰过于担心西门·巴尔·吉奥拉会发起攻击，无法为防守做出有益的贡献，西门的追随者不得不承担大部分的战斗，因为他们控制了罗马人预计要攻击的主要区域，而且身处前线。西门在城墙上装上俘获的重型投射武器，但事实证明他手下无法操纵这些武器进行远距离作战，只有几个人曾向逃兵学习过如何使用这些重型投射武器。他们只有用弓箭和投石才能向正在修建平台的军团射击，有时候也会突围出去攻击他们。

然而，军团士兵被栅栏前的木质障碍物保护着，而他们的重型投射武器则用于对付突围者。事实证明，第十军团的攻城器械特别致命；除了利用特大型投石器之外，他们还采用了非常强大的蝎弩，能够快速连发铁箭。这些器械不但阻拦了犹太人的突围，还杀死了城墙上的很多守军。投石机的射程约为400码，投掷的岩石与小牛一样大，重量超过38千克，极具破坏力。每当投石机发射，犹太人就会立即发觉，因为不仅可以听到投射物在空中呼啸的声音，还可以轻易分辨它较浅的颜色。他们在墙塔上设置了哨站监视对方，在对方装载投射器的时候给出警告，于是后来罗马人把石头涂成黑色。尽管人员伤亡严重，守军们还是设法通过昼夜骚扰工兵来延阻堤道的修建。⁵

他们通过从土堆上射出的铅球和航迹线测量到亚基帕墙的距离，因为有弓箭手从城墙上射击，他们无法在开阔的地面直接测量。工程师们报告说，墙下的沟渠已经被填满，前面的地面也完全被整平。一切就绪，罗马的破城锤开始投入行动。提图斯命令炮兵轰击城墙，让守军无法抬头，这样，就可以将三个巨大的器械从土堆后面移出来。

突然间，破城锤攻击城墙的巨大声音响彻整个城市，吓坏了城内的所有人。互相攻击的西门和约翰开始指责对方在帮助敌人，他们被无情的撞击吓坏了，开始同仇敌忾，守卫城墙，向破城锤和操纵它的士兵射击火箭，投掷火把。一群犹太人冲出来攻击破城锤，试图拉开保护它们的柳条盖，却被提图斯亲自布置和指挥的骑兵和弓箭手赶回去了。到这时为止，尽管亚基帕墙遭受了无情的撞击，但它仍然屹立不倒，只有墙塔的一角被第十五军团操纵的破城锤给撞掉了。

守军们开始认为罗马人已经失去信心。希彼克楼旁边的一道后门里涌出了一大队犹太人，前来攻击围城工事，烧毁破城锤。一场野蛮的斗争开始了，双方都遭受了很多伤亡，战斗到了不顾一切的程度，到后来犹太人似乎占了上风。破城锤已经被烧着，若不是一些来自亚历山大的精锐部队以前所未有的勇猛精神坚守阵地，它们肯定全毁了。然后提图斯出现在一队骑兵的前头，亲自砍倒十几个敌人，并把其余的敌人赶回城中。其中有一个人被俘虏，提图斯命令把他钉在十字架上，让整个城墙上的人都能看到，试图吓唬守军，让他们投降。

在城中指挥以土买人的将军雅各死亡，犹太人又损失了一员大将。当他在城墙上与一名士兵交谈时，一名阿拉伯弓箭手射中了他的胸部，他中箭后坠墙身亡。守军大为震惊，因为他一直都是一名特别坚韧而高效的战士。

第二天晚上，提图斯下令，在攻城堤道上立起三座攻城塔，军团称它们为"夺城者"。这些威胁性的建筑物高达75英尺，每个建筑物上面至少有五个木制平台，有铁板制成的甲壳拦阻火箭。

其中一个建造得很糟糕，夜里倒塌了，在黑暗中造成了一阵可怕的喧嚣，在罗马人中间传播恐慌情绪，直到提图斯确保每个人都了解了事情的真相。这只是一个短暂的挫折。不久之后，弓箭手、标枪手和投石兵从另外两座塔楼上向下射击，使城墙上的犹太人无法骚扰操纵破城锤的工兵。

最后，在最大的破城锤的不断撞击下，亚基帕墙开始崩塌，犹太人嘲讽地称这个破城锤为"胜利女神"，因为它总能成功地推倒面前的一切。罗马人刚从破城锤撞出的裂口冲进来，守军就直接放弃攻击，逃到第二堵墙后面，之后攻击者便打开大门让同伴们进来。约瑟夫斯评论道，犹太人肯定要么是因为过于疲惫，要么是因为过于懒惰而无法坚决保卫亚基帕墙，甚至是过于自信，因为后面还有另外两道墙。这一切发生在围困十五日之后。[6]

在初期的围困之后，提图斯把他的营地搬到了亚基帕墙内一个被称为亚述营的地方。它覆盖了南抵汲沦谷的大片地方，但距离第二城墙还很远，远远超出了投射武器的射程。犹太人以最大的勇气继续战斗着。吉萨拉的约翰手下的奋锐党人从圣殿北部的柱廊、安东尼堡和国王亚历山大的坟墓这几个高点组织防御，而西门·巴尔·吉奥拉的人则集中精力防守大祭司约翰纪念碑周围的地区和希彼克楼的水闸。第二城墙保护着比色他这座"新城"，比亚基帕墙要坚固得多，两端各有一座塔，中间还有一座更大的塔，而且从各方面来说都更容易防守，正如塔西佗指出的那样，它呈"之"字形排列，让守军很容易射击围攻者的侧翼。

在破城锤重新开始工作后，它不仅晃动了第二城墙，连后面离城墙有一段距离的建筑物都被震动了，吉萨拉的约翰承认西门·巴尔·吉奥拉为城市守军领袖，并允许他的追随者进入圣殿。

就连他也惊恐地知道，除非两方达成某种合作关系，城市将会失守。

罗马人的主要攻击点是中央塔楼，在它下面有一扇城门，有一条路穿过城门通向各各他。弯曲的墙壁上有许多隐藏的暗道，犹太人可以从中突击。然而，他们总是被对手优良的武器击退。

"犹太人靠的是因惧怕而产生的无畏勇气以及面临灾难时的坚毅本性。"约瑟夫斯如此评论，不禁赞叹同胞们不折不挠的勇气。[7] 从黎明到黄昏，他们一直与罗马人奋战，却发现黑暗时刻更加难以忍受。"对双方来说，夜晚无法入睡，比白天还难熬，犹太人时刻防备着城被占领，罗马人也时刻提防营地遭受袭击。双方都全副武装度过夜晚，为黎明时的战斗做好准备。"[8]

《犹太战争》中表示，犹太人总是随时准备冒着生命危险来取悦他们的军官，特别是西门，他有这种让追随者随时为他而死的魅力，只要他下令，他们甚至愿意自杀。在约瑟夫斯看来，罗马人的勇气源于获得胜利和永不言败的习惯，源于他们对帝国之伟大的骄傲，最重要的是，源于提图斯的共同进退，他似乎无所不在，能够同时出现在每个士兵的身边。他若对某个人的勇敢表示祝贺，他们会认为这样的奖励就已经足够；许多部队找到了前所未有的勇气。这种情况有时会导致士兵在城墙前进行荷马式的对决，虽然这会让提图斯蹙眉不悦。

有一次，一群犹太人突然从城墙后面冲出来，并开始向远处投掷标枪，当时一名叫朗基努斯的骑兵突然独自向他们发起进攻，杀死了其中最勇猛的两个人。他用矛刺穿了第一个犹太人的脸，拉出长矛，又刺入另一个人的肋旁，然后安全地回到队伍中。其他几个罗马士兵都试图模仿他。有些犹太人有类似蔑视危险的态度，只顾对付对手，只要能捎上敌人的性命，就可以完全不顾生死。然而，比起胜利来，提图斯似乎更关心他手下的安危，他还劝阻他们避免这种逞英雄的行为。他下令要求罗马军队不要冒着生命危险炫耀。

当约瑟夫斯玩味这种史诗般的叙事之时，有些事件吸引了他敏锐甚至还有点野蛮的喜剧感，比如卡斯托的故事。《犹太战争》告诉我们，在提图斯集中攻打第二道城墙中央的大塔楼，大破城锤"胜利女神"在砌石上敲了好几天后，城墙开始出现倒塌的迹象。蝎弩持续发射阵阵弩箭，并辅以火箭，迫使大多数守军放弃城墙。然而，"一个叫卡斯托的狡猾的犹太人"带着10个足智多谋的同伴，蹲守在城墙后面决不放弃。

当塔楼开始倒塌时，卡斯托站了起来，用一种可怜的声音向提图斯求饶。考虑到这个人的真诚，而且守军已经开始失去信心，提图斯立即停止了破城锤的撞击和重型投射武器的轰击，并大声回应卡斯托，问他想要什么。他回答说，只要能确保他的安全，他就下来。提图斯回答说他非常高兴卡斯托能如此明智，而且如果其他人有同样的想法，他会更加高兴。他承诺会确保整座城市的安全。卡斯托的五位同伴假装加入了求饶的行列，而另外五位为了让他们显得更真诚，则大吼大叫说自己永远不会成为罗马的奴隶，誓死也要做自由人。这个和谈持续了一段时间，期间攻击暂停。

和谈继续，卡斯托给西门·巴尔·吉奥拉传信，请求他的指示，并说他能愚弄罗马将军一段时间。同时，他故意强迫那五个"爱国者"接受提图斯的条款。作为回应，那五个人挥舞着剑，然后摔倒，做出被其他五人杀死的样子。由于无法从下面看到城墙上发生的事情,提图斯和他的人不禁赞赏他们的忠诚。与此同时,卡斯托被箭射中鼻子,抱怨说罗马人背叛他,于是提图斯斥责了负责的弓箭手。然后他叫约瑟夫斯去城墙上,把卡斯托带回来。约瑟夫斯已经闻到了背叛的气息,拒绝前往,还阻止他的朋友前去。然而,卡斯托承诺会将钱扔给任何表示同情的人,于是一名叫埃涅阿斯的犹太逃兵跑上前去。他一到达塔楼并出现在攻击范围内时,卡斯托便向埃涅阿斯投掷了一块巨大的石头,埃涅阿斯成功躲过了,这块巨石却伤到了一名跟随他的士兵。

提图斯怒不可遏,命令重新开始攻打和撞击。这座塔很快就倒塌了,甜言蜜语的卡斯托和他的同伴们在它坍塌之时朝废墟里放火,然后跳入火焰,从中间穿了过去。他们降落在下面的酒窖中,并从一个山洞逃走了,但罗马人认为他们选择死在烈焰中也决不投降,这种英雄气概给他们留下了深刻的印象。人们不禁怀疑,《犹太战争》的作者至少有片刻站在了守军一边。[9]

塔被破坏后,城墙被开出了一道裂口,宽度足以使罗马人攻击第二城墙,这距离亚基帕墙的倒塌仅四天。犹太人逃跑了,提图斯在护卫的护送下,带领1000人率先冲进新城的一部分,那部分有布市和铁匠铺。他总是过于乐观,而且变得过于自信,于是受到了卑鄙的偷袭。

"要是他毫不犹豫地推倒更多的城墙,或者进城后,按占领者的惯例洗劫已夺取的地区,他也不会遭受更多的伤亡,"约瑟夫斯在《犹太战争》中如此评论,"但他希望在明显掌控局面之后表现出不愿继续伤害犹太人的意思,从而让犹太人(因他的宽宏大量)感恩戴德。所以他不愿扩大破口,以致他的手下无法轻松撤退。他幻想只要对人们友善,他们就会以得体的举止来回报他。"[10]

进入新城后他禁止士兵杀害战俘或焚烧房屋。任何犹太人若想继续战斗可以到旧墙那里加入他们的同伙，而想要和平的市民可以拿回自己的财产。提图斯还想占领一座完好无损的耶路撒冷，并保住圣殿。但是，尽管有一点他想对了，即普通市民已准备好接受他提供的任何条件，但他意外慷慨的条款竟使奋锐党相信这是他软弱的表现，证明他已经放弃了打败他们的希望。

奋锐党人威胁要杀死任何提到投降一词的人，处决任何提出和谈的人，他们重新集结并攻击新城内的罗马人，在街道、小巷或房屋中伏击他们，从城墙上跳下来扑到他们身上。站在城墙上的罗马卫兵军心大乱，以致擅离职守，跑回了营地的安全地带。被困在新城内的军团士兵被团团围住，大声呼救。犹太人的人数和力量不断增长，用剑或矛沿街驱赶军团，把他们赶向破口。然而，由于破口非常狭窄，每次只有几个人可以通过，其他人必须站起来对抗对方压倒性的势力。

倘若提图斯没有及时带来增援，那么城内的罗马士兵肯定都会被屠杀。他在每条街道的尽头都安排了弓箭手，向敌人最密集的地方射击，他用绝对的火力困住犹太人，牵制他们直到最后一支部队撤退。然而，他已经失去了对于第二城墙的控制权，尽管这是一个微小的失败，却是一个耻辱。

在《犹太战争》中，约瑟夫斯描述了奋锐党人的决心：

> 好战派情绪高涨，陶醉在胜利之中。他们相信罗马人再也不敢踏足新城，相信自己在下次出征作战的时候将不可战胜。然而，上帝因为他们犯下的滔天大罪而蒙蔽了他们的眼睛，使他们既没有看到罗马剩余军队的力量比他们驱逐出去

的要强大得多，也没看到饥荒正在向自己逼近。尽管仍有可能靠剥削苦难的大众、掠夺圣城的生命之源来维持生存，但饥荒早就侵袭那些老实巴交的市民了，因为缺少生活必备品，许多人徘徊在死亡的大门旁。但是人民的死亡反而激励了党徒们，因为那样他们会得到更多的食物。他们只关心那些不惜一切代价反对和平，并誓死反抗罗马人之人的性命。反对他们的民众对他们来说只是累赘，他们很高兴看到这些人死去。这就是他们对城里人的态度。他们用那些人的尸体做人墙堵住了豁口，击退了罗马人的再次攻击。[11]

他们坚守了三天，以极其无畏的精神作战，但第四天提图斯还没有发起再次攻击，他们就放弃了。这次他再度占领了第二城墙，并立刻派人推倒了城墙的北部，在剩余的塔楼里面驻军。然后他暂停了进攻，看看犹太人会不会因为损失了第二城墙或者害怕饥荒而开放和谈。他错误地认为，他们仅靠掠夺邻居无法长期养活自己。

他决定通过举行一场精心设计的领薪游行来打动他们，就在城墙面前，但处在对方的攻击范围之外。在来势汹汹的鹰旗的背后，军团士兵和辅助军严格按照规定的步调行进至一个标记清楚的阅兵场，将武器、头盔、装备和马具都擦得发亮。骑兵的马匹上披着炫目的装饰，走在游行队伍的前头。到处都是闪着光的金银。

当然，注意力的焦点是主将提图斯闪闪发光的身影，他由幕僚陪同，每个人都身穿精美的胸甲或者短上衣，上面覆盖着由抛光的钢或铜制成的鳞片，头盔上立着硬质的红色马鬃，不同等级的人穿不同颜色的斗篷,腿上穿着金属护胫套。提图斯和一些谋士脸上可能还佩戴着仪式性的镀金金属面罩。所有军官,包括百夫长在内全都身着全套装饰——有金银领圈、臂章和项链,胸前还挂着规定的九套黄金或白银奖章。连他们的马都穿着精致的马衣,马具和马鞍上都饰有镀金的青铜板。[12]

城中的所有人都从旧墙或圣殿围观这一盛况。这个壮观的场面肯定会让人想起《马加比传》中描述犹大·马加比面对他们的塞琉古主人时的情形。"太阳照在铜盾和金盾上,映衬在群山之间,一闪一闪,宛如燃烧的火把一般。"[13]围观的人也许还记得,那一次英勇无畏的犹大对他寡不敌众的跟随者说:"不要考虑敌军规模有多么大,当他们进攻的时候别害怕。"然后他仍然战胜了敌人。[14]

然而,这一次耶路撒冷的人们并不那么乐观。"当他们看到整支罗马军队列队集合,其盔甲绚丽无比,士兵们军律严明时,连最勇敢的人也完全惊呆了,"约瑟夫斯告诉我们,"我毫不怀疑,要不是那些党徒们对(耶路撒冷)市民无休止的伤害毁灭了罗马人赦免他们的所有希望,他们立刻就会放弃自己的立场。如果放下武器(投降),等待他们的只有被折磨至死,他们觉得还不如决一死战。"[15]但是约瑟夫斯从未公正看待奋锐党人对其事业的信仰。

四天后,所有的士兵都领到了他们的军饷,游行结束了,但守军仍然没被唬住。提图斯没有从他们那儿收到任何议和提议,第五天他便将四个军团组成了两个集团军,并开始建造更多的攻城堤道,这次对着安东尼堡和大祭司约翰的坟墓——安东尼堡特别易守难攻,因为有一条某些地方深达50英尺的巨大水沟环绕着它,必须要先将它填满。基本上,他的计划是从安东尼堡进入上城,然后从约翰的坟墓进入圣殿;除非占领圣殿,不然他对城市西门的部队和他的以土买盟友在反复突围，这相当成功地减缓了敌人对大祭司约翰墓的围攻，而奋锐党人约翰则有效地牵制着安东尼堡的敌人。犹太人对各处围攻者都造成了严重伤害，不仅利用高处的地理优势进行近身肉搏，还破坏了堤道。他们还学会了使用缴获的火炮造成致命效果，而且为了提高准确性，每天都在练习。他们有300架能快速装载、连环发射的蝎弩和40台投石机，这些对正在试图建造堤道的罗马人造成了严重的伤害。

可能就是这个时候，提图斯被犹太人的投石机所发射的一块石头击中了肩膀。他伤得非常重，左臂在余生中都很虚弱无力。约瑟夫斯没有提到这件事，我们是从3世纪的罗马历史学家迪奥·卡西乌斯那里得知的。[16] 但这似乎并没有明显减少提图斯的精力，也没有减少他的决心。

提图斯仍然渴望占领一个完整的耶路撒冷，而且从未放弃过说服犹太人投降的希望。他不断朝围墙大喊，继续为那些愿意接受他们的人提供优厚的条件。他让约瑟夫斯说服守军，劝他们换一个更明智的思维方式，因为他还幻想犹太人可能会更倾向于听取同胞的建议。约瑟夫斯不得不在城墙上绕行了一大圈，才找到一个既可以让别人听到他的声音，又不容易被射击的地方。他预计自己会扮演犹太版的纳粹宣传家"哈哈勋爵"的角色，便苦口婆心地恳求守军们放过他们自己，放过犹太人民，尤其放过他们的国家和圣殿，更多地关心一下这些对象，而不是只想着打败外邦人。

在很大程度上，我们可以从《犹太战争》中还原他的演讲。虽然几年后他又进行了修饰，但毫无疑问这里面包括了他想说的话，有值得引用的摘录，因为它们提供了有用的见解，可以帮助我们了解他的思想，以及他如何看待犹太人和罗马人之间的关系。这仿佛是他的自言自语。

尽管他们不同意你们的信仰，但罗马人真正尊重你们的圣地，并且迄今为止避免对它们造成任何损害，相反，你们带进这个城市的一些人似乎一心要破坏它们。你们可以看到你们最牢固的墙壁是如何倒塌的，剩下的唯一一道城墙墙壁是最脆弱的，而你们完全清楚，没有什么能够抵挡罗马的力量。你们也知道犹太人已经习惯于被他们治理。如果为自由而战是如此光荣的话，那么你们在几年前就应该开始战斗了，但是在放弃抵抗并归顺多年之后，只有那些喜爱死亡之人，而非那些热爱自由之人想打这样的仗。

鄙视那些不如神的统治者，这情有可原，但这些人恰好统治着世界。那些不属于罗马人的地方都是不值得拥有的，要么太热，要么太冷。在任何地方，罗马人都独占了好运气，赐予国家主权的神已经住在了意大利。这是一个众所周知的自然法则，不仅适用于人类，连野兽都知道，就是最强大的总能赢得胜利，只有那些战斗得最英勇的才能登上顶峰。这就是为什么你们的祖先会向罗马人屈服，他们无论是身体还是灵魂，在各方面都比你们优越得多，如果他们认为神站在自己这一边，就绝对不会这么做。

当你们城市的大部分都已被占领，当没被占领那部分里面的人比被俘虏还痛苦，为什么你们还充满信心，认为自己能够坚持下去呢？罗马人非常清楚，饥荒正在这个城市肆虐，它已经在残害市民了,并且很快就会杀死大量的武装分子。即使罗马人最终决定放弃围城,不再使用刀剑袭击这个地方,一场新的非常不同的战争每小时都在接近。但是也许你们会放下武器并且与饥荒斗争,而且想方设法让我们知道你们是能够征服大自然的人?

你们最好在事情还没有无可挽回之前改变策略,在能够控制局势之时选择有益的建议。罗马人不会因为你们过去犯下的蠢行而心存怨恨,除非你们自己愚蠢至极坚持到底。胜利时,他们生性仁慈,不允许仇恨情绪阻止他们自己的利益追求,并且这些利益不是通过把圣城变得荒无人烟或让整个国家废弃来实现的。我们的恺撒即使现在也准备将你们置于他的保护之下。如果不得不袭击该城,他就会杀掉所有人,因为你们在快要被打败时还拒绝了他的提议。他已经占领了两面城墙,很显然,征服旧墙也指日可待。再说即使那道屏障很难攻取,饥饿也会帮助罗马人打败你们。[17]

如果约瑟夫斯用最高的音量说完了这些话,那他的肺一定是用皮革做的。犹太人的反应令人失望。他们觉得他说话高人一等,并感觉到了他的愤怒和轻蔑。他在叙述中毫不掩饰自己在城墙上被讥讽的事实,许多守军大声侮辱他,还有人向他投掷石块或标枪。幸运的是,他们都没有击中,然后他继续大喊:

你们这些可怜的人!你们忘记谁是你们真正的盟友吗?你们怎么解释自己为何只用武器和人手攻击罗马人,而没有得到其他任何帮助呢?你们用这种方式打败过其他这样的国家吗？创造我们的上帝什么时候没有为犹太人申冤呢？为什么你们不转身看看你们后面（的圣殿），想想你们为了战斗而离开的圣地，想想你们所玷污的这个盟友是多么无所不能！你们肯定记得父辈们所取得的无数惊人成就，还有他们过去所打败的无数狡人的敌人，不都是因为神在帮助我们吗？我浑身战栗，不得不在你们这些卑微的听众面前，提醒你们想起上帝为他们成就的事。尽管如此，你们听我说，就会明白，你们不仅在与罗马人对抗，也在与上帝对抗。

约瑟夫斯解释说，对于那些注定要倚靠神的力量而不是人的力量的犹太人来说，战争总是灾难性的。"你们真的以为自己的所作所为受立法者的祝福吗，"他问守军，"你们也有不可告人的罪行，你们没有偷窃和奸淫吗？在抢掠和杀戮的时候你们相互竞争，不断发明新的作恶方式。圣殿，连风俗不同的罗马人都尊重，现在却向任何人开放，被我们自己的同胞玷污。"罗马人只是要求与以往一样正常献供，然后作为回报，他们会保障你们的家庭、财产和律法。犹太人若期待能在这样的战争中得到上帝的帮助简直是痴心妄想。祂并没有祝福他们，到这时为止，祂祝福了韦帕芗，让他成为皇帝，也祝福了提图斯，在战役期间干枯的泉眼奇迹般地涌出水来。

约瑟夫斯最后含泪呼吁："你们这些铁石心肠的人啊！你们为何不扔下武器，可怜一下这个已经处于毁灭边缘的国家呢？转过身来看一看你们正在背叛的美丽事物吧——多美的城市，多美的圣殿啊！"最后，他以自己的个人愿望作为结束，就是无论他付出怎样的代价都要拯救耶路撒冷。"我完全知道，我有母亲、妻子和美好的家庭,而我来自一个古老而杰出的家族,它们现在都在危险之中。或许你们认为我是为拯救他们的性命而给你们提议?如果你们愿意,就杀了他们吧。流我至亲的血吧,只要你们认为这能够拯救你们。如果我的死能让你们学到智慧,我随时准备赴死。"[18]

毫无疑问,约瑟夫斯认为自己的高谈阔论不仅仅是心理上的战争,他站在墙下向城墙上的奋锐党人大喊,因为他已经开始把自己看作完全意义上的先知。他确实非常认真地看待《托拉》和其他神圣著作中关于耶路撒冷发生可怕灾难的预言,那些警告已经成为现实,而他认为,它们就是公元70年所发生的情景。毕竟,在他看来,他正在竭尽全力拯救以色列的圣地。

若仔细阅读他的著作,我们可以清楚地看到,先知们深深地吸引了他,因为他们可以洞察未来。他在《犹太古史》中写道:"没有什么比先知的恩赐更有价值了。"[19] 他认为但以理是一位特别伟大的先知,"他能够发现别人不可能发现的事",肯定是一个与上帝真正交谈过的人,因为他对将要发生的事情知道得如此具体。[20] 他也钦佩犹太国哈斯摩尼王朝的约翰·许尔堪,并毫不犹豫认为他具有先知的恩赐。"因为神与他交谈,所以他并非不知道后来会发生什么。"他在《犹太战争》的开头部分如此写道。[21] 如前所述,他关于韦帕芗将当上皇帝这一预言有着可喜的准确性,这无疑增加了他在这个领域的信心。有可能的是,就像在约塔帕塔一样,他在围困耶路撒冷过程中整夜都在做梦——这次是关于犹太人的可怕命运,同时毫无疑问,他会用最爱色尼式的方式默想经文。

约瑟夫斯提醒听众,巴比伦国王如何推翻西底家王并拆毁了这座城市和圣殿，他甚至把自己比作耶利米。"国王和人们都没有把他处死。相反，你们这帮人——我不再对你们在城墙背后的所作所为做任何评论了，因为你们的暴行难以形容。我劝说你们自救换来的却是诅咒的怒吼以及阵阵标枪。"我们不得不承认，很少有先知说的警告比这更有道理。[22]

18

圣城之内

> 素来吃美好食物的,现今在街上变为孤寒;素来卧朱红褥子的,现今躺卧粪堆。
>
> ——《耶利米哀歌》(4:5)

约瑟夫斯一再大声呼吁,奋锐党人对此充耳不闻,而他的话对一般民众却很受用,更多的人试图逃出耶路撒冷恐怖的围困生活。许多人开始出售房屋或珍贵财产换成金币,再把金币吞进肚子,以防统治者偷走,然后逃到罗马前线,并在那里清空肠子回收金币,用以购买食物。经过盘问之后,提图斯通常会让这些不起眼的难民离开这个地区,去他们喜欢的任何地方,这又是一项刺激市民遗弃这个城市的措施。他告知那些贵族人士,他打算在战争结束后将房产归还给他们,到时他们将在新的已修复的犹太地发挥作用,但此时他们被送到哥夫拿,关在一个开放式的监狱里。他们这个阶级有太多人加入了奋锐党,罗马人无法完全相信他们的忠诚。

"在此期间,没有哪一个事件能逃过我的眼睛。我在罗马军营时,详细记录了自己看到的所有事情,因为我是唯一一个能从耶路撒冷的逃难者那里获取消息的人。"约瑟夫斯在《驳阿庇安》中说道。[1] 这一段写于他生命的最后阶段,那时他已稍稍放松了一点戒备。他没有在《人生》或《犹太战争》中的任何地方承认审讯难民和囚犯是他的职责之一。作为一个犹太人,他比任何罗马人都更适合侦察那些人是否是间谍或信使而非真正的弃城者,也能够从他们身上知道耶路撒冷正在发生的事情。他很可能在城市内部建立了自己的间谍网络,但他自然不希望在记录围攻的时候透露这些活动细节。[2]

他的"记录"可能是某种写在笔记上的日志,用罗马人常用的方式速记下来,用骨笔写在涂有蜡的木板上,然后用芦苇笔转抄到纸莎草卷上。可能还有一个秘书帮助他。每个军团似乎都要编写一份日常记录,类似于现代部队的战争日记。继尤利乌斯·恺撒优雅简洁的榜样之后,韦帕芗也写下了自己的战争记录,大概是由他口授,然后由秘书记录,后来他还借给了约瑟夫斯。

然而,到了此阶段,要离开陷入困境的首都已更加困难,因为约翰和西门似乎更关心怎样阻止人民离开,而非怎样阻止罗马人进入。任何涉嫌逃跑的人都会被当场打死。但是,对于有钱人来说,留下来也同样危险,因为总有人诬告他们计划逃跑,然后处死他们,以夺取他们的财富。

饥荒也开始在城市内部爆发,因此饥饿广泛侵袭了那些非战斗人员,一些人变卖了一切,只为能买到一量器谷物,如果有钱,还能买到一些小麦,如果贫穷就只能买到大麦。人们会在黑暗的角落里生吞谷物,或者烤到一半就把它从火上取下来吞掉。妻子开始从她们的丈夫那里抢夺食物,孩子从父母那里抢夺食物,还有更可怜的是,母亲从她们的婴儿那里抢夺食物,哪怕这些婴儿显然已经因为缺乏营养而濒临死亡。

守军必须吃东西才能战斗。商店里的粮食断货之后，他们闯进房屋抢劫；一旦发现任何面粉，他们就会折磨藏匿面粉的主人。如果他们看见有住宅锁上了门，就会立即怀疑里面的人正在吃东西，并冲进屋内，几乎要把食物从吃饭之人的喉咙里掏出来。他们殴打老人，叫他们交出食物，并拽住女人的头发把她们拖到地上。据《犹太战争》所述，他们有时候会折磨这些人，连藏起来的一块面包或一把大麦都要交出来；他们会用野豌豆塞住受害者的生殖器通道，或者把木桩塞进他们的肛门。那些看起来营养良好的人会得到这样的待遇，那些瘦骨嶙峋的人会被放过，但是这些可怜的家伙穿过罗马哨兵去采集野生植物和草根时，也会遭到叛军的抢劫。[3]

他们系统地打倒并杀死有钱人。有的人被拖到其中一位领导者的面前，被诬告策划阴谋而被处决，而另一些人被控告阴谋将城市出卖给罗马人而被杀。不管约瑟夫斯在暗示什么，他们破坏的动机并非直接夺取他们的金钱。清算他们的最简单方法当然是假装他们正计划逃离耶路撒冷。任何在西门面前的指控中生还的人都会被交给约翰，约翰很快就会了结他；同样，约翰也会把不情愿的受害者交给西门。这两个人"喝着同胞的血，瓜分这些不幸的人"。[4]

没有其他任何一座城市曾经历过这样的恐怖，历史上没有任何一代人能衍生出这样的邪恶。最后这些家伙甚至把整个希伯来种族都带进耻辱中，目的是使他们的无耻在外族人眼中显得不那么可恶。然而，在日常行为中，他们暴露了自己最真实的一面，即他们是社会的渣滓、杂种败类和我们民族驱逐的垃圾。就是这些人摧毁了我们的城市,尽管罗马人在赢得这场忧郁的胜利之后不得不承担全部责任,但这些人似乎还觉得圣殿焚烧得太慢。当他们从上城观看它燃烧的时候,竟不会流下一滴眼泪,尽管就连罗马人看到了也悲伤不已。"[5]

约瑟夫斯的长篇大论听起来像是一位贵族的真情流露,为着他那个阶层所受的伤害而愤怒地颤抖。他无法对守军中的"强盗"表示同情,他认为他们是次等生物。而他们似乎已组成了驻军中最大的部分,其中大多数是来自犹太乡村的农民难民,这些年轻男子多年来饱受贫困和虐待的残酷折磨。在抵达耶路撒冷之前,他们从来没吃饱喝足过,也从来没有过上这样的日子。当然,如果和平意味着回去种地或当乞丐,他们就没有与罗马人议和的重要理由,但可以理解的是,他们应该不喜欢那些富豪。

"从某个角度来看,至少,奋锐党人确实名副其实,他们狂热的行为配得上自己的名字,"约瑟夫斯在《犹太战争》中无比痛心地写道[6],"他们做遍天下恶事,狂热地重新实施历史记载的所有罪行,一件也不落下。虽然他们像畜生一样,却以对做善事的狂热为自己取了(奋锐党)这个名字。他们是在嘲讽受害者,还把罪大恶极当作善事。"

《犹太战争》仔细地强调了守军犯下的所有暴行,试图掩盖那些既不是强盗也不是"阿姆-哈阿莱兹",并真正配得奋锐党人之名的人士的爱国热情。就连西门·巴尔·吉奥拉和吉萨拉的约翰也有自己的理想。值得注意的是,他们得到了较低级的神职人员的支持,这些祭司继续尽可能长时间地在圣殿献祭。然而,任何对奋锐党的合理分析——他们是谁,他们怎么想——都是不可能的，因为除了约瑟夫斯，我们没有任何其他的信息来源。虽然他故意称他们为"强盗"或"叛军"而非奋锐党人，但他仍然钦佩他们的勇气，他提到了几个人，显然认为他们有着和他同等的社会地位。

尽管奋锐党人相信上帝会将他们从罗马人手中拯救出来，但他们的灵感来源或信仰中毫无弥赛亚的意味。相反，我们几乎可以肯定，他们一遍又一遍地读这两卷《马加比传》，而西门和约翰各自都希望自己能建立一个新的犹太王国，当上国王。悲剧的是，奋锐党人中没有一个编年史家来记录他们特定的立场，尽管我们将在以利亚撒·本·亚伊尔在马萨达的两次演讲中捕捉到一些关于它的暗示。无论约瑟夫斯怎么说，他们中间肯定有一些不错的人。

与此同时，提图斯的突击堤道几乎准备就绪，尽管守军的重型投射武器——他们已经学会了如何开火——给正在建造它们的军团士兵造成了巨大的伤亡。受到这样激烈抵抗的刺激，提图斯派出一支骑兵分队去埋伏那些到峡谷中寻找食物的犹太人。大多数人似乎都是被严重的饥饿所驱使的贫穷市民，那些男人不敢尝试逃跑，因为害怕守军会对他们的妻子和孩子不利，逃亡者的家人被屠杀报复的情况早已人所共知。他们拼命作战，以逃避捕捉，以至于当最终被制服时，他们乞求怜悯已毫无意义。在一番鞭打和折磨后，他们被钉死在旧墙前的十字架上。

每天都有 500 多个这样的人被抓住，并钉在十字架上。提图斯因怜悯而心生刺痛——至少约瑟夫斯是这么说的，但他不会冒险释放这么多人，因为他们可能是伪装的士兵，而他的军队也没有这么多时间来看守几千名囚犯。对提图斯来说，真正重要的是，光是十字架的数量就可能吓得犹太人投降，好让他们害怕自己也会这样死去。军团士兵因为伤亡惨重而义愤填膺，于是便把俘虏钉成奇怪的姿势来自娱自乐。由于太多人被钉十字架，最终连制作十字架的木材都所剩无几。

每天面对这些暴行场面，守军的士气却没有受到明显的影响。他们将逃亡者的亲属连同涉嫌的其他任何市民一起拖到城墙上，假称那些挂在十字架上的人是试图叛逃的人。提图斯对此的回应是砍断几个俘虏的手，并将他们送回城市，带信给西门和约翰。"停止（疯狂的）抵抗，别逼我毁城。尽管天色已晚，到最后一刻为止你们都还可以改变心意，这样就可以保留你们的性命、著名的圣城和非凡的圣殿。"[7]然后他走访了他的攻城堤道，告诉军团士兵加快速度，向犹太人表明，他们若不回应，他将发起攻击。

旧墙上的犹太人大肆辱骂提图斯和他的父亲，然后大声回应说，他们并不怕死，因为它总好过被奴役，并且只要他们还活着就会竭尽所能地伤害罗马人。他们还补充说，因为自己快死了，所以也不在乎他们的城市会怎样。这个世界自己会创造一个更好的圣殿。即便如此，他们坚持认为耶路撒冷圣殿会被居住其中的上帝所拯救，而且因为上帝是他们的盟友，所以他们可以嘲笑提图斯的任何威胁。

科马吉尼王安提阿古·伊皮法尼带来了一段插曲，他带着他的重装步兵前来助阵。所有人都风华正茂，按照马其顿的方式配备装备和训练，手持萨里沙长枪（这是一种双手持的长矛），在一个纵深16排的方阵中作战。亚历山大大帝就是用这些军队推翻了波斯帝国。这位国王争强好胜，傲慢自大，他要求提图斯允许他立即进攻。他同意了，笑着评论说："那么，你跟其他人的机会一样多。"安提阿古立刻率领他的手下攻击旧墙,但他的士兵只是名义上的马其顿人,而笨拙的方阵和笨重的萨里沙长枪已经过时。亚历山大的部队从来没见过蝎弩或投石机,而他们的继任者被犹太人射得阵形大乱,不久便不得不撤退。约瑟夫斯讽刺地观察到,如果马其顿人希望以亚历山大的方式获胜,那么得有一点他的好运气才行。[8]

军团士兵昼夜劳作,做出了英勇的努力,把他们的堤道修得足够高。他们从5月12日开始工作,直到5月29日才完成,共经过17天的辛苦努力,其中包括填埋安东尼堡前一个深达50英尺的壕沟。这四个堤道都极其庞大。其中在安东尼堡旁的那个堤道由第五军团修筑,位于被称为温柏池的蓄水池中间,另一个离它10码远,由第十二军团修筑。再远一点是第十军团的堤道,靠近被称为杏仁池的蓄水池,还有第十五军团在45英尺外又立起了另一个堤道,位于大祭司约翰墓的旁边。提图斯命令部队将破城锤和攻城塔搬上堤道,准备对旧墙发动全面进攻。

但与此同时,犹太人从一群来自阿迪亚波纳的犹太士兵那里学会了如何挖掘地道,后者都是熟练的工兵。约翰的手下在旧墙和包围线之间挖掘隧道,掏空堤道的底部,到了堤道只是依靠在隧道的支柱上才不塌陷的程度,而罗马人对此全然不知。犹太人在隧道里填满柴把,上面裹有树脂和沥青——从红海可获取大量沥青。然后,他们点燃了支撑柱。霎时间,安东尼堡旁边的堤道崩塌,发出震耳欲聋的声音,连同攻城塔一起落入了隧道的裂口中。有一阵,火焰被抑制在下面,并冒出滚滚的浓烟,随后火焰从沥青中炸出并持续燃烧。

罗马人对这一意外的打击惊骇无比,并对敌人的巧妙心思深感震惊。本已觉得胜券在握的他们备受打击。堤道已被毁坏，试图扑灭火焰已没有任何意义。

两天后，一群西门的追随者在夜间进行了一次袭击，以摧毁其余的堤道，罗马人就是从那里开始用破城锤撞击旧墙，而旧墙已经开始剧烈摇动了。这群人的领袖中有一位叫特夫泰伊乌斯的加利利人，有一位名叫麦加撒鲁，是玛利安尼王后的前侍卫，还有一位绰号为赛阿吉拉斯（即癞子）的半残疾的阿迪亚波纳人。他们从惊讶不已的罗马人中间跑过，好像穿过朋友而非敌人一样，抓起火把，扔到攻城器械上。《犹太战争》告诉我们，这三名犹太人是耶路撒冷最顽固和最可怕的叛乱分子之一，以无所畏惧的硬汉形象而闻名。（约瑟夫斯对他们有如此深刻的了解，这个事实展示了他情报网络的范围。）他们设法从四面八方对着自己的标枪和剑中幸存了下来，在那里坚持到将破城锤和攻城塔成功点燃，而他们的战友们则负责打退敌人。[9]

当看到火焰冲向黑暗的天空时，他们便冲出营地，而军团士兵则拼命地想拯救破城锤，试图将它们拖出火场，因为覆盖它们的柳条盖已经烧了起来。一群犹太人阻止了他们，他们从旧墙的后门倾泻而出，开始了一场激烈的战斗，抓住破城锤的铁皮，把它们拉回来，尽管铁皮已经烧红了。破城锤烧着了，一圈火焰将它包围其中，士气低落的军团士兵们只能绝望地放弃，并退到营地的安全地带。

更多的犹太人跑出城市参加战斗，他们备受鼓舞，将罗马人赶回了营地，放火烧毁了栅栏并攻击了受惊的哨兵。《犹太战争》的作者当然太过委婉地向他的读者承认，这种可耻的可能性曾经存在过，但是一时之间，围困耶路撒冷的结果似乎悬而未决。

对罗马人来说，幸运的是，他们严格的军事程序拯救了他们。为了应对意外的危机，他们总是在每个军团营地的前面驻扎一支武装警卫队，每隔一段时间就换班。任何擅离职守的警卫都会被立即处决，无论他有什么借口。这些人宁可光荣地战斗也不愿被贴上懦夫的标签然后被绞死，所以他们都坚守阵地。不久，许多溃逃的部队都集结了起来，将蝎弩安装在第二城墙的残余部分，并近距离向袭击者射击。即便如此，犹太人仍旧越涌越多，全然不顾自己的安危，眼看就要把罗马人赶回去了。"是犹太人的勇猛而不是他们自己的伤亡导致了罗马人的失利。"约瑟夫斯带着些许的骄傲评论道。[10]

最后，提图斯从安东尼堡疾驰而来，他正在那里为新的攻城堤道选址。他简短却激烈地训斥了手下的士兵。"因为那些士兵在夺取了敌人的城墙以后，险些丢掉他们自己的。他们把犹太人从牢笼中放出来，任由他们围攻自己！"[11]然后他让自己的骑兵护卫猛烈进攻敌人的侧翼。尽管犹太人不得不在两条战线上作战，但他们仍然顽强抵抗，双方都在近距离冲刺砍杀，他们相距如此接近，导致尘土飞扬，杀声震天，在混乱之中难分敌友。即便如此，犹太人仍旧奋勇作战，不是为了赢得胜利，而是为了保存性命。在重新振作起来之后，这些被羞辱的军团士兵们开始为了重获尊严而战斗。最后，犹太人意识到战斗已经失败，便撤退到城市里面。

罗马人胜利了，但这胜利并不能使他们信服。他们身为世界上最优秀的士兵而感到自豪，却几乎被一群他们视为土匪的乌合之众所击溃。毫不奇怪，他们完全丧失了斗志。敌人突袭的成功肯定加剧了他们对约瑟夫斯的怀疑——他是否告诉过他的前同伴在何时何地发动攻击呢？

堤道的毁坏意味着军团失去了几个星期以来辛勤工作的意义。此时已经是盛夏，巴勒斯坦一年之中最热的季节，太阳无情地照射，耶路撒冷成了"一座石头城市，建在钢铁之地上，顶着黄铜般的天空"。（很久以后，本杰明·迪斯雷利如此描述。）[12]因为必须用骡子从数英里之外的地方取水，所以用水短缺，其他用品也是如此。围攻者的士气开始出现崩溃的迹象；他们中的一些人离开并投靠了犹太人。到这时为止，越来越多的罗马人开始丧失占领耶路撒冷的希望。

19

木制城墙

> 国中有可惊骇、可憎恶的事。
>
> ——《耶利米书》(5:30)

形势令罗马人备感沮丧,提图斯召开了一场军事会议。一些军官支持集结所有能战斗的士兵全面攻击旧墙,辅以大规模的炮轰,他们认为迄今为止犹太人都只与帝国军队的一小部分交锋过。其他人提议重建攻城堤道。第三组人士建议封锁这座城市,靠饥饿让城市投降;城中之人显然宁可战死也不想被钉死在十字架上,和他们交战造成了太多的伤亡。

提图斯第一次表明他开始明白谨慎的价值。虽然他拒绝了类似于自杀式袭击的普通攻击,而且就此阶段而言,他看不到重建攻城堤道的意义,但他也不想一直停滞不前。犹太人随时可能发动进一步袭击,潜在危险一直存在,而且他们可能会通过秘密隧道为士兵带来充足的食物。在他看来,最好的解决办法是在城市周围修建一道木墙,这种方法早在100年前就已被尤利乌斯·恺撒在高卢使用过[*],尽管从来没有用于围攻这样大一座城市。这个

---

[*] 指恺撒在阿莱西亚之战中建造了两道木墙将城市围了起来,同时对抗阿莱西亚城中的高卢守军和前来援助的高卢援军。

想法可能来自提图斯的参谋长提比略·亚历山大，官员们对这个提议拍手称赞。

根据《犹太战争》，到这时，整个罗马军队对犹太人都怀有强烈的仇恨，因而听闻这一计划使他们备感高兴。所有部队都表现得非常踊跃，军团与军团，步兵大队与步兵大队之间相互竞争。提图斯每天都要亲自检查几次进度。完工后，墙壁从他在亚述军营里的指挥部一直延伸到下面的新城，然后穿过汲沦谷直达橄榄山。之后转向南面，绕过称为鸽舍的岩石和附近的小山，俯瞰着西罗亚水池旁的山谷。它向西延伸至喷泉谷，经过大祭司亚那的坟墓，进入了庞培曾驻扎的小山。往北到达名为豌豆房的村庄，然后绕过希律的陵墓，一直延伸到起点，也就是提图斯的营地。近五英里长的城墙由13座堡垒加固，每座堡垒周长均为200英尺。由于军团不减的热情，他们在三天内就完成了整个建筑，连罗马人也惊叹不已。

提图斯已将耶路撒冷围在一堵墙内，用堡垒团团围住，提图斯第一晚亲自值班巡视，以表达他对军队卓越成就的赞赏。提比略·亚历山大值第二晚，第三晚由指挥各个军团的使节分摊。

约瑟夫斯对城内这一时期发生之事的可怕描述值得引用。它很有说服力，肯定是基于间谍的情报或居民的亲身经历：

突然之间，犹太人失去了所有离开耶路撒冷的机会，城内的人也失去了所有生存的希望。日益严重的饥荒吞噬了每一个家庭。许多屋顶上都是将死的妇女和婴儿，街上满是已经死去的老人。由于饥饿而身体浮肿的年轻人和男孩们，像幽灵一样在广场上闲逛，他们之中随时随地都有人倒地而亡。

生病的人根本没有力气埋葬他们的亲人，而那些健康的人不会这样做，因为死人的数量太多了，而且他们对自己的命运也没有把握，很多人在埋葬别人的时候自己也倒下死去了，还有很多人自己爬进了裹尸布等死。

苦难中听不到哭泣声和哀悼声，饥饿抑制了情感。那些后死的人瞪着干枯的眼睛，咧着嘴笑着，看着那些先死去的人。沉寂包裹着整个城市，黑暗中充满了死亡。更糟糕的是那些强盗，他们像盗墓者一样闯入那些死去的人家里，扒光他们的衣服，扯掉他们的蔽体之物，然后大笑着走出来。他们在尸体上测试剑尖是否锋利，甚至还刺穿那些无助地躺在那里但还活着的人，以测试刀刃是否锋利。但是如果有人乞求这些强盗用刀剑刺死自己，以结束痛苦时，他们却不屑一顾，宁愿让他们饿死。每一个即将（因饥饿而）死去的人的目光都凝视着圣殿，试图无视这些叛军。叛军起初命令用公款埋葬尸体，因为他们无法忍受如此多尸体所发出的恶臭。后来，因为尸体数量过多而不可能实现后，他们干脆把尸体扔出城墙抛进了山谷。[1]

《犹太战争》内插入了一段奉承罗马将军同情心的描述，这无疑是为了给皇帝看的。"在巡视过程中，当提图斯看到堆积的尸体和从尸体下流出的汩汩腐液时，他叹息着，举起双手，让上帝作证这并非他所为。"[2]然而，人们可能会觉得约瑟夫斯的描述有点太过分了，因为他声称提图斯是为了拯救幸存者才下令开始在安东尼堡对面的四个地点建造新的攻城堤道。这很困难，因为城市周围的所有树木都被砍掉了，而军团们不得不从10英里外去取木材。

在耶路撒冷，叛乱分子看起来不为所动，虽然这座墙壁最终将他们与外面的世界完全切断。他们也没有因平民的苦难而动容。他们对那些正在挨饿的人毫无怜悯，而且"像狗一样继续踩躏人们的尸体，在监狱里面塞满无助的人"。约瑟夫斯如此说。[3] 然而，从某种程度上来说，他明显的愤怒可能是源于他们进一步对富人施以暴行。

即使是马提亚·本·庇特斯也没有逃脱，尽管是他说服了市民让西门·巴尔·吉奥拉接管这座城市的。作为一个富有的高阶祭司家族的知名成员，他是一个明显的目标。他被传唤到西门面前，被指控支持罗马人，并与他的三个儿子一起被判处死刑。第四个儿子逃跑了。马提亚提醒西门，是他邀西门来耶路撒冷的，他乞求死在自己的儿子前面，但他的请求被拒绝了。他的儿子们被带到旧墙上，面对着罗马人，并当着他们父亲的面被处死，然后再把他处死在儿子的尸体上。西门不许任何人埋葬他们的尸体。其中被处决的还有杰出的祭司亚拿尼亚·本·玛撒巴努斯、前公会秘书亚里士特奥斯，还有十多位同样出色的人物。

但是约瑟夫斯给我们的是故事的全貌吗？所有这些不幸被处死的贵族，包括马提亚和他的儿子，都可能向提图斯提供信息或散布失败主义言论。他们甚至可能会密谋让罗马人进入这座城市。

相比之下，约瑟夫斯的父亲玛他提亚和他的母亲只是被西门送进了监狱，尽管西门不许任何人同玛他提亚说话，也不许表现出对他被捕的同情，否则就会被处死。这对夫妇作为头号叛徒的父母，居然能够逃脱被处死的命运，这似乎不同寻常。我们只能再一次猜测，约瑟夫斯可能在城市内保留了某种影响力。看似他肯定在城墙内部有一些重要的联系人。难道他和西门达成了秘密协议吗？

并非西门的所有追随者都盲目地服从他。旧墙上指挥一座塔楼的下级军官犹大·本·犹大就因执行死刑而怒不可遏。"我们还要忍受这种罪恶多久呢，"他向10个信任的属下问道，"忠于一个无赖恶棍，我们会有什么生存的希望呢？我们已经开始挨饿了，而罗马人不是已经进城了吗？西门连对他有好处的人都会背叛，他可能也会轻易地除掉我们，而至少我们还可以相信罗马人。我们应该把自己这一部分城墙交给他们，以确保拯救自己，也挽救圣城。如果西门应得的报应早一点降临在他身上，他就不会受更多的苦了，反正他早就放弃希望了。"

第二天一早，犹大和他的10个同伴欺骗了塔楼的其余驻军离开，然后向罗马人大声说他们想投降，但是过了很长一段时间罗马人才当真。军团士兵们不相信他们，担心这是个陷阱，对于这个提议只回以嘲笑，直到提图斯率领侍卫来到了墙边。然而，到那时西门已经有所警觉。他抢先一步到达那里，迅速冲进塔楼，杀死了犹大和他的朋友，并将他们残破的尸体扔下城墙。约瑟夫斯以他惯有的嘲讽口吻评论道，尽管在一定程度上犹大可能因自己的怜悯而叛变，但他真正的动机肯定更多的是为了保证自己的安全。[4]

与此同时，约瑟夫斯仍然每天不知疲倦地朝守军大喊，告诉他们只有疯子才不会投降。又一次，他被城墙上一块精准的石头打中，不省人事。犹太人都跑了出来，想把他拖进城里，但幸运的是，提图斯发现了这种状况，并派兵把他救起。约瑟夫斯被安全救起，几乎不知道发生了什么事情。叛军以为他们杀掉了他，都高兴地欢呼。

在城市内部，罗马人的许多秘密支持者都以为他死了而情绪低落，因为他总是鼓励他们弃城。在监狱里，他的母亲冷冷地告诉警卫："自约塔帕塔以来我就料到这个了，就是他活着的时候，我也没多看过他几眼。"私下里，她极度哀伤，她向女仆哀叹——这个监狱似乎舒适得不同寻常——"这就是把孩子带到这个世界上来的结果，你甚至都不能为他送终，原本还盼着他能给我送终。"但约瑟夫斯很快就康复了，又重新出现在城墙前，大喊说，用不了多久他就可以向那些打伤他的人报仇了。他还大喊，弃城者仍然会受到保护。[5]

这并不是真的。大多数弃城者都从墙上跳下来或朝罗马前线跑去，假装是想朝罗马人投掷石块，他们因饥饿而臃肿，看起来好像水肿了一样。但是当他们到达时，他们想要多少食物罗马人就会给他们多少食物，所以很多人都用食物把自己塞满，直到他们真的胀破了肚子。

有一种更致命的欢迎形式。一群叙利亚的辅助兵发现一个逃兵在他自己的排泄物中捡出他在逃跑前吞下的金币。（由于贸易崩溃，在耶路撒冷流通的金币主要是希腊德拉克马，价值已经降到了原来的一半。）围攻者中立即传出谣言说，犹太弃城者的肚子里面塞满黄金，于是阿拉伯和叙利亚军队立即将他们开膛破肚，要搜索他们肚子里的黄金。"对我来说，这是发生在犹太人身上最可怕的灾难，"约瑟夫斯说，"一夜之间，近2000人被剖腹。"之前，听到约瑟夫斯关于良好待遇的保证后，许多人逃离了耶路撒冷投靠罗马人。[6]

提图斯听说这些暴行后非常生气，一时间甚至想用骑兵包围肇事者并撞倒他们，但军队中有太多人牵连其中了。更令他愤怒的是，罗马军团士兵和辅助兵一直都在瓜分难民。他召集所有部队的指挥官告诉他们，他们应当为自己手下的恶行感到羞耻，并严格命令所有相关的军团必须被带到他那里接受处罚，并警告辅助兵，今后若再犯罪将会被处以死刑。即便如此，地方部队仍旧继续偷偷地剖开弃城者的肚子，即便只是在少数情况下才发现了黄金。难民们惊恐万分，许多人又逃回了耶路撒冷。

在城市里面，市民遭受多次野蛮的掠夺，以至于大多数人已没有什么东西可偷，所以吉萨拉的约翰把注意力转向了圣殿的宝库，他把所有的贵重金属礼物以及仪式器皿如碗、盘子和桌子都熔掉，因为它们大多由金银制成。他占用了已故的奥古斯都皇帝和皇后利维亚赠送的葡萄酒壶，约瑟夫斯对此尤为震惊。

"这个所谓的犹太人……告诉同伙，他们是在用上帝的财产为上帝谋利益，因此不必害怕，而那些为圣殿而战的人有权利这样生存。"《犹太战争》告诉我们。[7] 约翰随后拿走了储存在妇女院西南角一间房间里的圣酒和油。虽然这些是留作献燔祭用的，但他与追随者一起喝掉了这些酒，其中一些人常常能喝掉一欣（希伯来测量单位）多，即五升。[8]

"我禁不住要说出我的感觉，"约瑟夫斯苦涩地说道，"我想那时如果罗马人推迟攻击这些亵渎神灵的流氓，那么大地都会裂开吞噬这座城市，或者洪水会淹没它，雷电会摧毁它，像摧毁所多玛一样。因为它养育了一群比所多玛更不敬虔的人，他们的疯狂使整个民族陷入毁灭。"[9]

曼拿尤斯·本·拉撒路是一个逃兵，成功地逃到了提图斯那里，也没有被开膛破肚。他告诉罗马人，从4月14日他们的军营建成时起，到7月1日，他已经统计了约11.6万具尸体，全都是贫民，从一扇由他监管的大门那里抬出来。虽然他不负责安葬，但他负责从公共基金中支付费用，并不得不进行清算。有的人利用关系拿走了更多的钱。所谓的安葬都只是将尸体从城里弄走。其他一些在曼拿尤斯之后出逃的上层人士说，60万贫穷男女的遗体被抛出城墙，但显然任何人都不可能准确地估计真实数字。当贫民的尸体难以被移走时，他们就被摞在一些大房子里面，房门被锁上。

约瑟夫斯说，当罗马人得知耶路撒冷的生活有多可怕后，尽管已经对犹太人产生了仇恨，但就连那些强硬的军团士兵也不禁感到些许怜悯。他说，相比之下，叛乱分子看到同胞的苦难，仍旧完全不为所动，虽然他们知道自己吃完私下供应的食物后也不得不挨饿。他们对即将降临到城市和自己身上的恐怖遭遇一无所知。

尽管已经很糟糕了，但这座大城市的苦难每天仍在加深。长期以来，小麦的价格已经涨到了天文数字，在木墙被建成之后，晚上他们也不可能爬出来采集草根。人们沦落到如此痛苦的境地，以至于为了能找到吃的东西竟然会搜寻下水道，过滤牛粪，找到什么就吃什么。曾经使他们反感的东西此时成了他们的正常饮食。

当反叛者自己缺乏食物时，他们会变得更加野蛮。整个城市堆满腐烂的尸体，每天越堆越高，散发出令人作呕的恶臭，挡住了出去战斗的道路。然而，尽管他们不得不像穿过战场一样，踏着尸体而过，他们却无动于衷。他们似乎都没有意识到，这样恶劣地侮辱死者是多么不祥的先兆，他们就这样双手沾满同胞的鲜血就又冲出去与外邦人作战。好像"他们在责怪万能的主对他们姗姗来迟的惩罚"，约瑟夫斯评论道。[10] 在他看来，他们继续战斗并不是因为他们仍然希望赢得胜利，而是因为他们害怕在不可避免的失败之后将会发生的事情。他拒绝承认，奋锐党人之所以继续斗争，是因为他们相信以色列的上帝站在他们那一边。

与此同时，罗马人在三周内完成了新的围攻堤道，将城墙外的郊区变成了只剩下焦黑的火坑和树桩的荒地。昔日交织着林地与怡人花园的景观因为砍伐而变成了荒漠。《犹太战争》说，即使是一个曾见过耶路撒冷迷人郊区的外国人，也会因此落泪。[11] 最重要的是，那堵可怕的木墙把这座城市与外界隔绝开来，它已经在劫难逃。

新的围城工事竣工之时是一个恐怖的时刻，对罗马人和犹太人来说都是如此。守军非常清楚，如果他们不能摧毁这些工事，耶路撒冷就会沦陷；而围攻者同样意识到，如果堤道像以前一样被火烧掉，他们将失去占领这个地方的所有机会。他们的木材已经用光了；在冬季之前已经不可能取得更多的供应。罗马军队不仅疲惫不堪，还因犹太人的凶残抵抗而备受挫折。由于守军似乎决不认输，关于城市内可怕苦难的谣言效果大打折扣。军团士兵们清楚地记得犹太人如何毁掉他们之前的堤道，又是如何站出来攻击他们的攻城器械，以及如何发动如此致命而有效的突袭。

最重要的是，罗马人被奋锐党人的非凡勇气吓倒了，逃亡、饥荒甚至最强的猛攻都无法动摇他们。面对灾难，他们的智慧和恢复能力同样使罗马人战栗；在每一次逆转之后，他们的战斗都比以往更加激烈。然而，从长远来看，这种沮丧情绪对军团士兵有好处，因为这使他们监视时更加警觉敌人的袭击，并且驱使他们尽可能地加强堤道上的防御工事。

约瑟夫斯有力地表明,在这些焦虑的日子里,当围困的结果仍然悬而未决时,罗马军营中充满了狂热的氛围。尽管他没有提及,但有一段时间,他肯定感到军团士兵对他的威胁越来越严重,他们仍相信这个无处不在、花言巧语的犹太叛徒只能是奋锐党人的间谍。

吉萨拉的约翰和其追随者驻扎在安东尼堡,操纵着它的防御工事,为新的防线做好了准备,以备旧墙倒塌。但与此同时,他们打算竭尽全力阻止它倒塌。在7月1日的夜晚——"塔模斯月的新月之日"——一群奋锐党人拿着火把,袭击了罗马的围城工事,希望在那些可怕的破城锤开始击打城墙之前就摧毁它们。

但是,他们没有协调好这次袭击,所以奋锐党人在没有正确命令的情况下,每隔一段时间毫无秩序地往前冲。他们表现得"犹豫不决,畏首畏尾,一点都不像犹太人"。约瑟夫斯评论道。他补充说这次他们似乎缺乏他们民族惯有的战斗气势:勇敢、冒险、团结一致,就算被打退,也只会一步一步地后退。[12]

罗马人已经处于戒备状态并准备好迎接袭击,他们并未被奋锐党疯狂的英勇行为所吓倒。战场上有一些非常优秀的基层军官指挥作战,为了保护攻城器械,他们以冷静的决心战斗着。短兵相接时,盔甲和利剑给他们带来巨大的优势,同时重型投射武器不像以前那样大规模向犹太人射击,而是集中攻击前排,造成的死伤放慢了后面人的攻击速度。奋锐党的这次袭击失去了势头,因为有些人在面对一排排纪律严明、装备精良的军团队伍时畏缩不前,而另一些人稍微被标枪划伤就一路狂奔。人们互相指责彼此的怯懦,低落的士气变成了恐慌。袭击计划解体,袭击者跑回到旧墙的后面。

大概在黎明时分，奋锐党人大势已去，罗马人就搬来他们的攻城塔，这成了石头、标枪、火把和犹太人可投掷的其他任何物品的攻击目标。尽管守军对他们的城墙仍旧充满信心，因为它由巨大、精心切割、仔细榫接的大理石块砌成，但他们仍然害怕塔内巨大的破城锤。这对军团士兵来说是一个鼓励，他们开始怀疑守军知道自己的城墙毕竟并非坚不可摧。安东尼堡一整天都承受着最猛烈的撞击，同时有许多围攻者被不间断的投射武器杀死，尤其被砸在身上的岩石给打死。

一群士兵组成了龟甲阵，把盾牌举过头顶，互相拼接，同时试图用镐子和撬棍甚至徒手移开砖石。经过超越常人的努力，他们成功地挪出了四块石头，但墙壁仍屹立不倒。夜幕降临时，沮丧的罗马人取消了攻击，第二天再开始。

然而，在用隧道阻止围城者的一个攻城堤道时，约翰的手下无意中破坏了墙壁的一段地基，而这段地基又因为大雨进一步受损。夜间，一段城墙毫无预兆地倒塌了。约瑟夫斯一贯对参战者的心理很感兴趣，但双方对这种情况意料之外的反应都使他大为震惊。奋锐党人毫不畏惧，因为安东尼堡仍旧挺立，而军团士兵们原本为这个天降的好运而高兴，但这种情绪很快便消失了，因为他们看到在旧墙后面又建起一堵新墙，并堵住了破口。即使它的结构东倒西歪，从旧墙的残骸往上爬也更容易，但冲在最前面的人几乎肯定必死无疑。

双方都知道这是围攻的关键时刻。如果安东尼堡陷落，那么耶路撒冷就会沦陷。然而，如果罗马人失败，他们将不得不收拾行装回家。在发动任何重大攻击之前，提图斯都一定会就奋锐党人的士气向约瑟夫斯咨询。和所有情报官员一样,前犹太将军的工作是查明敌人在想什么,而他的报告却让人感到非常沮丧:他们已经准备好要决一死战。

可以预见的是,《犹太战争》中包含了提图斯的一篇演讲,其内容就像是来自李维的作品。毫无疑问,哪怕提图斯什么都没说,约瑟夫斯也会制造这样一场讲话的。尽管如此,把这个演讲用最简单的语言来表达,其内容也是可信的——这是指挥官在对一个非常强大的对手采取行动之前可能对他的手下所说的话。

士兵们,鼓励人们去干没有任何危险的事纯粹是对他们的一种侮辱,同时也是鼓励懦弱的证明。在我看来,只有危险的事才需要激励,别的事不需要这些就可以做。因此,此时此刻我要告诉你们,攀登这座城墙是件艰难的事。另一方面,我想提醒你们,任何想成名的人总是要与困难做斗争,像英雄般死去是一件光荣的事情,而第一个有胆闯进去的人将会获得丰厚的奖赏。

首先,犹太人在危难中所表现出来的坚忍不拔对有些人来说是种威慑,但对你们来说是一种鼓舞。作为罗马人,作为我的士兵,在和平年代就接受训练,在战争中习惯了胜利,在掌握了主导权,得到上天帮助,即将胜利之际,却在犹太人的勇气面前相形见绌,难道你们不会为自己感到羞耻吗?我们的后退只是犹太人的亡命战斗造成的,他们发现做每件事情都比我们困难得多,因为我们有战斗的技巧和神的支持。当我们还没有用破城锤的时候,他们就遭受内讧、饥饿、围城和城墙倒塌的惩罚,这难道不是神灵对他们发出的愤怒和对我们的帮助吗?

因此被比我们差的人打败,从而辜负诸神对我们的帮助,我们不允许这种事情发生。这将会成为无法磨灭的耻辱。对犹太人来说,失败了也无所谓,因为他们知道什么是奴隶生活,他们攻击我们,只是为了证明他们的勇气而不是希望胜利。而你们是几乎所有土地和大海的主人,是不达胜利就不愿抬头的军人。哪怕是一次小小的冒险你们就可以赢得辉煌的胜利!如果你们永远不敢和敌人正面交锋,只是等待饥饿和霉运去摧毁你们的敌人,而你们却手执一流武器闲坐在那里,那么这对你们将是巨大的耻辱!一旦登上安东尼堡,圣城就是我们的囊中之物了,因为即使城内还有战事——我并不期待有,我们仍将稳坐城头,瓮中捉鳖。那将意味着干脆利索、完全彻底的胜利。

此时,我绝非是要歌颂战争的美好,也无意高歌那些战死者的不朽。而对那些不是这样想的人,那些想病死在自己床上的人,我希望他们活在自己的坟墓里。因为每个勇敢的士兵都知道,在战场上被刺死的灵魂都会脱离肉体,受到彼岸同样的灵魂和最纯正的元素以太的欢迎,与星辰同辉,被后世尊为最友好的灵魂和最亲切的英雄。而那些在病态的躯体里日渐逝去的灵魂,哪怕是没有受到任何污染,也只能是消失于黑暗的地底,和生命、肉体一起被遗忘,一下全部消失。如果每个人都注定一死,而利剑又是比任何疾病都要仁慈的死神,那么我们不为国家而亡却屈服于命运,将是多么令人不齿啊!

我这样说好像所有要去尝试的人都不可能活下来似的,

其实如果足够勇敢，还是有可能在最危险的情况下幸存的。从倒塌的地方登上被破坏的城墙并不难，而新墙是被快速堆起来的，要想推倒它也并不难。你们越多人找到你们所需的勇气，你们就越容易彼此鼓励和支持，这样你们的冲劲很快就能打败犹太人。一旦你们迈出了第一步，极有可能取得一个不流血的胜利。毫无疑问，当你们攀登的时候，他们会试图阻止你们，但是如果你们能让自己的行动不被发现，他们就没办法组织一场战斗，所以一小撮人就能攻其不备。至于那些冲在最前面的人，如果我的奖赏不让他们令人羡慕，我应该感到羞愧。最后，那些幸存者将立即被提拔，而那些战亡者将受到无比的厚葬。[13]

约瑟夫斯评论说，这番振奋人心、关于不朽的讲话并没有使部队安心，他们被眼前的危险吓倒了。即使他们的指挥官也公开表示，奋锐党人是高超的战士，或多或少承认了他们在某些方面比军团士兵更优越。他的部队已经从痛苦的经历中认识到了这一点。

第一个回应他的是一个皮肤黝黑、体形瘦小的士兵，叫撒比奴，是个叙利亚人，看起来完全不适合当兵，但是"过于孱弱的身躯中有一个英雄的灵魂"。约瑟夫斯告诉我们。[14] "我为你的意愿而欢呼，恺撒，"他大声说，"我愿做第一个攀登城墙的人。我相信你的好运会增强我的力量和决心，但是如果我的努力遭遇了阻碍，我保证也准备好了迎接失败，并且愿意为你而战死。"[15] 说完，他左手执盾并高举过头，右手执剑向城墙走去。11个人紧随其后。那时约是正午。犹太人立即朝他扔石头和标枪，但是撒比奴一直向前推进，一直爬到城墙顶端。

他的敌人错误地以为他后面有大量的部队，于是失去了勇气，纷纷窜逃。然而，他被一块大石头绊了一跤，脸朝下重重地摔在地上，这时犹太人便转过来攻击他。他单腿跪立，用盾牌保护自己，并且还击，打伤了好几个人，但是没过多久，他就多处受伤，最后被标枪投死，"身上插满了标枪"。他的同伴中有三个被石头砸死，余下的八个也因为身负重伤被拖回了安全的地方。约瑟夫斯评论说："这么勇敢的人应该有更好的命运，但是他的英勇牺牲就是这样做应有的结局。"[16]

过了两天，罗马人才再次尝试。20名守卫攻城器械的军团士兵邀请第五军团的掌旗手同他们一起，再次尝试占领新城墙。7月5日凌晨两点左右，两名骑兵和一名号兵也加入了进来，他们爬过废墟的墙壁，然后爬上安东尼堡。发现哨兵睡着了，便用小刀杀掉他们并控制了新的城墙，之后他们命令号兵发出警报。附近的其他守卫往前冲锋，以为这是全面的袭击。听到号声，提图斯迅速做出反应，与他的高级军官和卫队一起冲进安东尼堡，并尽可能快地带上其他部队，有些人通过约翰令人挖掘但不幸塌陷了的隧道进入堡垒。安东尼堡的守军逃往圣殿。

尽管奋锐党人英勇无畏，但是缺乏纪律是他们的致命弱点。他们没有适当的指挥结构，无法更快地做出反应，以赶走从安东尼堡来的军团士兵。此时已经太晚了。然而，当罗马人试图冲进圣殿时，他们冲上前去迎战，进行肉搏战。距离如此之近，双方都只能用剑战斗。连约瑟夫斯也不得不承认奋锐党人表现出色，迫使军团士兵回到了安东尼堡。圣殿入口的破口巨大，已经到了无路可退的地步。双方阵前的人不是杀死对方就是被对方杀死，身后的人把他们往前推,他们踩着尸体战斗,武器交锋的声音和嘶喊声振聋发聩。战斗持续了12个小时,从凌晨两点到次日下午一点。军团士兵们无法在这样狭窄的空间里利用他们更优良的武器,最后奋锐党人的怒气胜过了对手的纪律。整条罗马战线让步了,军团士兵们撤退了。但他们还占领着安东尼堡。

然而,片刻之间便发生了一段荷马式的插曲,奋锐党人几乎被再次击退。当罗马战线崩溃时,有一位来自比提尼亚的希腊百夫长,名叫尤利安,他原本一直站在安东尼堡内提图斯的身边,试图单独冲锋陷阵以改变战局。他冲到敌人中间,砍倒了一个又一个犹太人,直到其余的敌人开始逃离这位可怕的剑士,提图斯大为高兴。然后,他的滚钉靴使他在大理石路面上滑倒了,他背朝下大声地摔倒在地上。奋锐党人为之一振,又重整了旗鼓。他们把瘫在地上的尤利安团团围住,用长矛和剑从四面八方向他攻击。他没有成功地站起来,只能用盾牌挡住了许多攻击,在头盔和胸甲的保护下,甚至还成功地用剑刺伤了几个敌人。但是敌人攻击了他的胳膊和腿部,很快杀死了他。失去了这样一位忠于职守的英勇军官,提图斯心烦意乱。

"此人出身高贵,是我在战役期间认识的真正出色的士兵之一,他以对战争的认识、体力和他永不妥协的勇气而闻名。"这是约瑟夫斯的颂词。显然,他不仅是尤利安的朋友,还肯定看到其英雄般的死亡,就像他看到撒比奴死时一样,他也许正站在提图斯的旁边或是从木制城墙某个塔楼中有利的位置,看着这一切。[17]

20

圣殿之殇

> 他必兴兵,这兵必亵渎圣地,就是保障。除掉常献的燔祭,设立那行毁坏可憎的。
>
> ——《但以理书》(11:31)

7月17日,在安东尼堡失守10天后,圣殿的每日献祭被中断,奋锐党人仍不泄气。尽管饥荒蔓延,他们仍有着了不起的自制,所以有足够的牛羊可以献祭,但是没有足够多向约翰效忠的祭司可以来主持献祭。自从犹太人从巴比伦被掳回归以来,每天早晚的献祭已经进行了数百年。许多没有效忠奋锐党的人一定认为,献祭的中断证明上帝已经放弃了以色列。

提图斯试图利用这种悲观的情绪,让约瑟夫斯对着吉萨拉的约翰大声喊叫一则消息。如果约翰为了杀戮而继续战斗,那他为什么不带着手下出来,与罗马人公开解决他们的争端,而不是让城市和圣所陷入危险之中呢?无论发生什么事,他必须停止污染圣地和侮辱上帝。而且,他有足够的祭司可以恢复献祭吗?但是奋锐党人的防守非常稳固,约瑟夫斯的诉求没有产生效果。[1]

将提图斯的信息送到之后,约瑟夫斯又发表了一段讲话。他用希伯来语而非亚兰语演讲,认为这会给人留下更深刻的印象。

演讲旨在强调约翰和其余温和派之间的差异。他请求耶路撒冷的人民拯救他们的城市,阻止火焰烧进圣殿,恢复献祭。"他的话在人们中间引发了巨大的悲伤和沉默。"不出所料,被约瑟夫斯称为"暴君"的吉萨拉的约翰大发雷霆,诅咒他,并大喊说圣城永不会沦陷,因为它属于上帝。

"你们代表神,把它保持得多圣洁啊!圣殿都还没有被玷污啊!"约瑟夫斯大声回答这位奋锐党领袖。

没人会控告你对神不虔诚,对吧?你还期待他会帮助你呢。当然,他仍然依照惯例会得到祭品!不管是谁抢走了你们每天赖以生存的食物,你们这些人不都是把他当敌人吗?难道你们这些拒绝对上帝持续祭拜的人,还认为自己能够依赖上帝在战争中成为盟友吗?难道你们要把自己的罪过归咎于自始至终尊重你们的律法、现如今又催促你们恢复被中断的上帝祭品的罗马人吗?看到圣城这样骇人听闻的变化,当外邦人以及敌人要为你们做出的亵渎神灵的举动赎罪,而你,一个在律法中长大的犹太人,却造成比外邦人更大的破坏时,有谁不会痛苦地呻吟呢?

思考一下,约翰!即使在最后一刻与邪恶分道扬镳也不是不光彩的事情。如果想拯救出生之地,犹太国王约雅斤就是一个绝好的范例。当巴比伦国王向他宣战时,他宁愿举家投降也不愿亲眼看见圣城被毁,上帝的居所灰飞烟灭——就是为此,在神圣的历史记载中他被犹太人广为赞颂并代代相传。他永远活在人们的记忆中,永垂不朽。约翰,这是一个极好的范例,即使有点危险。但是我可以保证罗马人会赦免你的。记住这是来自一个同胞的劝言,来自一个犹太人的承诺。想一想谁在给你劝告、他来自哪里,这样做可能才是明智的。我相信,在我有生之年我永远不会变成一个卑微可怜的奴隶,否认我的同胞或是忘记先祖的律法。

然后约瑟夫斯重新扮演起了先知角色:

你再一次对我大发雷霆了吗,约翰,所以你才这样狠狠地诅咒我?我顶受着命运的阻力来劝说你,冒着生命危险来救赎被上帝诅咒的人本应得到更糟糕的报应。这里的每个人都知道,古代先知写下的关于这个城市不幸的预言如今快要变成现实了。他们预言了圣城陷落的日期——就是当某个人开始杀戮其同胞的那天。圣城和圣殿内部难道不是堆满了你同胞的尸体吗?所以,是上帝,是上帝自己让罗马人带着火来清洗圣殿,是他在彻底清除这个满是腐朽的圣城,直到它看起来像从未存在过一样![2]

约瑟夫斯说,尽管他在嘲笑约翰,但他一直在演讲过程中呻吟和哭泣,而罗马人充满了怜悯,即使他们只能猜测他在说什么。相反,约翰和他的朋友们却愤怒地站在旁边。

他的话对其余的许多富豪及其家庭都产生了深远的影响,他们幸存下来的数量远超过人们的预期,人们原本以为不会有太多人在他描述的这样骇人听闻的大屠杀中幸存下来。虽然大多数人都相信他们和这个城市已注定失败,但是他们都因为害怕警卫而不敢逃跑。但是,有些人以身犯险。设法逃往罗马人营地的人中有大祭司约瑟夫和杰苏斯,还有几名男子,他们的父亲也曾做过大祭司。这些人中有三人是在古利奈被斩首的以实玛利的儿子,有四人是马提亚的儿子,另一人是被西门·巴尔·吉奥拉谋杀的马提亚的儿子,不知何故,他躲过了他弟兄们相同的命运。还有其他的犹太贵族与他们一起。

我们从《犹太战争》得知,提图斯特别欢迎他们。提图斯意识到如果他们不得不入乡随俗与罗马人生活在一起,应该会觉得不洁净,他便将他们全部送到哥夫拿,可以在那里按照犹太人的习俗生活,还叫他们在那里一直待到战争结束,并承诺归还他们的财产。有了不可或缺的约瑟夫斯在他身边,他能够确认他们是曾经与罗马合作的旧有的上层阶级成员,到战争结束后,他们的合作对于重建犹太地来说可能非常宝贵,而且也确保了它作为税收来源的繁荣。

当这些知名人物从耶路撒冷消失后,那些担心其他人也可能逃跑的守军散布谣言,说他们遭到了罗马人的屠杀。作为回应,提图斯从哥夫拿带回这些流亡者,并让约瑟夫斯带着他们沿城墙绕行,约瑟夫斯肯定告诉过他们要如何行事。他们在城墙下围成几个可怜的小堆,不断哭泣,恳求奋锐党人让罗马人进入城市并拯救他们的出生地,或者至少撤离圣殿拯救圣所。同时他们向每个人保证,围攻者最不想朝它开火。示威激怒了城墙上的守军,他们咒骂和侮辱这些弃城者,并在他们身上练习蝎弩和投石机。

奋锐党人将重型投射武器装在圣殿大门的上方,因为所有的尸体都散落在那里,看起来像个拥挤的太平间,而圣所里却装满全副武装的人,看起来像一个镀金的掩体。传统的犹太人因为圣所里侵入了从宗教仪式上来说不洁的士兵而感到震惊,这些士兵中有许多人沾满鲜血，不少人曾毫无罪恶感地杀过人。即使是罗马人也对这种亵渎感到震惊。

据约瑟夫斯称，提图斯本人惊恐万分。"你们这帮令人厌恶的人啊！难道你们搭建栏杆不是为了保护圣所吗？"他对约翰和他的追随者大喊，由约瑟夫斯帮他翻译。

> 难道你们不是沿着栏杆每隔一段就放有一块石板，用希腊文和拉丁文刻着禁止任何人越过栏杆一步吗？难道我们没有允许你们处死任何一个越过栏杆的人？可是为什么你们这些罪人在里面践踏死尸呢？你们为什么要用外国人以及本土人的鲜血来玷污你们的圣所呢？我呼求我先祖们的诸神，呼求古时曾守护这里的任何神灵——虽然我不相信他们现在还在守护——我自己的大军，我方营地里的犹太人，还有你们自己来证明，并非我强迫你们亵渎圣殿。如果你们要换战场，罗马人就不会靠近这些圣地，也不会侮辱它们。不管你们愿意与否，我都会拯救圣所。[3]

《犹太战争》告诉我们，奋锐党人对此不屑一顾。他们怀着永远不会被打败的错觉，打心眼里相信罗马将军是出于怯懦才说这一番话，那是因为他意识到自己永远也无法攻陷耶路撒冷。

提图斯始终知道他们不会听得进道理，所以与此同时，为了在尽可能广阔的前方攻击圣殿，他下令把安东尼堡夷为平地。虽然塔楼建造得非常牢固，但他的部队只用了一个星期就将之铲平了。该地区刚被夷为平地，他就命令这四个军团各自再建造一条围攻堤道。对于罗马人来说不幸的是，圣殿的城墙是耶路撒冷最厚的，其内部的前院由自身的巨大城墙所保护，筑起层层壁垒，"由于里面的空间有限"，不可能动用整个大军。[4] 提图斯的解决方案是从每个百人队中挑选30名精兵，每1000人由一个护民官带领，组成一支强攻部队。这支精锐部队的指挥官是第五军团的使者塞克斯图斯·凯列阿里斯，他早已因为冷酷和高效而名声在外。

虽然堤道还没有准备好，但提图斯已经下令在日出前一小时开始攻击圣殿的前哨。他必须克制自己不冲到前线去领导作战。

提图斯自己也整装待发，打算一同参加战斗，但是他的朋友拦住了他，因为太危险。将军们坚持认为"他若静坐安东尼堡，对士兵行动进行统筹调控要比他在前线参加战斗更有用处。士兵如果知道他在观战就会更加卖力"。提图斯犹豫地同意了他们的建议，并解释说"他在后面观战的唯一目的是观察他们的英勇事迹、目睹一切行为，他既善于褒扬也善于批评，这样所有的勇士都会受到嘉奖，所有的懦夫都会受到惩罚，即所有的人不会因为没被看到而得不到应有的对待"。[5]

这听起来好像是提比略·亚历山大是坚持要求提图斯必须谨慎的将军之一。而且约瑟夫斯似乎就在他身边——大概是他的谋士，那时，他正在微型油灯的昏暗灯光下，在他宽阔的皮革帐篷里穿戴他的盔甲。

在这件事上，提图斯很幸运地决定留在安东尼堡。否则，他便会做出无谓的冒险。当军团士兵到达敌人的哨岗时，奋锐党的哨兵远没有像人们所期待的那样在睡觉，他们立即敲响了警钟，于是更多的犹太人一窝蜂地跑来帮助他们。在黑暗中，混乱和喧器淹没了一切，一些罗马人开始自己打起来了。然而，他们是精锐的部队，训练有素并且经验丰富，很快就恢复了理智，将盾牌锁定在一起并以小分队为单位发起进攻。虽然奋锐党人并不像对手那样有纪律，他们也并没有因此而后退半步，他们的"暴君"约翰或以威胁或以鼓励敦促着他们。罗马人的指挥官在安东尼堡声援他们。战斗一直在激化，双方从拂晓酣战到正午，提图斯最终取消了攻击，双方都没有占领对方的领地。

约瑟夫斯告诉我们，很多罗马人战功显赫，但守军也同样表现突出。"（本次交战中）犹太人中的英雄有：西门的追随者马里奥特斯的儿子犹大、何西亚的儿子西门；以土买人雅各和阿卡特拉斯的儿子西门；吉弗萨乌斯、亚历克萨和另一个奋锐党人西门·本·阿里。"他的意思是这个西门·本·阿里是以利亚撒的手下，因为哪怕他很不喜欢奋锐党，他也不愿意把这个名字用在其他人身上，对于其他人他只称为"强盗"——不是像现在这样，称他们为"英雄"。*[6]

与此同时，没有参加强攻的军团士兵几乎完成了新的攻城堤道。其中一道对着圣殿内院的西北角，第二道对着两扇外门之间的一个地点，第三道对着外院西侧的柱廊，第四道对着北端的柱廊。在犹太地夏日的阳光下建造这些新的突击平台意味着要用尽全部部队的所有力气，因为这些建筑需要大量的木材，必须到至少 12 英里以外的地方搬运。当他们松开坐骑任其吃草的时候，犹太人会偷走他们的马匹，这给他们造成了不少麻烦，直到提图斯

---

* 虽然作者将圣殿中三个派系都称为奋锐党，但约瑟夫斯只称呼以利亚撒的手下为奋锐党。

处决了一个丢失坐骑的人，他们才更谨慎。

在这次流产的袭击发生后第二天，饥饿但仍不屈不挠的奋锐党人又发起了一次猛烈的进攻。他们希望在白天军人们吃饭和放松警惕的时候袭击橄榄山上的罗马前哨，想要击破木墙。然而，瞭望台看到他们来了，增援部队从其他营地赶来。另一场野蛮的肉搏战开始了，直到犹太人被击退到山脚下的峡谷中。

军团中有一个名叫佩达尼乌斯的骑兵，是犹太人赶走的一个骑兵中队成员之一，表现出非凡的壮举。他从侧翼向后奔进犹太人中间，从马鞍上弯下腰来，抓住了一个正撤退的奋锐党人，是一个身着盔甲的大个子青年，把他像个包裹一样背回来，扔在提图斯的脚下。在为佩达尼乌斯的力量热烈欢呼之后，指挥官命令立即处死囚犯，大概是钉死在了十字架上。然后他告诉部队继续完成堤道。

意识到对方随时都会发动另一次攻击，而且是全面攻击，奋锐党人做好了充分准备，烧毁了连接圣殿到安东尼堡的西北柱廊，并拆毁了约30英尺长的一段。这样，犹太人开始了对以色列圣地的摧毁。两天后，毗邻的柱廊被罗马人点燃，当火焰又烧毁了20英尺距离时，守军为了破坏与安东尼堡剩余的一切连接而拆除了屋顶。约瑟夫斯悲伤地看到，尽管他们有机会阻止敌人放火，但是"当火焰逼近时，他们甚至没有抬一抬手指头，以火的前进对其是否有利为准"。[7]他们能想到的只剩下最后一道防线。虽然这一切都在进行，但圣殿前面还发生了一些小规模的交火，奋锐党人的小团体与罗马人不懈地野蛮对抗着。约瑟夫斯还记录了另外一件典型的围城事件，这肯定是他亲眼所见。

"有一个名叫约拿单的犹太人，他个子不高，其貌不扬，出身和成就也微不足道。"此时他走到大祭司约翰的墓对面，不停地鄙视和辱骂罗马人，并挑衅敌方最强壮的士兵。尽管他其貌不扬，但一时间惊讶于他一心求死，罗马队伍中竟没有一人出列，于是他继续嘲笑军团士兵。最后，一个叫普登斯的骑兵跑了出来，却被这个小小的犹太人给砍倒了，让所有人大吃一惊。解决了他之后，约拿单站在普登斯尸体上，挥舞着滴血的刺刀，大声咒骂罗马人，"疯狂地跳上蹿下，手舞足蹈"。百夫长普利斯库斯扔出一支标枪刺穿了他。[8]

奋锐党人从未停止过利用对手对地形的无知诱捕他们。几天后，7月27日他们在支撑西部柱廊的托梁到托梁下的天花板间的缝隙装满松木、沥青和树脂，然后装模作样地撤退，仿佛他们已经失去了捍卫它的希望。一些军团士兵紧随其后，并带着梯子爬上柱廊去追，虽然稍有理智的人都对此表示怀疑，待在原地未动。罗马人一挤到上面，犹太人立马就把它点燃，整个柱廊瞬间被大火吞噬。许多人被烧死，或者在跳下后被敌人砍杀，或者在落地时摔死，或被自己的武器误伤。《犹太战争》说军团士兵为此非常沮丧，这一点可以相信。

约瑟夫斯一如既往冷嘲热讽，有个叫阿托利斯的人在被火焰阻隔后用诡计成功地拯救了自己，这把约瑟夫斯给逗乐了。阿托利斯朝与自己共用一个帐篷的战友喊道："卢修斯，如果你走近点接住我，我就把所有的东西都给你！"卢修斯急切地接住阿托利斯，让他活了下来，但卢修斯自己被朋友的沉重躯体给砸死了，在石头路面上撞得粉身碎骨。[9]

此时，西边的柱廊已被烧毁，直燃到吉萨拉的约翰为防御西蒙·巴尔·吉奥拉所建造的防御塔，它在竞技中心对面的大门顶上，其余的部分则被犹太人拆毁。第二天，罗马人向北开放了北部的整个柱廊，一直延伸到它与东部柱廊会合的角落，那里俯视着汲沦谷，与谷底之间隔着一道让人不寒而栗的悬崖。这个场景是为了整个圣殿的毁灭而设置的。与此同时，耶路撒冷内部的遭遇更加可怕。《犹太战争》告诉我们，不计其数的人正死于饥荒，即使是强盗也不能幸免。"暴徒们饿得像疯狗一般张着嘴，跌跌撞撞，好像喝醉了似的，捶打着大门，在这种茫然的状态下一小时之内两三次闯进同一所房子，"约瑟夫斯说，"他们饿得太厉害了，什么都吃，甚至连不能说话、最肮脏的动物瞧也不瞧的东西他们都捡起来咽下去。后来，他们甚至吞咽皮带、鞋子，把皮革从盾牌里抽出来咀嚼掉。"[10]

然后约瑟夫斯给我们讲了他所有残忍故事中最令人震惊的一个。有一位富有且出身尊贵的女人名叫玛利亚，是以利亚撒的女儿，从约旦河另一边的比利亚逃到耶路撒冷避难。她看起来属于约瑟夫斯那个阶层，这是他觉得她的故事如此令人震惊的另一个原因。正是这个引起了他们的敌意，两个"暴君"——西门和约翰——不仅抢走了她带来的所有财产，他们的护卫队还窃取了她能找到的任何食物，尽管她尖叫着诅咒他们，他们都懒得杀掉她。

最后，"饥饿感侵入了她的肠子和骨髓"，让她陷入了疯狂。她杀死了还在怀中吃奶的孩子，把尸体烤熟，吃掉了其中的一半。一些部队被烹饪的气味吸引，冲进她的房子，她便把没吃完的孩子给他们看。"这是我自己的孩子，事情也是我做的，"她告诉他们，"你们慢用，我已经吃了我的那一份。你们男人不要比一个女人还挑剔，不要比一个母亲还心软。如果你们拘泥于教条，不接受我做出的牺牲，那就把剩下的也留给我。"这些人实在受不了，跑开了，留下玛利亚一个人继续用餐。这个故事传遍了全城，所有人都浑身颤抖，仿佛自己犯了这个罪一样。挨饿的人们唯一的愿望就是死亡，他们多么羡慕在看到或听到这则骇人听闻的事情之前死去的人们啊！[11]

逃兵或者约瑟夫斯的间谍把这个可怕的事件传到了罗马人那里，结果是他们大多数人比以往更憎恨犹太人。提图斯在众神面前发誓说这与他无关。他还宣布要将母亲吃掉自己孩子的罪恶埋葬在犹太地的废墟之下，他不会让一座迫使母亲靠这样的方式求活的城市留在世上。

而这正是提图斯·恺撒和他的手下将要做的事。

奋锐党人清楚地意识到罗马人占领了安东尼堡就握住了耶路撒冷的钥匙，但他们从未想过投降。没有什么可以动摇他们的勇气，尽管他们已经不再献祭。他们仍然占领着圣殿，这本身就是一座城堡。如果圣城陷落，那么这将是上帝的意愿，他们也准备随之倒下。无论发生什么事，他们都不会屈服于异教徒罗马人。

8月8日，两个突击平台已经完工，在同一天，提图斯下令在圣殿外院的西侧启动新的破城锤。之前一周，最大的攻城塔内的破城锤一直在尽力地粉碎那里的墙壁，但没有任何效果，当替换它的破城锤投入使用时，他们也发现它们没有什么作用——石头太大，砌得太整齐了。有些部队试图破坏北大门的地基，虽然费尽力气地撬出了前面的一两块石头，但大门仍然牢牢地立在里面的石头上。然后，罗马人决定不再使用破城锤和撬棍，寄希望于使用云梯。

奋锐党人并没有试图阻止他们安放这些梯子，但是一旦有军团士兵想往上爬，他们便发动猛烈的攻击。有些人被抖落并摔到地上，许多人在下梯之后还没来得及用盾牌保护自己就被砍倒。几个满载着重装士兵的梯子被杆子掀翻，使得攀爬的人栽倒在地，尽管犹太人自己也遭受了惨重的伤亡，但他们仍然无所畏惧。罗马人试图将鹰徽带上梯子，相信任何军团士兵都宁死也不愿遭受失去鹰徽的耻辱，但事与愿违，这些鹰徽都被守军夺走，他们成功地杀死了所有试图爬上墙壁的人。围攻者灰心丧志，放弃了攻击。尽管几乎每一个死去的罗马士兵都带走了一个敌人，但奋锐党人的战斗更加有效，他们的勇士之一就是西门·巴尔·吉奥拉的侄子以利亚撒。因为没有任何进展，提图斯怒火中烧，便命令手下把木头堆在圣殿的大门前，然后点燃。

一些重要的逃兵继续叛逃到罗马人一边。其中之一是西门的侍卫——臭名昭著的杀人犯亚玛奴的亚那，还有亚基老·本·马加大图斯。他们选择了犹太人还占上风的时刻叛逃，希望能得到罗马人的赦免，但是提图斯很想杀死这两人，因为他听说他们在耶路撒冷的行径一向残忍。他告诉这两个人，他们为了保命而非信服才弃城的。"这种先是焚烧自己的圣城又要摆脱干系的人不值得怜悯。"他评论道。但是，他既然已经承诺过，便放走了这两人，但是他们并没有得到和其他难民一样的优待。[12]

大火迅速吞噬了圣殿入口，熔化了银饰，点燃了大门，很快就烧到了里面的走廊。这对刚刚经历了胜利的犹太人来说是一个可怕的冲击，他们惊恐地看着火焰和烟雾沿着通道蔓延。整个白天和当天晚上，大火都在燃烧，但它只摧毁了部分走廊。剩下的很快就被守军重新占领。

第二天，即8月9日早上，提图斯向部队详细说明如何熄灭火焰，清理殿门前的地面，以准备发起总攻，然后他与将军们召开了一场战争会议。其中，约瑟夫斯列出的参加会议的人有副指挥提比略·亚历山大和第五军团、第十军团、第十五军团指挥官塞克斯图斯·凯列阿里斯、拉修斯·雷必达和提图斯·弗雷吉犹斯；来自亚历山大的两个军团指挥官亚特尼乌斯·弗朗托；犹太地的新总督马库斯·安东尼·尤利安。所有的护民官都参加了会议——他们的军衔仅次于军团指挥官或使节。

提图斯提出的主要问题是他们应该如何应对圣所。一些军官想要根据战争规则摧毁圣地，他们争辩说，只要这个集结点还存在，犹太人就永远不会停止反叛。其他人则建议，只要犹太人不再将之用于军事目的，它就应该得到保护；如果他们用于军事目的，那么它就变成了堡垒而不是圣地，就应该被烧毁。提图斯有不同的看法。即使犹太人用它当作据点，军队也应该报复敌人，而不是在物体上泄愤，或者烧毁这样一个宏伟的建筑物。它的毁坏将是整个帝国的损失。提比略·亚历山大、凯列阿里斯和弗朗托这三位最高级官员都同意他的观点。

在会议解散之前，提图斯叫将军们让他们的士兵稍事休息，恢复体力，好让他们准备迎接一个异常艰苦的行动。与此同时，他下令让早些时候组织的千人强攻队准备对圣殿进行最后的攻击。

第二天，犹太人从罗马人放火的冲击中恢复过来后，于早上8点左右在圣殿的东门进行了一次猛烈的袭击，攻击了外院一个大型罗马岗哨。尽管军团士兵们用盾牌组成了一堵墙，并英勇作战，但奋锐党人的冲锋如此凶猛，显然很快就能击溃他们了。提图斯带领卫队赶过来增援，将犹太人赶走。奋锐党人非常缓慢、不情愿地撤退，还不停地转过身来，一次又一次地击退追击者，直到最终被逼回圣殿的内院。

就在8月10日那天，提图斯开始在安东尼堡的旧址集结整支军队，打算调动每个人，从各个方向攻击圣殿，计划在第二天发起大规模袭击。约瑟夫斯郑重其事地记录道，8月10日是几个世纪以前巴比伦国王烧毁圣殿的日子。面对这些来势汹汹的准备和外面集结的强大武装力量，奋锐党人无所畏惧，再次出击。与此同时，与这次袭击毫不相干的是，圣所周围的犹太卫兵和罗马军队的一支小分队之间爆发了战斗，后者在试图灭火时不明就里，在未被察觉的情况下进入了内院。他们打败了守卫，朝圣所跑去。然后最终的灾难发生了。

一位不知名的军团士兵没有接到命令，就在"无形力量的驱使下"，拾起一块从走廊上掉下来的燃烧着的木头。[13]他走进圣所并爬上同伴的后背，把它扔进一个"金色的窗户"，点燃了窗帘，那窗户通向至圣所周围那些装满香柏木的房间。大火燃起来之后，犹太人发出了痛苦的呐喊，在绝望中纷纷冲向火焰。

当时提图斯正在帐篷里休息，有人冲进来告诉他这个消息。他和幕僚们一起冲到圣殿，大喊拯救圣地，大量军团士兵都冲了上去。不幸的是，人潮涌动，淹没了他的声音。他们不仅不帮助犹太人，反而开始攻击他们，还把燃烧的火把扔进迅速蔓延的火焰中。在火焰到达至圣所之前，提图斯走了进去，惊叹于其室内陈设之美，并命令转移这些宝物，比如重达几百磅、放陈设饼的金桌子和七枝烛台。若约瑟夫斯的话可信，他回到圣所外面，竭尽全力拯救这栋建筑，并叫一个百夫长用棍子把军团士兵打退。然而，这些军团士兵兴奋得失去了控制，完全没有留意。一个疯子点着了圣所门上的铰链，很快便将它烧成灰烬。

塔西佗只能听到一个非常混乱的版本，下面是他描述圣地的毁灭给罗马人留下的印象："忽然圣所的门打开了，里面一个人喊道'诸神离开了'。就在这个时候，人们听到了有人离开时巨大的骚动声。"即使不懂犹太宗教的人也意识到，犹太人遭受了一个可怕的灾难。[14]

然而，约瑟夫斯以法利赛人的宿命论观接受了这一损失。至于圣所，在"很久以前，上帝已责令将之付之一炬"。他这样写道。[15]"任何东西都逃不过命运，我们只能这样安慰自己。"[16]即便如此，他还是承认他不仅为损失至圣所，还为损失了整座圣殿而深深地哀悼。"无论从其惊艳的建筑结构、宏大的规模还是从装饰的丰富精美，它都堪称首屈一指，更别说圣地的荣耀了，"他悲伤地补充道，"从居鲁士上位第二年哈该重建第二圣殿起，到在韦帕芗统治下陷落，其间经历了六百三十九年零四十五天。"[17]

他对提图斯的描述近乎偶像崇拜。但若非提图斯的保护，他几乎肯定已被当作奋锐党间谍处死了。此外，后来提图斯还帮助他在罗马开启了辉煌的写作生涯。作为一个知恩图报的犹太人，约瑟夫斯想尽可能以最好的方式展示他的将领风范来回报他。不幸的是，别人经常怀疑他阿谀奉承，几个世纪以来，一些评论家驳斥《犹太战争》中对罗马将军试图拯救至圣所的记录，认为它纯粹是出于献媚。他是否真的像约瑟夫斯断言的那样，试图挽救它？

第一个著名的评论家是基督教历史学家苏尔皮西乌斯·西弗勒斯，他在4世纪后期写作时，坚称是提图斯下令焚烧圣地，以打击犹太教和基督教，这个时代错乱的说法削弱了苏尔皮西乌斯的可信度，虽然5世纪的奥罗修似乎也同意他的说法。自19世纪以来，许多学者仍然接受了苏尔皮西乌斯的说法，理由是他可能有机会接触到塔西佗遗失的《历史》中有关耶路撒冷被围的记录。最近韦帕芗的一个传记作者也对约瑟夫斯的说法表示怀疑。[18]

《塔木德》中还有一段文章坚称提图斯决心要亵渎圣所。它声称罗马统帅进入至圣所，并在一卷未打开的《托拉》卷轴上与一名妓女交媾。然而，这种说法过于粗鄙庸俗、耸人听闻，难以取信。[19]

但是，研究约瑟夫斯最权威的现代史学家之一泰莎·拉雅克不赞同批评者的观点，她认为圣殿在约瑟夫斯的声明中如此重要，即使犯下这种罪行的是提图斯，他也不会原谅。她正确地注意到，焚烧圣所的故事可以考验作者所有作品的真实性；如果我们不能接受他关于至圣所是如何毁灭的说法，那么我们就必须更多地质疑他在《犹太战争》和其他作品中告诉我们的内容。在拉雅克看来，约瑟夫斯的故事是我们现有的最好版本，如果我们不能有理有据地推翻它，就应该接受它。[20]当然，想要保存这个美丽而神秘的圣地并不违背我们所知的提图斯富有想象力且经常——若非总是——慷慨大方的性格。

此外，还有一种理论认为，女王百尼基住在营地，她恳求提图斯拯救圣所。他已经与这位迷人的犹太女士开始了长期的恋情，可能在67年初，当他正准备犹太战争的时候就在多利买第一次见到她了。[21]塔西佗认为，在危险的68年，提图斯未能完成他到罗马的旅程就是因为他想回到诱人的百尼基身边。[22]如果她真的在营地，他会尽可能地挽救至圣所以取悦她。然而，约瑟夫斯并没有提到百尼基在场，尽管我们也可以解释说，他不希望提及任何可能损害他恩主声誉的话。但是，罗马将军在战场上与情妇住在一起，这是闻所未闻的。无论听起来多有趣，现代历史学家都没有接受这个说法。

约瑟夫斯关于焚烧圣所的记录证明了他的信仰,即所发生的一切都是因为这是上帝的旨意。这解释了他在描述至圣所被烧毁时那种奇怪的超脱感。他深信这是神的惩罚,因为在他看来,那些对抗罗马人的人背叛了律法。[23] 即便如此,看到圣殿着火的景象一定使他惊恐万分,他与其他所有犹太人一起承受着这种痛苦。(即使在今天,他们仍在一年一度的禁食日,又名圣殿被毁日,表示哀悼。)但是他确信另一座圣殿会再度兴起,他的人民会在那里恢复古时对神的敬拜。

21

犹太大屠杀

> 许多国的民要经过这城,各人对邻舍说:"耶和华为何向这大城如此行呢?"
>
> ——《耶利米书》(22:8)

以前,先知们为尼尼微和巴比伦城的倾覆而欢欣鼓舞,但现在轮到了耶路撒冷。罗马人无需对圣殿进行全面的攻击。他们无需横扫整个大院,守军的士气就因圣所的命运而备受打击,已经无法组织战斗。所有被抓住的统统死于剑下。没有对老幼的怜悯,没有对贫穷与富裕的差别,无论是自我防卫抗敌的还是哭喊着饶命的,犹太人一旦被捉住便就地处决。喧嚣声、武器的撞击声、战斗的嘶吼声、女人的尖叫声、垂死之人的呻吟声震耳欲聋。即使那些快要饿死的人,都找到力气为至圣所哀哭。喧嚣声伴随着火焰的热气在周围的山峦间回荡。

"但是,比嘈杂声更恐怖的是眼前的景象,"目睹了这一切的约瑟夫斯回忆道,"从上到下被包裹在火焰之中的圣殿山像是从底部沸腾了一般。火海在血的海洋面前算不了什么,杀人的军队在大批被杀者面前也算不了什么。地面上堆满了尸体,找不出任何空地。追逐逃跑者的罗马士兵不得不翻过一座座死人堆。"[1]

最终，圣殿中许多奋锐党人冲破了罗马人的阵营，强行从内院突围到外院，再冲进城市。但是，周围大部分非战斗人员都留在了后面，他们爬上了12英尺宽的外柱廊，其中一些祭司从圣所扯下栏杆向敌人投掷。

军团士兵们觉得既然圣所已被摧毁，也就没有必要保留圣殿的其他建筑了，于是焚毁了许多地方，包括柱廊和大门余下的部分。他们在外柱廊下面点火，顶上是瑟瑟发抖的人们，主要是妇女和儿童，其中许多人为了躲避大火而跳楼身亡。约瑟夫斯说约有6000人以这种方式丧生。他们是在这里避难，因为当天早些时候又有一位所谓的先知告诉他们："上帝命令他们上圣殿，接收如何得到解救的征兆。"[2]

部队在掠夺了圣殿宝库后又将之烧毁。这本是耶路撒冷富裕市民的保险库，里面装有大量的硬币、金银盘子、珠宝、长袍等贵重物品，还有从被谋杀的富豪房屋中偷走的物品。根据《犹太战争》记载，罗马人在城市掠夺的数量如此之大，这些物品被出售后，整个叙利亚的黄金价格减半。[3]不久，他们还会系统地将整个圣殿区域夷为平地。

"近来，大量被雇用的假先知受党派首领指使欺骗民众，劝诫他们等待上帝的帮助，以此来减少背弃者的数量，并让惶惶不可终日的人们充满希望。"[4]然而，西门和约翰很可能也热切地相信这些"上帝的冒牌信使"。[5]

《犹太战争》谴责这些先知误导了人们，使他们"对明明白白预示终结的征兆毫无感觉"。[6]它罗列了一些征兆：一颗酷似刀剑的星星挂在耶路撒冷上空；一颗彗星在天空停留了整整一年；一道光照射在至圣所周围；一只献祭的母牛在圣殿里生下一只羊羔；

还有一扇通向圣所的青铜门,通常要 20 个人合力才能打开的,此时竟然自己开了;此外,66 年 5 月的一天,天空出现了战车及其身披铠甲的主人包围这座圣城的场景——"这种现象如此惊人,让人难以置信"。在一个重要节日的前一天晚上,祭司们进入圣殿内院做惯常的准备时,他们感觉到地面在移动并听到一阵嗡嗡作响的声音,以及似乎有许多人的声音在呼喊:"让我们走吧。"(塔西佗复述了这个故事,也许是某个读过《犹太战争》的人告诉他的,这本书并不属于他的引用来源。)

约瑟夫斯还讲述了一个文盲农民圣人约书亚·本·亚那的故事,他站在圣殿外哭喊:"东面的声音,西面的声音,四面的风声,反对耶路撒冷和圣所的声音,反对新人联姻的声音,反对所有人的声音!"他每天都在耶路撒冷的街道这样喊叫,边走边喊。人们非常生气,逮捕和鞭打了他,但他还是继续喊。他们相信他受到恶魔的影响,便把他拖到行政长官阿尔巴努面前。即使被鞭打到露出了骨头,这个人既不哭也不求饶,只是每抽一鞭都低声说:"有祸了!耶路撒冷有祸了!"行政长官要求他解释他是谁和他说的话的意思,但他没有回答,只是继续哀叹。阿尔巴努认为他是个疯子,便让他离开。当战争爆发时,约书亚每天继续哭泣悲伤,不对任何人说话。他从不诅咒任何打他的人,也从未感谢施舍食物给他的人,他唯一的回答就是:"有祸了!耶路撒冷有祸了!"当围攻加紧后,他的呼喊变成了:"圣城又有祸了!人民有祸了,圣所有祸了!"最后他又加了一句:"我自己也有祸了!"此时,一块从弩炮中射出的石头将他砸死了。[7]

约瑟夫斯描述的另一个征兆肯定让他的罗马主顾非常满意。他解释说,犹太人急于在 66 年开战的原因之一是因为他们的圣书中含糊不清的预言，大约在这个时候，他们国家有一个人将统治世界。许多犹太学者都认为它适用于他们自己的种族，但显然这个预言指的是韦帕芗。

胜利的罗马人把鹰徽带进圣殿，竖立在东门对面。然后向它们祭拜，为提图斯欢呼，拥戴他为"最高统治者""常胜将军"。一些祭司仍然坚守在圣所的残垣断壁上，没有食物也没有水。四天后，他们受饥饿所迫从墙上下来，被带到提图斯的面前。当他们求他饶命时，他告诉他们赦免的时间已经结束，既然唯一能让他饶恕他们的东西已经毁坏，他们就应该与他们的圣殿一同灭亡。然后他下令将他们处决。这似乎不符合他对上层犹太人惯有的宽容态度，但是约瑟夫斯可能已经向他解释，这些人是等级较低的神职人员，远算不上贵族成员。这样的人很可能加入了奋锐党。

西门·巴尔·吉奥拉和吉萨拉的约翰已经被打败并且完全被包围，他们试图谈条件。因此，提图斯去了圣殿外院的西面，那里有一座桥和上城连接。奋锐党的领导人站在泰罗边谷另一边桥的尽头，被他们的追随者包围着，期盼着最后一线生机。提图斯竭力抑制着部队士兵的怒火，不让他们拔出刀剑来，只有用最严格的命令才能制止他们。几乎可以肯定他的翻译就是约瑟夫斯，他肯定会大肆贬低世界上这两个他最仇视的人。

提图斯先发话：

所以，看到你们的国家受难，你们现在满意了吧？你们不顾我军的实力，认识不到自己的弱点，正是你们不计后果的冲动和疯狂毁掉了你们的人民，你们的圣城，你们的圣殿！你们自身的毁灭是理所当然的！从庞培大军大败你们那一刻起，你们这些人就从未停止过反叛。现今，你们公然与罗马对抗。仗着自己人多吗？一小部分罗马军队对付你们就绰绰有余了。那么，是凭借你们可靠的盟军吗？罗马帝国以外有哪个国家会轻视我们罗马人而选择你们犹太人做盟军？凭借自己体魄健壮吗？要知道，连日耳曼人都是我们的奴隶。凭借坚固的城墙吗？你们这点屏障比不列颠的堡垒——公海——还要坚固吗？不列颠人在罗马的进攻下也屈膝投降了！凭借坚不可摧的意志和将军的高超诡计吗？要知道，甚至迦太基都被我们打败了。[8]

提图斯的讲话包含了一些非常有趣的信息。他提及了"盟友"，这一点意义非凡，因为这揭示了罗马人很担心帕提亚可能会加入奋锐党一方，特别是在罗马爆发内战期间，虽然他们不愿意承认。对比犹太人与日耳曼人的体格表明，他们肯定精心打造了一场大型比赛，因为我们知道同时代人总认为条顿人是巨人。

提图斯继续斥责犹太人反对罗马人，因为罗马人如此善待他们，允许他们遵守先祖的律法，为他们的神征税。然而，他们都是不可驯服的爬虫，还反过来咬喂食之人的手。他的父亲来到犹太地不是来惩罚他们，而是要警告他们，但他们将他的仁爱鄙视为软弱。他指责他们利用罗马内战的时机，派遣大使到幼发拉底河另一边的犹太同胞那里，暗示说使节们不仅要求他们前来战斗，还试图说服帕提亚人出兵。

他声称他已经格外仁慈，每次赢得胜利时都试图达成和平，他恳求他们拯救圣所、他们的圣地，他邀请他们离开耶路撒冷，准许他们把其他地方作为战场。他们拒绝了他所有的提议。提图斯坚持说,是他们自己"亲手"向圣所放火,他肯定知道这个指控并不真实。他这样指控揭示了他对这个问题很敏感,此外还表明他真的对至圣所的毁灭表示遗憾,他甚至可能还感到一点内疚。

> 所有这一切之后,你们这些可怜的人,你们居然邀请我参加谈判!你们都已经摧毁圣所,还有什么资格谈判?你们凭什么希望在圣殿变成废墟后还能存活?然而,看看你们,身着盔甲,走投无路,即使现在还不会乞求怜悯。你们这些可恶的动物,你们被什么迷了心窍?你们的人民不是死了吗?你们的圣所不是没有了吗?你们的圣城不是被我占领了吗?你们的性命不是在我手里吗?但是你们仍然相信死战到底才是光荣吗?在疯狂方面,我是不会同你们较量的。放下武器并无条件投降,我就饶恕你们的性命。我会像一个以善良为名的家主一样,惩罚你们中间真正的罪人,并饶恕其余的人为我所用。[9]

提图斯陶醉在胜利中,显出了少有的宽宏大量。然而,约瑟夫斯没有在他的高谈阔论中看出什么错来,因为他把这些都写进了《犹太战争》。约瑟夫斯也不是一个宽容的人,他自己无疑也这么认为,难怪他在翻译提图斯的话时插入了一些侮辱性的话语。

奋锐党人回答说,他们不能接受提图斯的投降要求,因为他们都发过誓,任何情况下,无论有多绝望,都决不投降。相反,他们要求提图斯允许他们带着妻儿穿过木墙进入沙漠,他们会将城市留给他。他们肯定知道自己的要求注定会被这个无情的罗马人拒绝,但即便毫无希望,他们也并没有失去尊严。

提图斯怒不可遏，他认为这些人此时形同囚犯，竟然还敢跟他谈条件，于是读了一份宣言。要点是，罗马人不再欢迎逃兵，因为他无意赦免任何人，而是准备用全部兵力攻击他们。将成为难民的人必须尽其所能地保护自己，因为从此时开始，他将按照战争规则对待每个人，无一例外。他的部队将接到命令，烧毁和掠夺耶路撒冷剩下的一切。

第二天早上，军团士兵占领了整个下城。他们放火烧了地方法官的住所、档案馆和位于阿克拉区的公会集会的会议室，以及名为俄斐勒的地区。很快，火焰就蔓延到已故的阿迪亚波纳王太后海伦娜的宫殿，它位于阿克拉区的中心。街道也燃烧起来，摧毁了堆满尸体的房屋，空气中弥散着人肉被烧焦的味道。

阿迪亚波纳的阿扎特王的儿子们和他们的舅舅曾站在奋锐党人一边，带着叛依者的怒火战斗，就在他们祖母的宫殿被烧毁的那天，他们带着一群重要市民前来恳求提图斯的保护。尽管他已发布了宣言，而且非常生气，但他还是赦免了他们。然而，所有人都被看护起来，国王的儿子和亲属们戴上镣铐，后来被带到罗马作人质，以确保他们同胞的忠诚。

在上城，奋锐党人将皇宫作为最后的堡垒，因为它极其坚固，而且有很多富裕市民将贵重物品存放在那里。他们赶走了占领它的罗马军队，然后除了洗劫该地之外，还杀害了曾在里面避难的"8400"人。（约瑟夫斯给出的遇害者人数看起来又是他惯常的夸张手法。）

犹太人俘虏了一名军团士兵和一名罗马骑兵，割断了军团士兵的喉咙，然后将他的尸体在街上拖行，又踢又骂。然而，那个骑兵说他有一个好办法可以救守军的性命，所以他们把他带到西门那里,后者很快就发现他在撒谎,便把他交给一名叫阿达拉斯的军官处决。阿达拉斯打算砍掉这人的头,蒙住他的眼睛,把他带到了罗马人面前,但当他拔剑时,这名士兵挣脱逃跑了,并安全地到达了同伴那边。但是提图斯收缴了他的武器并将他逐出军团,他说罗马士兵被人俘虏是一种耻辱。约瑟夫斯当了数月的谋士之后,已经沾染了军队的严厉风气,他评论说,对一个自重的人来说,被逐出军团比死亡还惨。

与此同时,罗马人有条不紊地将奋锐党人赶出了下城,他们焚烧下城直到西罗亚池。他们很高兴看到它着火,但是因为只找到极少的战利品,他们感到非常失望,因为所有有价值的东西都被转移到了上城。守军摆出英勇的表情,勇敢却难以让人信服地宣布,看到这么多建筑在熊熊燃烧,他们欣喜若狂,因为这表明他们不会给敌人留下什么。

约瑟夫斯告诉我们,即使此时他也没有停止恳求奋锐党人投降,保存耶路撒冷余下的部分。他也忍不住要提醒他们,他认为他们有多野蛮,多不虔诚,但他建议他们还有可能拯救自己的性命,但是他的建议被轻蔑地对待。虽然他们不能在同等的条件下与罗马人作战,但他们始终信守誓言决不投降。其中一些人在放火烧毁建筑的时候,跟敌人一样积极。其他人躲在城市边缘的废墟中,杀死遇到的逃兵,因为人们仍然试图逃到罗马人那边去,尽管提图斯已经宣布不再欢迎他们。饿得跑不动的逃亡者被当场屠杀,他们的尸体被扔去喂狗。

为什么上城的奋锐党人能继续战斗这么长一段时间呢?这是因为他们相信自己能够通过下面的洞穴迷宫逃脱。任何非奋锐党人若逃进下水道都会被杀害并抢劫;他若有食物,他们就会从他身上抢走并吞掉，尽管食物上还有血迹。约瑟夫斯说，他们已经到了吃尸体的地步，他在记录这些人的临终痛苦时感到一种可怕的乐趣。在他看来，这种不洁意味着他们不可能是真正的犹太人。

上城坐落在山顶上，前面是巨大的城墙，由一个非常陡峭的上坡加固，其本身就是一个令人生畏的堡垒。只能通过全面的围城行动才能夺取这个地方，于是提图斯于8月20日下达了命令。部队不得不再次建造配备突击平台的堤道。军队在皇宫对面的西侧建造了土墩，而辅助部队和盟军部队在竞技中心附近东侧建起了其他堤道，西门在那里建造了他的塔楼。

以土买人意识到这种情况下已经没有了希望，于是派出五名男子穿过前线到提图斯那里去，看他是否会跟他们谈投降条件。提图斯经过一番犹豫，了解到他们是奋锐党军队中最棘手的成员之一，而且希望他们的叛变可能迫使西门和约翰投降，他便把这五人送回去，说他同意保证他们的生命和自由。当他们准备过去的时候，西门知道了情况，并处决了信使，囚禁了以土买领袖。将领被抓之后，他们手下的人不知道该怎么办，只好原地不动。西门严厉地监视着他们，在城墙上设置了守卫；在这个绝望的时刻，他不能失去这么好的部队。

但是，奋锐党人为了防止继续潜逃所做的努力证明都是徒劳。虽然很多人在逃跑时遇害，但更多的人逃跑了。提图斯无视自己的宣言，赦免了他们的性命。男性市民被抓为俘虏，而他们的妻儿则被卖做奴隶，尽管由于城市奴隶数量过剩，他们的售价非常低。《犹太战争》说，在围城期间，"不计其数"的逃兵被贩卖到奴隶市场，但它也告诉我们，即使在后期，仍有四万名市民被赦免，并被允许前往犹太地的任何地方。[10]他们要先接受特派军官的检查，以确定他们不是奋锐党人，这个行动可能是由约瑟夫斯组织的。

在围攻的最后阶段，一个名为约书亚·本·特布希的祭司从提图斯那里获得了赦免，条件是要他交出圣殿的宝藏。他从圣所墙壁的一个隐匿处拿出两盏七枝金烛台，类似于圣地的照明烛台，还有金色的桌子、盆和杯子，以及镶有宝石的大祭司圣服。圣殿宝库的看守名叫非尼哈，也参与了工作，他带着收取东西的人到藏匿祭司长袍和腰带的地方，那里还有一批价值连城的紫色和红色布料，用于修复圣殿的幔子，还有大量的肉桂、桂皮和其他制造香的香料，以及各种神圣的装饰品。虽然他已经被俘虏，但提图斯为了奖励他，视他为有诚意的逃亡者，赦免了他。

18天后，上城对面的攻城堤道终于准备就绪，到9月8日，罗马人已将所有攻城器械安置妥当。他们一开始行动，有些守军就逃离城墙躲进城塞，其他人则潜入下水道。上城内弥漫着绝望的情绪，但仍有足够的奋锐党人守卫城墙，他们不遗余力地射击搬运攻城塔的部队。这一次，守军们不敌罗马人，因为对方知道自己对付的是残兵败将。破城锤撞倒部分城墙和塔楼之后，引发了恐慌，没有任何人去守卫破口。在最后一次进攻中，提图斯亲自用弓箭射击犹太人，射死了12人。整个罗马军队都知道这天是他女儿的生日，这让军队备感高兴。[11]

当军团士兵越过瓦砾堆登上城墙时，就连西门和约翰都失去了勇气。"这两个一度高傲地吹嘘自己无耻行为的人现在可怜兮兮地浑身颤抖起来，看到这样的变化，即使他们曾是罪大恶极的恶棍，人们也会动恻隐之心，"约瑟夫斯沾沾自喜地告诉我们，"一时间，他们还想向敌人进攻，想着如何冲开守卫，捣毁木墙逃走。

但是他们发现他们以往忠实的支持者已经无影无踪,全都逃走了,同时传令兵冲过来报告说西城墙已经倒塌,到处都是罗马人,他们自己肯定也在塔楼上看到敌人在搜寻他们。当吓糊涂了的人宣称他们能看到三座巨塔上的军团士兵时,人们掩面痛哭,诅咒自己的愚蠢。他们被吓得不能动弹,甚至无法逃跑。"[12]

他们恢复理智后,又犯下了一个灾难性的错误,放弃他们的指挥部——塔楼,塔楼坚不可摧,即使最强大的攻城器械也拿它没有办法。他们冲入西罗亚池下面的峡谷,试图冲出城市,但被罗马人赶了回来。他们无法逃脱,便躲在下水道里。

当罗马人发现自己是上城的主人,即整个耶路撒冷的主人时,他们几乎不相信自己的最终胜利。他们将所有军团的鹰徽都立在塔楼上,然后开始欢呼、鼓掌和歌唱。正如《犹太战争》所记,他们发现战争末期远没有开始时艰辛。他们最后一次攻入城墙豁口时没有遭受任何伤亡,并且在与奋锐党人进行了如此多野蛮的近战之后,他们很吃惊,在墙内居然没有遭到任何进一步的抵抗。

欢呼了一阵子之后,罗马人开始以自己特殊的方式庆祝胜利。他们涌入街头,手持刀剑,逢人便杀,主干道堵满了尸体,他们还烧毁了逃命者躲藏的建筑,连里面的人一起烧死。当他们闯入房屋搜寻战利品时,常常会发现屋里的全家人都饿死了,于是只得惊恐地空手而返。约瑟夫斯告诉我们,尽管他们对死者充满惋惜之情,对生者却毫无怜悯,杀死他们遇到的每一个活人,以至于整座城市血流成河,甚至流到有些地方把火都扑灭了。因为到处都是火焰,夜间火焰吞没了整座城市。

当提图斯进入上城时,他惊讶地发现它竟如此稳固。特别是西门和约翰因疯狂而弃守的三座巨大塔楼,他对它们的印象尤为深刻。他留意到它们的高度、建筑整体的坚固程度，以及建造石块的大小及整齐程度，并大声说道："当我们战斗时，神一定站在我们这一边，因为只有神才能对付这群犹太人，人类的手或机器如何可以用来对付这样（强大的）塔楼？"[13]他释放了被两位奋锐党领袖囚禁在里面的所有人，后来摧毁了城市的其余部分，但留下了塔楼作为好运的纪念碑，证明了命运对他的垂青，让他能够战胜起初看似坚不可摧的防御。

由于他的部队终于开始厌倦这种无休止的屠杀，并且由于幸存者的数量多得惊人，提图斯命令只杀手中有武器的人，把其他人抓起来。部队按照自己的意愿解释命令，屠杀所有的老人和虚弱无力的人。而那些年富力强、适合工作的人则被赶进圣殿，关进妇女院，官员们在那里审讯他们，由于囚犯们随时准备互相告发，这项任务变得更加容易。被认定为奋锐党人的人被当场处决。

罗马人搜查城市下方的下水道和洞穴，挖开地面并杀死他们发现的每一个人。他们发现了2000多具奋锐党人的尸体，有的是自杀而死，有的被同伴杀死。但多数人死于饥饿。很多进入隧道的追捕者一闻到尸体恶臭，便恶心地往回跑，尽管仍有少许贪婪的士兵会爬过尸体寻找战利品。

毕竟，事实证明地下隧道也并非避难的好地方。吉萨拉的约翰与他的兄弟躲在下水道里，他并不想饿死，便自己爬了出来。又过了一段时间，西门·巴尔·吉奥拉才投降。他带几个朋友和一些矿工，带着镐、石匠和几周的食物进入了一个秘密的洞穴，希望能靠挖掘逃离城市。虽然矿工们已经尽了全力，但食物耗尽了。西门走出洞穴去寻找更多的供应，他身穿白衣，看起来像鬼魂一样，出现在圣殿的旧址。被捕时，他要求见将军，而将军给他戴上了镣铐。

"于是,耶路撒冷于韦帕芗在位第二年的9月8日沦陷。"约瑟夫斯用华丽的辞藻说。[14]尽管奋锐党人对耶路撒冷的捍卫已经以恐怖的方式结束,但无论如何,他们英勇的壮举都值得称赞,尽管《犹太战争》坚称这座城市因"革命者疯狂的愚蠢"而陷落。[15]这次围攻是历史上最大型的围攻作战之一。最初的一群乌合之众已经变成了一支强大的军队,在将近五个月的时间里牵制着世界上最好的部队。尽管领袖之间的对抗使他们失去了适当的领导和统一的中央指挥,但在很大程度上,他们的勇敢弥补了这一不足。约瑟夫斯非常圆滑地没有给出数字,但他们肯定给罗马人造成数万人的伤亡。要是在另一个犹大·马加比的领导下,奋锐党人很可能已经打败了围攻者,使弗拉维家族俯首认输,并使罗马帝国分崩离析。他们的现代同胞应当为他们的战斗力感到自豪。

首都既然已经陷落,罗马人几乎已经夺回了犹太地全境的控制权。他们已经收复了其他所有的犹太城市。只有孤立的希律堡、马盖耳斯堡和马萨达堡仍在奋锐党手中。

围困中丧生的耶路撒冷市民还算幸运。当罗马人决定如何处理俘虏期间,圣殿遗址内关押的人中有1.1万人死于饥饿——一些是因为守卫蓄意饿死他们,另一些则是因为他们拒绝进食。无论如何,正如约瑟夫斯告诉我们的那样,没有足够的食物喂养这么多囚犯。[16]

征服者保留了700名最高、最好看的年轻人,以便提图斯在罗马的凯旋式上使用。剩下的那些人中,超过17岁的被戴上镣铐送往埃及生不如死地进行强制劳动,或送往罗马帝国各地的竞技场，在角斗中死去或拿去喂养野生动物。妇女和儿童被送到奴隶市场。

约瑟夫斯说，在整个犹太战役中只有9.7万人被俘，而在围城期间有110万人死亡。[17]由于他倾向于夸大事实，塔西佗估计的60万死亡人数似乎更为合理，即便如此，这仍是个庞大的数字。另一方面，约瑟夫斯辩解说，有大量参加逾越节盛宴的朝圣者被困在城中，这加重了伤亡。另外，还有一些从方圆数里的地方进城避难的乡下人。

约瑟夫斯告诉我们，在提图斯的指示下，包括圣殿和圣所在内的整个耶路撒冷都被夷为了平地。只有三座巨大的塔楼——法西尔楼、希彼克楼和玛利安尼楼，仍伫立在那里，西边还有一小段防御工事，后来已经变成了兵营。其余的墙壁被夷为平地，约瑟夫斯称，没有任何迹象表明该地曾是一座城市。这就夸大其词了，尽管城墙和圣殿被拆毁，耶路撒冷的许多地方仍保存到巴尔·科赫巴起义时期。此外，圣殿山的"哭墙"仍然存在。约瑟夫斯的说法可能是因为错误的信息来源，这表明他没有再亲眼看到过他的出生地。

大本营里举行了一场胜利游行，提图斯和他的谋士们站在讲台上。他发表了一个讲话，祝贺他的军队在这场"持续如此之久的战争"中的技能和勇气，他宣布他更愿意奖励勇士而非惩罚懦夫。然后他为所有表现出超凡勇气的人授予勋章。他当众念出他们的名字，让他们走上讲台，将金冠戴在他们的头上，金链戴在他们的脖子上，金长矛和银旗放在他们手中，并且提拔他们。此外，他们每人都获得了大量的战利品，有金、银和昂贵的布匹。最后，提图斯宰杀了大量的牛向诸神献祭表示感恩，在宴会上将肉分发给部队。他自己也参加了这个为期三天的聚会。

就在最后一次袭击之前,提图斯曾让约瑟夫斯"从自己国家的废墟中"拿任何他喜欢的东西。[18]提图斯还向他赠送了一些"圣书",其中似乎包括一份精美的《托拉》抄本,可能是在圣殿发现的。然而,比起战利品,约瑟夫斯对拯救犹太人的生命更感兴趣,他请求提图斯释放一些被俘的同胞,特别是他的兄弟和50个朋友。(他的父亲似乎已经死了。)提图斯批准了他的请求。他仍然希望重建一个顺从的统治阶级,与他们合作重建犹太地,他并非只是为了取悦藩属国的居民才表现得这样友善。此外,约瑟夫斯在《人生》中告诉我们,他进入圣殿的战俘营,并认领了里面所有的熟人,大约有190个。他们被当作奴隶移交给他,但他没有让他们花钱赎身,就释放了他们。

不久以后,提图斯派他和叙利亚使节塞克斯图斯·凯列阿里斯一起,率领1000名骑兵前往耶路撒冷以南12英里的提哥亚村。他们此行的目的是看看那个地方是否适合军团驻营,而他的另一项职责是担任非正式谋士。在提哥亚,他发现了大量被钉十字架的囚犯,其中三个是他的老朋友。他流着泪骑马赶回大本营告诉提图斯,后者立即下令将他们放下来并给予最好的治疗。其中一人幸存下来,但其他两个在手术时死亡。[19]

秋天的暴风雨已经来临,在地中海航行非常危险,对提图斯来说,若这时将囚犯和装载战利品的货车运回意大利太冒险了。他在犹太地度过了这个冬天。当他在凯撒利亚时,西门·巴尔·吉奥拉被提来,他下令把这位犹太领袖带到罗马去装点他的凯旋式,就像尤利乌斯·恺撒展示高卢领袖韦辛格托里克斯一样。第五军团和第十五军团看守着关在城外的战利品和囚犯。第十军团留下驻守一片废墟的耶路撒冷，并受令在犹太地维持和平。他们鹰徽上的标志是一头野猪。许多俘虏死在城市圆形剧场的一系列"竞技"中，竞技中大量的战俘被扔给饥饿的动物，被活活吃掉或者被迫互相战斗致死。10月24日，提图斯的弟弟图密善举行了一场盛大的生日庆典。那一天，"在斗兽场上、自相残杀的战场上，战死的以及活活烧死的（犹太人）总人数超过2500人"。约瑟夫斯告诉我们。可能是为提图斯令人憎恶的残忍进行辩解，他补充道："对罗马人来说，尽管犹太战俘有无数种残忍的死法，但他们理应罪该万死，这些根本算不得什么。"[20] 11月17日，提图斯以同样的方式在贝鲁特为他的父亲韦帕芗庆祝生日，又有2500人以可怕的方式死在竞技场上。

更多的犹太人死在包括安提阿在内的叙利亚各城的娱乐活动中。安提阿刚经历了大屠杀，当时城中一场火灾焚毁了市中心，其中的犹太居民成了替罪羊，并因拒绝向异教神明献祭而受到迫害。然而，当安提阿人要求提图斯驱逐城中所有犹太人时，他拒绝了，说他们只能被送回到自己的国家，但这个国家已经被摧毁了，而且没有其他地方容得下他们。他也不会同意取消他们的特权。他离开安提阿时，该城的犹太人比以往任何时候都过得好，因为安提阿人不敢违背他。提图斯名声传遍了整个东方。本可能拯救奋锐党人的帕提亚国王沃洛加西斯送给他一顶金冠以示尊敬。在冬季，提图斯最后一次访问了耶路撒冷。他不但没有吹嘘自己的胜利，反而哀悼这样一座美好的城市被毁，诅咒那些因反抗罗马而摧毁它的人。和他在一起的约瑟夫斯告诉我们，罗马人仍在挖掘围困期间藏起来的大量金银。但他没有透露自己的感受。

提图斯低落的情绪可能并不只因看到耶路撒冷被毁。欧洲还传来了令人担忧的消息。由于罗马发生了内战,又盼着韦帕芗已时日不多,日耳曼人和北高卢人发动了叛乱。与此同时,西古提人越过多瑙河重重地袭击了默西亚。但日耳曼人和高卢人被很快击败,西古提人的进攻被挡住了,整个帝国恢复了和平。

提图斯由约瑟夫斯陪同,穿过沙漠行军到埃及,在孟菲斯神庙主持了圣牛阿比斯的献祭。在仪式期间,他头戴王冠,这似乎证实了他计划入侵意大利并取代他父亲的谣言。在围攻期间,军团们拥戴他为"最高统治者",尽管他们只是称赞他为"常胜将军",但这引起了人们的怀疑。他的部队对他非常忠诚,当他离开犹太地时,他们都恳求他留下来,这让一些人认为他打算反抗韦帕芗,以成为东方的统治者。约瑟夫斯听到这些谣言肯定很害怕。他不想再次陷入另一场危险的内战,要是再发生内战,他必须再次选择立场。

但提图斯非常明智,不会冒着失去继承帝国的风险去谋反。他先送上700名容貌姣好的囚犯连同西门和约翰一同预先出发,于71年春天从亚历山大港起航前往意大利。据《犹太战争》称,这是一次愉快的航行。[21]约瑟夫斯记叙了他的个人经历,他在《人生》中说,提图斯"把我带上了他的船,处处对我以礼相待"。[22]他们的船停靠了里吉乌姆,然后是部丢利。提图斯从那里到达罗马,为了表明关于他的谣言毫无根据,他冲到韦帕芗的面前大喊:"我在这里,父亲,我在这里!"[23]"此后,他不断地担任皇帝的同僚和保卫者。"苏维托尼乌斯告诉我们。[24]

"我们到了罗马之后,我得到韦帕芗的巨大关照,"约瑟夫斯在他的自传中告诉我们,"他给了我一个下榻的房子,他当皇帝之前就住在这处房子里,他还授予我罗马公民权,而且还给我一份年金；他一生都非常尊敬我，而且这种尊敬从没有减退过。"[25]他在约塔帕塔所发的预言当然会带来回报。成为罗马公民意味着他的法律和社会地位大幅提高，在与当局交往时特别有用。他不再是一个犹太难民。

6月，提图斯和韦帕芗一起举行了一场凯旋式，这几乎是一场加冕典礼。约瑟夫斯在《犹太战争》中热情洋溢地记录了每一个细节，他不得不提醒自己，他是一个犹太人，这场胜利是在庆祝他的国家和信仰所受的耻辱。然而，他那时是为非犹太读者而写作的，而且已经成为罗马公民好几年了。

整支罗马军队于天亮前在伊希斯神庙前游行，父亲和儿子在那里过夜。拂晓时分，他们穿着紫色长袍，戴着月桂花环，然后前往屋大维大道，在那里元老院和首席行政官正恭候他们的到来。他们坐在看台上的两个象牙椅上。在献祭和祈祷之后，他们穿上了凯旋式的长袍，然后参加了盛会。

战利品被带上街道游行，"就像一条流动的河流"，大量的金银、稀有的珠宝镶嵌在王冠中或简单地堆在一起。甚至连700名囚犯穿的长袍都价值连城。有花车，其中一些高四层，描绘了海上和陆地的战斗，堡垒和城镇被袭，遍地血流成河，圣殿被毁，房屋倒塌，将它主人埋进废墟，战舰沉没。每辆花车上坐着一名俘虏的城市总督。后面是深红色的幔子，放陈设饼的金色大桌子，曾装饰过圣殿的七枝烛台，以及一份《托拉》抄本，最后是罗马众神的雕像，由象牙雕刻或金子铸成，据说他们征服了犹太人的上帝。在庆典的高潮，韦帕芗和提图斯骑着优良的战马从游行队伍后方徐徐往前。[26]

游行的队伍停在了卡比托利欧山朱庇特神殿前，按照神圣的罗马传统，他们要在那里等待敌军首领死亡的消息。这一次，领导人是西门·巴尔·吉奥拉，他脖子上绑着绞索，被迫在游行队伍里面行进。他一边挨打，一边被绞索拖上看台，然后送入东北端的马莫提尼监狱，在那里进行仪式性的鞭打和酷刑，最后被处死。当他已死的消息到达朱庇特神殿时，人群中爆发出一阵欢呼声。

关于吉萨拉的约翰结局如何，这是一个谜，当时他也在游行队伍中。我们从《犹太战争》中知道他被判处终身监禁。小说家里昂·孚希特万格提出了一个奇怪又令人信服的理由，证明这种生活远没有那么不愉快，尽管他再也不会回到吉萨拉了。人们不禁要想，他是如何逃脱他的同僚西门的可怕命运的。尽管他很野蛮，但罗马人可能已经认识到这个人身上的某种伟大精神。

约瑟夫斯告诉我们，之后韦帕芗建立了一座和平神殿，用华丽的绘画和雕像大肆点缀。他将圣所中的金色饰物放在那里，尽管他把至圣所的《托拉》和深红色的幔子留在自己的皇宫。七枝烛台出现在提图斯凯旋门其中的一个浮雕上。将近400年后，汪达尔国王盖塞里克将烛台和金桌运到了迦太基，533年又被贝利萨留追回。然后，它们又被查士丁尼皇帝送回了耶路撒冷，在7世纪时永远消失。

尽管约瑟夫斯的叙述热情洋溢，但凯旋式对他来说一定是种可怕的经历。围观群众的情绪中不仅有欣喜，还有切骨之恨，因为这个种族不止一次地羞辱他们原本所向无敌的军队。毫无疑问，这位新罗马公民看到恩主如此受欢迎肯定松了一口气，大概也对"暴君"西门·巴尔·吉奥拉的死颇感满意。但在他的一生中，没有什么比眼前的景象更令他悲痛欲绝的了，他被迫观看自己国家失败和毁灭的一幕再次上演，被迫观看来自至圣所的圣物在游行。

在耶路撒冷陷落之后发生的就是种族灭绝。没有其他词可以用来描述当时发生的事情。罗马人从不怜悯手下败将，而且他们认识到围困差点失败，甚至可能导致弗拉维王朝的垮台和新的内战，所以更加残酷无情。无论如何，在遭受诸多伤亡之后，军团士兵们决心狠狠地清算这笔账，要让对方刻骨铭心，而叙利亚和阿拉伯辅助兵一如既往地决心尽可能地伤害犹太人。提图斯对囚犯的长期折磨即使按照罗马的标准来看也已是过分。这远比六个世纪前巴比伦洗劫耶路撒冷的时候更可怕，一直到20世纪，圣城的被围和沦陷都是犹太人遭受的最大灾难。说它是一场大屠杀毫不夸张。

22

宣传之人

> 我将描述(犹太)暴君对同胞的残忍行为,反之,是罗马人对外族人的宽容,而且提图斯多次邀请叛军和谈,表明了他渴望拯救圣城和圣殿。
>
> ——约瑟夫斯,《犹太战争》(1:27)

对于一个雄心勃勃、前途无限的年轻人来说,留在被毁灭的犹太地毫无意义。约瑟夫斯并没有告诉我们韦帕芗是否邀请他定居罗马,但考虑到他"下榻"在弗拉维家族之前的大宅中,考虑到他的罗马公民身份和年金,这似乎很有可能。由于他家族在耶路撒冷城外的地产已经被占用(大概是向驻军提供食物),提图斯给了他另外一块"在平原上"的地作为补偿,这是指靠近海洋、肥沃的谢法拉。[1] 韦帕芗还在犹太地给他提供了另一块又大又好的地。

但是,我们不应该过多地解读这些礼物。尽管他接受了皇帝的赐名,但是许多其他的新公民也是如此,而且弗拉维奥·约瑟夫斯可能从未像我们认为的那样备受青睐。他可能也只是暂住在弗拉维宅邸的其中一个房间。他没有获得"恺撒之友"的称号,也不在得到正式承认的皇帝同伴之列。一位现代历史学家甚至认为，他在宫廷的地位相对较低，与魔术师和小丑无异。[2]

没有人能够声称韦帕芗统治的罗马一开始是一个宁静的避风港。约瑟夫斯在 71 岁与提图斯一同抵达罗马时，他肯定注意到了整座城市的不安气氛。每个人都记得罗马帝国几个月前几乎解体。在维特里乌斯倒台期间烧毁的公共建筑尚未重建，而内战、高卢和日耳曼的叛乱，以及奖励军队都使政府入不敷出。尽管韦帕芗和提图斯在战场得胜，并且在罗马取得了成功，但新王朝仍然动荡不安。元老院梦想重夺选择皇帝的权力，以至于韦帕芗下令处决其中一名元老——赫尔维狄乌斯·普里斯库斯，并放逐其他元老。[3]

然而，由谁来继承韦帕芗，这个问题远比元老院的共和国情怀更加危险。即使他授予了长子头衔，以证明他是继承人，但继承问题仍然存在疑问。69 年的事件表明，皇帝可能会由军队选出。李锡尼·墨西安努斯是一位非常能干的将军，在与提图斯联盟之后，曾于 70 年为韦帕芗夺取过罗马，他认为自己没有得到应有的回报，并且有证据表明他正试图让新皇帝反对提图斯，甚至想让自己成为皇帝继承人，这可能就是提图斯突然回到罗马的原因。对提图斯来说，幸运的是，墨西安努斯于 75 年死亡。然后，图密善开始梦想取代他的哥哥，不管怎样提图斯都还有其他的秘密敌人。整个韦帕芗统治时期，到处都是阴谋的气息。[4] 颇具政治头脑的约瑟夫斯一定已经感受到了这些威胁的暗流，这肯定让人难以平静。

虽然没有迹象表明他在宫廷待了很长时间，但他经常看到亚基帕二世，后者来到了罗马，是韦帕芗的最爱，并被授予了副执政官的军衔。看起来亚基帕似乎不太确定约瑟夫斯是怎么回事；

有迹象表明，他有时可能会听到关于他的诽谤。然而，我们可以肯定约瑟夫斯非常谨慎地奉承着希律家族最后的王子。在这些日子里，罗马还有其他来自犹太地的人。百尼基王后与提图斯一起住在他的宫殿里，尽管她比他大10岁。罗马人厌恶百尼基，认为她是又一个渴望成为皇后的克利奥帕特拉。他们因她之前与兄弟亚基帕乱伦的谣言而厌恶她，而且被她闪闪发光的全套钻石所激怒。约瑟夫斯并没有提到接受过她的任何善意。

"我的优越地位引发了妒忌，使我处于危险之中。"他告诉我们。[5] 其他的犹太人嫉妒他，而且不仅只是罗马的犹太人嫉妒他。这一点在犹太织布工约拿单的例子中很明显，这个约拿单在古利奈煽动叛乱，导致被他说服加入起义的2000名犹太人死亡。他向他们展示日常的迹象和预兆，将他们带入沙漠，在那里他们被利比亚五城地区的总督卡图卢斯的部队屠杀。被捕时，他指控古利奈最富有的犹太市民掏钱武装叛乱分子。于是总督强迫他告发了利比亚另外3000名犹太人，他们被没收了财产并被处决。在耗尽了这个财源后，卡图卢斯有了更高的目标，命令约拿单告发亚历山大城和罗马的知名犹太人，其中就包括约瑟夫斯。为了说服韦帕芗，总督带着上了镣铐的约拿单去了罗马。约拿单被带到皇帝的面前，坚称约瑟夫斯给了他钱和武器。他没能骗过韦帕芗，后者把他活活烧死了，约瑟夫斯说，这是"他应得的惩罚"。卡图卢斯被斥责了一通，没有受到更多惩罚，但被禁止再返回古利奈。

约瑟夫斯愉悦地记录了卡图卢斯最后的日子，告诉我们总督是如何被一种恶心的疾病打倒的。总督会梦见他谋杀的那些人站在他的床边，然后他会像着火了一样从床上跳下来。最后，他的肠子里长满了溃疡，还流了出来，"这异乎寻常的醒目证据证明，上帝会惩罚恶人"。[6]

"许多嫉妒我好运的人常常捏造各种事情来陷害我,然而,由于上帝的旨意,我常常化险为夷。"约瑟夫斯说。[7]用他自己的话说,他的个人生活突然变得非常幸福。"在这个时期,由于不满妻子的所作所为,我同她离了婚,"他在《人生》中告诉我们,"她给我生了三个小孩,其中两个夭折,还活着的那个叫许尔堪。之后,我娶了一个犹太妇女,她的家庭定居在克里特岛。她的父母都是出身最高贵的贵族,也是该国最著名的人物。她的品格胜过很多妇女,因为接下来的生活就证明了这一点。她给我生了两个儿子,大的叫尤斯图斯,小的叫西蒙,取了亚基帕做姓氏。"[8]

公元 70 年后不久,约瑟夫斯写下了关于犹太战争的历史。这可能只不过是在韦帕芗的命令下写成的小册子,但是没有任何抄本幸存下来。正如约瑟夫斯在《犹太战争》的序言中所描述的那样,它由亚兰语写成,其目的是让"帕提亚人、巴比伦人、阿拉伯南部地区的人、幼发拉底河对岸的犹太同胞和亚述人,都清楚地知道战争的原委、造成的苦难及如何结束"。[9]他的目的是让这些可能造成麻烦的同胞意识到,若他们企图煽动进一步的叛乱将会是多么愚蠢。

写小册子的另一个目的是加深帕提亚对罗马的恐惧。帕提亚国王沃洛加西斯非常清楚地记得 60 年代罗马军团让他的士兵所承受的惨痛失败。他生活在王位被对手抢走的恐惧中,69 年当他看到韦帕芗即将胜利时,便怯懦地提供了四万部队投靠他,他对提图斯攻取耶路撒冷异常折服,于是在后者到访幼发拉底河边的祖格玛期间送给了他一顶金冠。罗马人完全明白,这些友好的举动是出于恐惧,并且知道帕提亚人若看见任何成功的机会都会毫不犹豫地攻击他们。

第三个目的是向散居犹太人解释,圣殿是如何被毁,又是为什么被毁的:这是上帝对耶路撒冷人民的审判。[10]这是约瑟夫斯最热切的信念之一。

显然约瑟夫斯将小册子翻译成了希腊语,并呈给了韦帕芗,后者读后觉得很喜欢。可能是皇帝,而非约瑟夫斯,首先意识到这本书可能有益于动荡不安的弗拉维王朝;由于他们缺乏朱里亚·克劳狄王朝先辈的贵族背景,弗拉维家族需要一些纪念物来给他们烘托一种不朽的气息。这就是为什么凯旋式如此受欢迎,也是韦帕芗招摇地建造了新和平圣殿的原因。他们的硬币上突出显示了犹太地的收复,这是一种重要的宣传手段,并且稍后将会被描绘在提图斯的拱门上。

用希腊语写成的犹太战争的全面记录,由专业文士抄写在纸莎草卷(当时的出版方式)上,制作了很多副本,将在罗马世界广泛流传,并将证明在整个战役期间,弗拉维家族的人得到了众神的垂青。约瑟夫斯被期待充分利用他在约塔帕塔对韦帕芗所做的预言,并赞美提图斯的英雄功绩。虽然这仅仅是猜想,但也不失为一种对我们所知的《犹太战争》这本书起源的解释。

"有些人因为需要和环境的力量而去书写历史,因为他们亲身参与了发生的事情,为了后人,他们没有任何借口不把它写在纸上。"他在《犹太古史》的序言中写道。[11]他补充道:"有些人决定去解释一些鲜为人知的事件,因为公众应该意识到这些事件的重要性,也就是作者参与的事件。这就是我(写作)的原因。"[12]

约瑟夫斯自己有笔记本,韦帕芗和提图斯也将他们的战争日记借给了他,他可能还有其他士兵的记录补充。然而,除了他的小册子，他并没有明显能胜任这项任务的资历，尤其是要用希腊文写作。《犹太古史》写于《犹太战争》之后几年，在最后一章，他坦率地告诉我们："我也花了许多的心血去学习希腊文，了解希腊语言中的要素；不过由于我长时期使用我们自己的语言，对希腊语言无法非常准确地发音。"[13] 但是，即使他的希腊语发音并不完美，我们知道他确实写得非常好。

"之后，我利用在罗马的空闲时间，整理了手上的素材，在助理的帮助下学习了希腊语，最后才开始撰写这场战争。"约瑟夫斯在《驳阿庇安》中告诉我们，这部作品写成于《犹太战争》很久之后。[14] 这段文字使一些学者相信他的书是靠秘书代写的，有些人认为从他使用的不同的文风就可以看出来。然而，泰莎·拉雅克已经推翻了"助理理论"，她指出，作者在一本篇幅较长的书中使用不同的风格是正常的，在这段时期作者们经常摘录他们喜欢的作家散文。[15]

显然，约瑟夫斯非常喜欢写作历史，他可能认为自己正追随着诸如修昔底德和李维等巨人的脚步。（他不太可能阅读过李维的原版作品，因为这位伟大的编年史家关于罗马的冗长书卷都由拉丁文写成，但他可能从一些希腊语的摘要中有一个肤浅、大概的了解。）这或许可以解释他的愿望，即尽可能全面，这也是为什么《犹太战争》的前两卷，整部作品的三分之一篇幅，与战争无关，而是讲述了犹太地的历史，从马加比家族一直讲到最后的统治者希律家族。

然而，他最大的问题是要记录新近与罗马的冲突，将使犹太人尽可能地少受责备。为了达到这个目的，他将奋锐党的统治描绘成一个对抗贵族的嗜血运动，而这些贵族才是真正的犹太人。

如果有富豪加入了叛乱，那他们也是被夫勒鲁逼迫的；他们一直都想要和平。他隐瞒了这样一个事实，即他们中有许多人都非常愿意加入奋锐党，加入这些被他讽刺为野蛮的狂徒或不敬虔的罪犯。

约瑟夫斯表述了一个更深层次的信息：上帝抛弃了他的选民，并借罗马人之手摧毁了圣殿，就像他借巴比伦人之手摧毁第一圣殿一样。这就是犹太人永远不应该向罗马人开战的原因，因为他们注定失败。

尽管约瑟夫斯对罗马忠心耿耿，但他永不会忘记自己正在记载母国的毁灭和所受的羞辱。即使他试图隐瞒，在写《犹太战争》的那些年里，他也肯定为不得不讲述这个故事而深感痛苦。73年或74年，当他的任务进行到一半时，他听到了一个事件的报道，它为犹太战争画上了一个句号，同时为他恢复了犹太人的自豪感。这就是奋锐党在马萨达的背水一战。

23

马萨达与最后的奋锐党人

> 追赶我们的比空中的鹰更快；他们在山上追逼我们，在旷野埋伏，等候我们。
>
> ——《耶利米哀歌》（4：19）

比起约瑟夫斯，马萨达的围攻更为人所知。它给无数电影、小说和纪录片提供了灵感，并成为整个20世纪最受欢迎的考古挖掘之一。几乎每年都有关于马萨达的新书出版。然而，我们只从《犹太战争》知道它的故事。没有任何纪念性的碑文提到它，更不用说其他当代的历史学家了，考古学家也未能从实质上增加我们的了解。

虽然耶路撒冷已经落入罗马人手中，但奋锐党人仍盘踞着三个据点——希律堡、马盖耳斯和马萨达，所以仍有大量的扫荡工作要做。他们的驻军通过"匪盗"来养活自己，这可能意味着偷窃牲畜和强征谷物而非拦路抢劫。卢西里乌斯·巴苏斯曾经是罗马舰队的指挥官，于71年接替了塞克斯图斯·凯列阿利斯，成为犹太省的总督，他的当务之急就是毁灭这些人。尽管在伯利恒以南七英里、阿拉伯半岛对面山峦之间的希律堡防守坚固并且供水充足，但它似乎很快就向巴苏斯的部队投降了，看起来是于71年投降的，但我们不知道任何细节。[1]

随后，卢西里乌斯·巴苏斯可能是在72年带领他的军队抵达了马盖耳斯，其中包括持野猪鹰徽的第十军团。该地位于死海以东的比利亚，被认为是继耶路撒冷之后整个犹太王国最强大的据点。（那里也是施洗者约翰被斩首的地方。）自战争开始以来，它一直都在奋锐党人的手中，传说它牢不可破，所以逃离首都的人都在此集结。它建造在巨大的山丘上，周围都是峡谷。西边的峡谷长达七英里，一直延伸到死海。虽然北侧和南侧的峡谷较小，但它们同样是非常有利的屏障。东边的峡谷没有那么令人生畏，但至少也有150英尺深。

马盖耳斯是希律王最喜爱的避难所之一，他加强了此地的防守，用围墙和堡垒围住了整个城镇。从城镇出发，有一条陡峭的小路通往大山顶峰的城堡，城堡城墙的角落由90英尺高的塔楼所支撑。里面是一座"美丽无比"的宫殿。建筑工人在岩石中凿出巨大的蓄水池，储存了取之不尽、用之不竭的雨水，希律在军械库中装满投射武器，这些在他去世70年后仍然可用。但希律没有面对过罗马军团。

在视察完周边环境后，巴苏斯认为最好的计划是填上东侧最小的峡谷，并在其顶部建造一个突击堤道。奋锐党守军知道军团士兵的攻城战术非常熟练，便丢下挤满来自方圆数英里难民的城镇，退守城塞，准备抵御第一次袭击。只要罗马人显示占上风的迹象，他们就打算以城塞作为谈判筹码，用以交换性命。与此同时，他们开始发动攻击以阻止峡谷被填满，并杀死了大量搬运柴火和泥土袋的敌人。堤道还没有完工，一个意外就结束了围攻。

奋锐党人中最勇敢的是一个英俊而又备受人喜爱的年轻人，

名叫以利亚撒,他在出击时一直以大胆著称。他因经常毫发无伤地回来,于是就变得粗心大意。其中一次交战之后,他站在大门外,正与城墙上的朋友们聊天时,一个名为鲁弗斯的埃及军团士兵偷偷走近他。将以利亚撒拦腰抱住,尽管身穿盔甲,鲁弗斯还是成功地将他拖回了罗马阵营。巴苏斯立即剥光他的衣服,将他绑在城墙前的木桩上鞭打。看到防御者惊恐的样子,将军下令立起一个十字架,看样子是要把他钉在上面。以利亚撒没有像预期的那样强硬而是一直尖叫不停。他悲惨的叫声令驻军极其不安,于是他们向罗马人派遣使节,提出如果允许他们与以利亚撒一起安全离开,他们就会撤离城塞。巴苏斯接受了条件。

居民们猜到驻军是去谈条件去了,当他们听说要投降后,便决定在夜间逃走,但是大门一打开,驻军就把这个计划告诉了巴苏斯,以避免背叛的嫌疑。将军放任他的部队杀戮这些不幸的市民,只有最坚决的人才杀了出去;他们屠杀了1700人,奴役了妇女和儿童。尽管如此,巴苏斯还是遵守了和驻军达成的协议,允许他们与以利亚撒一起离开。

然而,巴苏斯立即全速跟随驻军直到被称为迦得斯森林的地方(其具体地址不详,但在约旦河谷的某处),驻军在那里避难,一些来自首都的幸存者加入了他们。森林中的奋锐党人共有约3000名,他们的领导人是犹大·本·阿里,围攻期间他曾在耶路撒冷担任一帮士兵的指挥官,也是极少数通过地下通道成功逃脱的人之一。巴苏斯用他的骑兵围住森林,以防止任何人逃跑,而他的军团则开始有条不紊地砍伐藏匿猎物的树木。当犹太人意识到当时的状况后,便竭尽全力突围,但最后包括犹大在内的所有人全部阵亡,而罗马人只有12人死亡,少数人受伤。[2]

巴苏斯显然是于72年冬或73年初去世,所以罗马人直到74年才重新开始扫荡行动。当那年春天来临,战争季节开始时,巴苏斯的继任者、新上任的卢西里乌斯·弗拉维·席尔瓦集结了犹太地所有能用的部队,约有一万名,行军至该省最南端、死海以西的马萨达。人们认为马萨达跟马盖耳斯一样"坚不可摧"——约瑟夫斯甚至认为它更加强大,该地有600名奋锐党人驻守,《犹太战争》经常轻蔑地称他们为西卡利人,即短刀党。与马盖耳斯的怯懦之士不同,他们有一位极其勇敢并颇具魅力的指挥官以利亚撒·本·亚伊尔,他是奋锐党创始人加利利的犹大的后裔,可能是他的孙子。

像马盖耳斯一样,马萨达也是一个天然的城塞,曾是偏执狂希律王最爱的城塞。他认为这是他所有避难所中最安全的一座,以应对他的臣民起义或克利奥帕特拉的袭击——后者对犹太地垂涎已久,并敦促马克·安东尼除掉他。国王斥巨资和大量时间改善防御工事,为之配备了一个极其庞大的军械库。

像马盖耳斯一样,马萨达最大的优势在于其天然防御。它建在一块巨大的蜂蜜色岩石的顶部,其侧面几乎垂直。约瑟夫斯说:"周围环绕的峡谷深不见底,极其陡峭,任何活物都无法攀援,只有两条极其险峻的小路可以通往。""往上爬你必须步步小心,才能到达堡垒。死亡近在咫尺,因为各侧都有巨大的裂缝,连最坚韧的勇士都会被吓倒。攀登超过三英里后,你终于到达了山顶,却发现这里并非一座山峰,而是一个开放的平原。"[3] 希律建造了白色石灰石墙,加强了整个山顶的防御,山顶周长为0.75英里,石灰石墙高18英尺,宽12英尺。石墙上有37座高达75英尺的石塔。就像马盖耳斯一样,墙内不仅有一座美丽的宫殿和一座犹太会堂，而且还有种植食物和牧养牛羊的土地。

当以利亚撒占领这座堡垒时，他发现地窖里储藏着大量保存良好的粮食、豆类、干果、酒和油，尽管它们已经存放了一个世纪，这已经足够他的士兵们生活很多年。岩石中凿出的巨大蓄水池提供了水源。军械库里面装满了各种各样的武器，而且还没有生锈，仍然可以使用（约瑟夫斯把食物和武器保存得惊人完好归因于死海附近的山间空气）。

席尔瓦于 73 年 3 月初抵达，他命令军团士兵在附近山上荒凉的岩石上建造大本营，这些岩石往西北延伸，与马萨达所在的山丘相连。在如此凄凉和满是石头的风景中没有适用的泉眼，所以他让犹太囚犯队伍从数英里之外运送水和食物。他的下一步行动是下令围绕山坡建造一堵墙，使守军无法逃脱。围墙延绵两英里，是一般常见的环形壁垒，配有墙塔。主堡垒是东南部的一个大营地，周围有六个小的营地。另外还有四个小的堡垒堵住了通往北部山脉的通道。然后他很快发现了一个自然地貌，可以用来击溃敌人。

只有一条明显的道路可走，东面有一条名为"蛇道"的狭窄道路，除了陡峭惊人，每隔几码还有扭曲的弯道。蛇道不仅由塔楼守卫，而且每个弯道处都堆积了巨石，可以从悬崖上滚下砸向敌人。于是席尔瓦转而选择了西边的"白崖"并派遣部队占领了它，那是一块巨大、平坦的岩石或壁架，从山坡上突出来，直接延伸到离山顶 450 英尺的地方。

然后，罗马人开始在白崖上建造一个夯土的坡道，直到与堡垒的高度相当，这是一个极其困难的任务。在一如既往惊人的团队合作下，军团士兵在短时间内就建造了一座 300 多英尺高的山丘，在上面立起了一个由木料和石块建成的平台，上面铺上高宽各75英尺的泥土。这个平台上可以操作高达90英尺的镀铁木制攻城塔。蝎弩和弩炮可以有效地射击敌人，使得守军无法守卫城墙，也无法使用军械库中储备的大量标枪。与此同时，一只破城锤不断撞击城墙。虽然耗时超过预期，但最终撞倒了墙上的砖石结构，开出了一个巨大的破口。

奋锐党人早已有所准备，在里面修建了另一堵墙壁，其框架由木梁构成，里面装满了泥土。破城锤对这个巧妙的结构无可奈何，因为每一次撞击都只会把里面的泥土挤得更紧。然而，足智多谋的席尔瓦命令他的手下朝它扔点燃的火把，从而解决了这个问题。有一阵情况很危险，微风将火焰朝围攻者吹来，然后风转了向，木梁着起来，烧毁了新墙。罗马人准备在第二天发起最后的进攻。

在这种情况下，以利亚撒·本·亚伊尔并不抱任何幻想，因为他意识到已经无路可逃。他把同伴们聚集在一起，告诉他们他的解决方案，但是由于显而易见的原因，他所说的话并没有被保存下来。然而，约瑟夫斯的重建令人极其信服，因为它反映了奋锐党人的所有理想。演讲太长了，所以无法全部展示出来，但这里有一个总结。

"很久以前，我们发誓，不为罗马人或者任何其他人效劳，只效忠于上帝，"他对他们说，"我们是最先反抗罗马的人，也要成为战斗到最后的人。所以我认为这是上帝的祝福，让我们仍然可以高贵地死去。"也许他们早就应该猜到，上帝已经注定了犹太民族的毁灭，也许他们正为虐待同胞而受到惩罚，他继续说。但是，杀死自己和自己的家人，好过让罗马人杀死他们，他们的妻子将逃避被羞辱的命运，而他们的孩子也永远不会知道何为奴役之苦。"先让我们的所有和这堡垒一起燃烧起来吧。我知道，罗马人要是发现拿我们没有办法，也没什么东西可抢，他们将会非常失望。我们只留下一样东西——我们的储备粮，它将证明我们不是饿死的，而是我们一开始就下定了死的决心，我们誓死也不为奴。"[4]

令以利亚撒失望的是，大部分驻军都不愿意这样突然地结束自己的生命，而且许多人崩溃了，开始哭泣。然后他又发表第二次精彩的演讲。约瑟夫斯重建的内容中包含了奋锐党雄辩的哲学表达，他解释了他们如何看待这场与罗马的战争。这也是来自《犹太战争》作者迟来的致敬，因为它与之前所写的所有关于他们的内容自相矛盾。虽然我们依然没有足够的篇幅来引用整篇演讲，但比起第一篇，还是值得摘录更长的一段。

"我以为我在帮助勇敢的人为自由而战，他们为了荣誉可以将生死置之度外，但是我大错特错了，"以利亚撒轻蔑地说，"说起勇气和胆量，你们和其他人没有一点分别，即使知道死亡意味着全部悲惨的结束，你们还是害怕死亡。这是一项你们不应该有任何犹豫或者等着别人劝你们去做的事业。"之后，他极力推崇自杀：

> 生命，而非死亡，对人类是灾难。死亡让我们的灵魂得到解放，让它们回到完美的家中，在那里没有任何灾难；但是，只要它们还被禁锢在凡人的躯体中，它们就会承受痛苦，所以实际上，它们是死的。因为凡人与神毫无共同之处。当然，即便在灵魂囚于体内之时，它也可以做很多事情：它使身体成为它的工具，在无形中推动它运转，让它按自己的命

令行事,使他超越凡人的本性,增益其所不能。但是,只有当灵魂离开了沉重的把它拉向尘世的躯壳,被允许回到了它原本的归处时,它才能恢复神圣的能力和不被束缚的力量,变得像神一样,凡人是看不到的。即使当灵魂在体内的时候,它也是肉眼看不见的。它来无影去无踪,永不死亡,但是它能改变肉体。只要灵魂触摸过的东西就会生机勃勃,开花结果,而它抛弃的东西,都会枯萎死亡。它有不朽的至高能力。

睡眠会清楚地向你们证明我所说的话。肉体睡着的时候,灵魂只剩下自己,不再为身体分心,享受着极乐的休息。它们陪伴着它们的亲人——我们的主,想去哪里,就去哪里,预知将要到来的许多事情。所以,祈祷吧,要是我们喜爱在睡眠中得到休息,为什么要害怕死亡?难道追求此生的自由,而不情愿给自己永生的自由,不是很荒谬的吗?

"我们的死是上帝的旨意,"他告诉他的人,"似乎很久以前,上帝肯定就已经通过了一项针对整个犹太种族的法令——如果我们没有善待此生,我们就将不得不放弃生命。"他解释道。"因此,不要埋怨自己,也不要夸奖罗马人。"奋锐党的失败是因为某个超越所有人类的能力无限的存在。为何凯撒利亚的犹太人在安息日被屠杀?他们甚至都没有想过要反抗罗马人。为何西古提波利有1.8万名犹太人被屠杀,尽管他们已经准备反抗奋锐党人?为何叙利亚每个城市的犹太人都遭到杀戮,即使里面都是忠于罗马的犹太人?为何埃及有超过6万名的犹太人被折磨致死?

我们的武器和城墙,我们原本坚不可摧的堡垒,以及我们对自由的热爱,永远都不会被任何威胁所吓倒,这些鼓励我们起义反抗。但这只在极短的时间内有用,它们只是拔高了我们的希望,而后变成一场彻底的灾难。我们都被打败了,所有人都落入了敌人的手中,仿佛我们只是想装饰他们的胜利,而非拯救自己人民的生命。我们必须把我们中那些战死沙场的人视为命运的宠儿,因为至少他们死于捍卫自由,而从未背叛它。但是,谁又能不可怜其他那些仍在罗马人铁蹄之下的人呢?谁不是愿意死,也不想像他们一样?有些人在极度痛苦中垮掉,有些人被焚烧或鞭打致死。有些人被野兽吃掉一半,然后在敌人幸灾乐祸的嘲弄和欢笑声中继续活着,等着做野兽的下一顿美餐。然而,最可怜的是那些仍然活着却求死不能的人。

以利亚撒继续为犹太民族的母亲城、耶路撒冷的毁灭而哀悼。"我们的城市,神所居住的地方,现在在哪里啊?"要是他们都在看到圣城的倾覆之前,在目睹圣殿被亵渎和破坏之前死去就好了。他和他在马萨达的同志们曾一度希望为圣城复仇,但是既然希望已经落空,他们至少应该选择光荣地死去。

最后,他警告他们,如果他们向罗马人投降会有什么后果。"可怜那些仍经得起不停折磨的壮小伙们,可怜那些已经不起虐待的老人吧,"他总结说,"男人会看到他的妻子被人暴虐地拖走,他会听到他的孩子哭喊着'爸爸!',而他自己也被上了镣铐。"

来吧!当我们的手还自由,还握得住剑,让它们完成光荣的使命吧!让我们死吧,而不受敌人奴役,伴着妻子儿女，自由地离开这个世界。这才是律法里规定的，是我们的家人应得的，是主要我们必须做的，是罗马人最不希望看到的——他们急于在我们的城陷落之时活捉每个人。所以，让我们不要让自己给敌人提供他们所希望的乐趣，别再无谓地忙乱了，让我们以一死震慑他们，他们会敬畏我们的勇气的。[5]

他还没讲完，听众就冲进了似乎曾用作营房的宫殿（尽管有些人似乎住在墙上的炮塔里）。他们拥抱家人之后，便杀死他们，然后堆放尸体并放火烧毁财产。接着，他们通过抽签选出10位同伴处死其余的人，其他人搂着妻子和孩子的尸体躺下，仰起他们的喉咙。这10人完成他们的工作后，他们互相抽签，直到只剩最后一个奋锐党人。在检查完所有尸体以确保再没其他人活着之后，他点燃了宫殿，并一剑刺穿自己的心脏，倒在家人的身边死了。包括妇女和儿童在内，共有960人死于4月15日守军的自杀协议。[6]

守军死的时候相信无人可以生还。然而，一个与以利亚撒有亲属关系，并且"论才智和修养都在众女子之上的妇女"成功地躲过了大屠杀，还有一位老太太和五个孩子。他们藏在蓄水池中躲过一劫。[7]

第二天早上，罗马人最终从攻城堤道上搭起一座木板桥通向破口，冲进了马萨达。堡垒内部不见一人，也不闻人声，只能看见从宫殿中升起的火焰。到处都是一片不可思议的死寂。最终，困惑的军团士兵们发出一声巨大的呐喊，就是那种发射了一枚特别大的投射物后一起发出的战斗吼声。听到声音后，两名女子从蓄水池中走了出来，并解释了事情的经过。起初，他们不相信她们，但最后他们成功扑灭一些火焰，进入宫殿。此时他们发现了整齐排列的尸体，看到那么多被击败的敌人，他们非但没有欢呼，反而肃然起敬。[8]

约瑟夫斯作为犹太人的民族自豪感最终使他站到了奋锐党人的一边。毫无疑问，从很大程度上来讲，《犹太战争》中所记载的以利亚撒的崇高演讲只是一段受希腊文学启发的猜想。以利亚撒的亲戚幸存了下来，她讲述了这个故事，但是不能将之逐字记录下来。军团士兵只能通过她的口述匆匆记下一个大概框架，约瑟夫斯很可能也与她交谈过。他可能从弗拉维·席尔瓦或者其他参与围攻的罗马军官的战争日记中获取了信息，但是他的大部分记录都是丰富想象的产物。然而，他为以利亚撒重构的讲话非常有说服力，可能非常接近真相。

约瑟夫斯对马萨达事件描述的奇怪之处在于，他刚开始时极尽可能谴责奋锐党人和短刀党人，使用了诸如"野蛮对待他们的盟友"这样的短语，还有"无恶不作"或"性情狂暴而野蛮"，但后来又把他们描绘成英雄。同样地，他对集体自杀的热情颂扬也与他在约塔帕塔洞穴中的极力反对形成了鲜明对比。面对这些矛盾，唯一可能的解释肯定是，在更多地了解事件的经过后，守军坚定不移的正直激发了他潜在的爱国之情。

马萨达的历史重要性不仅在于守军的英勇事迹或军团士兵们壮观的围城工事，还在于以利亚撒的演讲使我们洞悉了激发奋锐党人的那份精神。幸运的是，约瑟夫斯大受感动，试图告诉我们他们心中的想法，而非以他惯有的偏见看待他们，仅将他们视为另一帮短刀党人。令人惊讶的是，他们的"第四哲学"具有明显的柏拉图色彩。与此同时，他们似乎与爱色尼派有某种联系；考古学家在遗址上发现了一本《便西拉智训》的残破抄本，这卷书也出现在死海古卷中。

此外，以利亚撒的第二篇演讲让我们窥见了约瑟夫斯对犹太战争的真实感受，他通常不会在自己的书中显露出来。它揭示了他面对国家毁灭、犹太同胞受苦时的痛苦之情。

马萨达沦陷后，仍然存在少数奋锐党人，虽然不在犹太地。600人逃到亚历山大港，他们试图说服那里的散居犹太人报复罗马人，并杀了那些不同意的人。但是亚历山大的长老警告埃及的犹太人说这些人会给他们带来灾难，之后他们被移交给当局。他们宁愿忍受烙铁和火烧也决不称皇帝为"主"，震惊了所有人。尽管约瑟夫斯将他们的存在描述为"传染病"，但是当他评论说他们的献身源自"坚强的意志或孤注一掷的信念"时，这再次暗示他那分裂的忠诚。[9]最令观众震惊的是奋锐党儿童遭受折磨时的表现，尽管他们有着小小的身体，却像父母一样坚决。

负责亚历山大城行政事务的卢普斯向罗马报告说，他在犹太狂热分子方面遇到了麻烦。他察觉到奋锐党可能死灰复燃，决心消灭任何潜在集结点，韦帕芗命令他摧毁利安多城的安尼亚圣殿。该圣殿位于孟菲斯附近的三角洲，于350年前由被逐出耶路撒冷的大祭司安尼亚建造，他曾希望建立另一座圣殿，与耶路撒冷圣殿相抗衡。虽然根据《犹太战争》的描述，它没有那么宏伟，但是仍有祭司供职，每日在此献祭。卢普斯立即关闭了圣殿，73年8月他的继任者保利努搬走了其中的陈设，并禁止其祭司靠近。[10]

犹太地幸存的犹太人受到了更多的侮辱。大量土地被没收，成为皇帝的个人财产或被出售。当然，普遍的苦难中也有一些例外。一些逃离耶路撒冷的旧统治阶级被重新安置，他们再次控制了犹太地的11个行政区，正如韦帕芗一直以来计划的那样。犹太公会重新出现，虽然成了学者而非富豪的理事会。约哈南·本·撒该在雅比聂的学校重新焕发活力，甚至迈出了编撰书面犹太法律书的第一步。

然而，总体来说，这是一段饱受凌辱的时期。大祭司一职被废除，更令人伤心的是，圣殿的贡品成了对所有犹太人征收的税，犹太的国库被用于维护罗马的异教神朱庇特位于卡比托利欧山的神殿。多年来一直无人抵抗。太多人被杀或沦为奴隶。

整个帝国的犹太人都被无情地征税，这是犹太战争所留下的一份恶毒而持久的遗产。在1世纪90年代后期，在涅尔瓦的统治下形势有所放松，但很快又重新引入了重赋，引发了严重的后果。忍无可忍之下，埃及、古利奈和塞浦路斯的散居犹太人于115年奋起反抗，杀死了大量的压迫者，但我们不知道他们叛乱的确切目标。无论目标是什么，他们在两年之内就被无情地镇压了。叛乱没有波及犹太地。

然而，只要他们还留在上帝所赐的家园，就没有什么能够摧毁犹太人的精神。像约瑟夫斯一样，他们期望圣殿被重建，而拉班约哈南·本·撒该则预言了"希西家王"的到来。无视约瑟夫斯说上帝不再站在他们一边的警告，他们再一次挑战命运。据说这场冲突是因为哈德良皇帝于130年决定在耶路撒冷的废墟上建造一座新的异教城市，并在圣所遗址上修建一座朱庇特神殿。城市将被命名为埃利亚·卡匹托林，埃利亚是皇帝的姓氏。这对犹太人来说是一种无法容忍的挑衅，因为这意味着无法重建第三圣殿。然而，一份罗马晚期的史料（斯帕提亚努斯的《罗马帝王传》）对这起叛乱做出了不同的解释，认为这起源于哈德良禁止行割礼的法令。

犹太人的领袖是西门·巴尔·科西巴（在拉比记录中被称为科赫巴，意为"星辰之子"），他可能是加利利的犹大的后裔。他得到了当时最伟大的学者之一、拉比阿基瓦·本·约瑟夫的支持，这显示了他有极深的吸引力。132年，经过精心策划后，他和他的追随者将罗马人驱逐出犹太地南部，占领了耶路撒冷并建立一个新的以色列国。他们没有依靠像马萨达这样的据点，而是利用隧道网络进行突然袭击，击败了几支罗马军队。三年来，西门以纳西（意为王子）的身份进行统治，最初与他的叔叔、祭司以利亚撒共同统治，但后来后者因被误认为背叛而被处死。像奋锐党人一样，巴尔·科赫巴也希望得到帕提亚人的帮助，这次他们似乎真的会来，但是帕提亚意外地被蛮族入侵使得希望破灭。

　　135年，西门不可避免地被击败并被杀害，耶路撒冷和大海之间的群山之中有一个叫伯特尔的地方，当时哈德良的军团捣毁了他在那里的最后一个堡垒，屠杀了那里的守军。他的支持者被无情地追捕和屠杀，包括拉比阿基瓦。那些极少数没有被消灭的犹太人被驱逐出犹太地，异教城市埃利亚·卡匹托林最终被建在耶路撒冷的废墟上。

24

罗马公民

> 提图斯皇帝急切地认为我的著述是世人了解这段历史的唯一权威,因此,他亲自把他自己的名字签在了书上,并下令公开出版这些著作。
>
> ——约瑟夫斯,《人生》,第 363 节

我们几乎没有关于约瑟夫斯晚年生活的信息,除了他在《人生》中告诉我们的不多细节,以及偶尔提到的朋友或恩主——似乎也不多——还有敌人的信息。然而,他告诉我们,他在罗马生活了几十年,过得还比较富庶。他吹嘘弗拉维王朝三位皇帝对他的恩惠,从不抱怨贫困。事实上,他相当有钱,有一位昂贵、受过高等教育的奴隶做他儿子的家庭教师。显然,他大部分时间都在阅读和撰写历史。

根据优西比乌的说法,约瑟夫斯非常受人尊敬,人们竟然在罗马为他竖立了一座雕像,所有的公共图书馆里都有他的书。(如果在优西比乌的时代有一尊他的雕像,那它肯定是后来的基督徒竖立的,他们认为他关于耶路撒冷毁灭的描述证实了拿撒勒人耶稣的预言。[1])在《犹太战争》中,他声称自己是罗马最著名的犹太人之一,但这没有证据支持,尽管一位现代历史学家称他为

"罗马社会的重要人物"。[2]

相比之下，更可信的是他一边著书，一边过着孤独而与世隔绝的生活，在统治阶级中没有朋友，甚至在犹太战役期间认识的军官中也没有。罗马人以前觉得犹太人很有趣，对他们宽容以待，由于这场战争，这种宽容已被塔西佗表达的深深厌恶所替代。[3] 他如此露骨地热情记载他们国家的悲剧，玷污奋锐党人的名声，散居犹太人也不会对一个这样的叛徒有多少好感。[4]

约瑟夫斯可能把所有时间都花在了文学上，从未离开过罗马，但鉴于他精力充沛且富有进取心的个性，这种可能性不大。有可能的是，他可以利用某些政治事务为由，进行广泛的旅行。[5] 此外，他似乎回过犹太地去检查他的房产，并看望亲戚，他很可能会借此机会去参观雅比聂杰出的新拉比社区。他似乎在访问克里特岛时遇到了他最后一任妻子。不可否认，所有这些都是基于猜想。

他还会写几本书，他的文学作品似乎表明，在罗马的生活给了他一种目标感。可以说，他撰写后期作品的主要原因之一是向他那思想深邃的罗马读者展示，他和那些犹太地主——就是那些幸存下来的少数人——与罗马帝国东部其他国家的贵族一样尊贵。即使他的书赞扬了罗马，并使他在希腊文学中获得了受人尊敬的地位，使他享有"恺撒的忠实仆人"之盛誉，但他对自己的民族和信仰深感自豪，从未放弃犹太人的身份。

我们不知道他何时完成了七卷本的《犹太战争》，虽然很显然在韦帕芗去世之前，大部分手稿已经完成。"我之所以对其真实性如此自信，是因为我把这场战争的最高统帅韦帕芗和提图斯作为我的证人。"他在《驳阿庇安》中告诉我们："我首先把书献给了他们，之后我又把抄本拿给参加过那场战争的罗马人，同时还卖给了许多精通希腊哲学的犹太人。"[6]这些犹太读者中有"最著名的亚基帕国王"和他的妹夫尤利乌斯·亚基老，后者娶了亚基帕的妹妹玛利安尼。但约瑟夫斯似乎是在韦帕芗去世前不久提交这本书给皇帝审阅的，是他的继任者批准了它。"提图斯皇帝急切地认为我的著述是世人了解这段历史的唯一权威，因此他亲自把他自己的名字签在了书上，并下令公开出版这些著作。"他在《人生》中声称，这件事发生在79年或80年的某一天。[7]

"而亚基帕国王撰写了62封信，以证明我所写真实无误。"他有些自我辩解地补充道，还引用了其中两封。第一封写道："亚基帕国王向最亲爱的约瑟夫斯问好。我带着最大的乐趣阅读了你的著述，对于这段历史，你记述得比其他人都更细心和准确。请把其余的部分也发给我吧。"第二封写道："从你写的著述看来，你似乎不需要说明就可以使我们窥一斑而知全豹。下次我们会面的时候，我还会告诉你一些不太为人所熟知的事情。"[8]

有一段时间，他与亚基帕王的关系恶化，因为国王宠信了约瑟夫斯在担任加利利总督期间结下的死敌，还任命他为自己的私人秘书。那个人就是提比里亚的犹士都，他在犹太战役期间因为叛变被判死刑，全赖百尼基王后的调解才得以逃脱。选他做秘书是一个奇怪的决定，他因为伪造而与国王发生冲突，甚至被判处死刑，然后在百尼基的要求下再次被赦免。然而，在他被任命后不久，他再次也是最后一次因伪造而被亚基帕解雇。

78年末或79年初，有人提醒约瑟夫斯罗马可能很不安全，当时他刚刚听到反对他的恩主——提图斯——的阴谋被粉碎。策划者是凯基纳·阿列安努斯和伊庇鲁斯·马塞洛，这两位极具影响力的元老都是已故的墨西安努斯的亲密朋友。因为韦帕芗已经老了，并且显示出健康不佳的迹象，这两人与一群高级军官一起决定阻止提图斯继位，尽管我们不知道他们的王位候选人是谁。

尽管凯基纳有长期贪污和背叛的历史，但他正值壮年，相貌堂堂，似乎很受欢迎。他悄悄地武装他的支持者，准备发动政变。在最后一刻，一位线人给了提图斯一份凯基纳亲手所写、准备用来向士兵演说的手稿。提图斯遂邀请凯基纳吃饭，然后他在离开餐厅时刺死了他。不久之后，马塞洛被捕，当被带到元老院接受讯问时，他绝望地割喉自杀。

《犹太战争》中约瑟夫斯如此直言不讳地提到了凯基纳，这表明在写作时他肯定已经死了，这有助于确定此书的完成日期。约瑟夫斯描述了凯基纳在内战期间对维特里乌斯的背叛："从韦帕芗那里无功受禄掩盖了他背信弃义的丑闻。"[9]如果凯基纳还活着，那么约瑟夫斯绝对不敢这样描写一个如此有权势的元老。这段话计划是要取悦提图斯，他肯定对凯基纳这个话题非常敏感。尽管凯基纳政变未遂，但他残酷的暗杀行动震惊了整个罗马，连苏维托尼乌斯回想起来都表示不敢苟同。[10]

从约瑟夫斯的角度来看，这场失败的政变至少有一个安慰人心的好处：百尼基王后被迫离开罗马。犹士都的恩主在1世纪70年代末期回到罗马，并像提图斯的妻子一样与他一起住在他的宫殿里，尽管她至少比他年长10岁。有消息称，这位不知疲倦的女士一直在与凯基纳偷情，这才是她被迫离开这座城市的真正原因，尽管这一说法不受其他任何权威的支持。但看起来提图斯确实在凯基纳的阴谋之后把她送走了，也许是因为他与她的恋情让他更加不受欢迎。[11]

79年6月24日韦帕芗去世，看上去死于疟疾，享年69岁。

他在临终榻前开了最后一个玩笑。他喃喃地说道："呜呼！我想我正在成神。"他是指自己很快就会被封为神明。[12] 尽管提图斯举止友善，又是一位出色的士兵，罗马公民仍然怀疑他，对他的继任怀有一定的敌意。处决并迫使马塞洛自杀被视为暴君的行为而非自卫。许多罗马人确信他既残忍又堕落，他们对百尼基王后的绯闻深感不安。苏维托尼乌斯记录说："人们不仅认为，而且公开宣布，提图斯是第二个尼禄。"[13]

然而，当罗马人发现提图斯天性仁慈时，他们大为惊喜。他远没有沉迷于尼禄式的放荡，还解散了他的男宠队伍，在百尼基试图回到罗马，想要嫁给他时，把她送回了家，用苏维托尼乌斯的名言说就是"他不情，她不愿"。至于约瑟夫斯，"皇帝对我仍然维持着一样的优待"，他在《人生》中告诉我们。"韦帕芗去世后，提图斯继承了皇位，他仍像他的父亲一样尊敬我，尽管我经常受到各种指控，但他根本就不相信这些指控。"听起来好像他在罗马有很多敌人。[14] 不幸的是，提图斯仅统治了两年就死于热病。

新皇帝是提图斯的弟弟图密善，他英俊、安静，有些近视的外表下隐藏着残酷的傲慢。他变幻莫测、阴险狡诈，以残忍为乐，是个真正可怕的人。起初，他的臣民不知道他是个什么样的人，因为他喜欢每天都独自花几个小时用针刺苍蝇。即使约瑟夫斯写道，图密善"像他的父亲一样尊敬我"，他肯定也像罗马的其他人一样，生活在对皇帝的恐惧之中。[15] 这个城市没有为他提供一个宁静的退休环境，反而变得越来越危险，因为皇帝变成了一个暴君。

约瑟夫斯在《犹太战争》的第七卷中竭尽全力奉承图密善，并可能在新政权下修改了这本书。约瑟夫斯似乎对他大肆赞赏，他讲述了 70 年图密善对高卢人和日耳曼人发动的一场战役，当时韦帕芗尚未入驻罗马。"他继承了父亲的斗志，在战争的磨砺中逐渐成熟，图密善立刻投身到同这些蛮族的战斗中。听说他要来，日耳曼人的勇气消失殆尽，未动一兵一卒，他们就屈服了。"约瑟夫斯写道："身笼荣誉的光辉，凯旋回朝。一个如此年少的人能拥有这么辉煌的成就，值得所有人的钦佩，不愧为父亲的好儿子。"[16]

苏维托尼乌斯写作于图密善死后，记叙了一个截然不同的故事。"为了在权力和荣誉方面同自己的哥哥分庭抗礼，他不顾父亲友人们的劝阻，开始了对高卢和日耳曼毫无必要的远征。"根据苏维托尼乌斯的说法，韦帕芗斥责了他的儿子，让他待在宫殿里不许他乱来。[17]

在《犹太战争》的同一卷中，约瑟夫斯描述图密善在父亲和兄长举行凯旋式时"精心打扮"，"衣着华丽地骑着马走在他们身边"。这实在明显不过了，这次尝试暗示他在分享凯旋式，因此他也肯定为胜利做出重要贡献，但我们知道这是无稽之谈。[18]

虽然人们可能指责约瑟夫斯阿谀奉承，但我们要公平地记得历史学家不敢在图密善的罗马冒险。即使遗漏也可能招致杀身之祸。皇帝"杀死了大数的赫莫杰尼斯，因为此人在自己的《历史》一书中含沙射影，同时他还把抄写这部史书的奴隶钉死在十字架上"。苏维托尼乌斯告诉我们。[19] 涉及图密善的时候，不仅讲真话很危险，就连过分的恭维都需要克制。对约瑟夫斯来说尤其如此，他有这么多的敌人，他的生存完全依赖于帝国的保护。尽管安东尼·撒图尼努于 89 年曾试图叛乱，但被发现并粉碎。根据苏维托尼乌斯的说法，到他在 96 年被暗杀之时，图密善已然成了"人们惧怕和仇恨的对象"。[20] 塔西佗在一个世纪后回顾历史时,表达了他的欣慰,因为他在这个时期写作,可以毫不畏惧地说出真相。

然而,约瑟夫斯是在图密善统治期间,在第七卷书中加入对马萨达围攻的描述,这才完成了《犹太战争》。那时,有可能反对赞扬奋锐党人英雄主义的韦帕芗和提图斯已经死了,而图密善并没有参与犹太战争。我们也从苏维托尼乌斯那里知道,图密善对历史毫无兴趣,肯定是一些心眼特别坏的人让他注意到了可怜的赫莫杰尼斯不那么圆滑的作品。

根据约瑟夫斯的说法,图密善对他异常友好。"他惩罚了控告我的犹太人,还因为类似的原因下令惩罚了一个奴隶,他是一名宦官和我儿子的家庭教师。他还给我在犹太地的土地免税,这是个人获得的最高荣誉的一种标志。"[21] 苏维托尼乌斯的书里解释了为何约瑟夫斯认为这是一种善待,苏维托尼乌斯说通常皇帝都会尽力确保征收犹太人和过着犹太式生活但不承认自己信仰的人的税;苏维托尼乌斯曾看到一名90岁的男子被剥光衣服,在法庭上检查是否行过割礼。

约瑟夫斯在图密善统治期间的荣光之路真是出人意料,因为弗拉维王朝统治下的罗马兴起一股敌对犹太人的风气。这场战争证实了罗马人本能地不相信一神教,并加深了他们对被视为东方闯入者的希伯来人的敌意。大多数散居犹太人都度过了一段悲惨的岁月,生活在对迫害和大屠杀的恐惧之中。在那个时期,我们没听说过城中任何富有或有影响力的犹太人。甚至并未皈依犹太教的"敬畏神的人"也处于危险之中。皇帝以"无神论"为理由处死了他的表亲弗拉维·克莱门斯——一名执政官和他的预定继承人的父亲,并以相同的罪名驱逐克莱门斯的妻子弗拉维娅·多米提拉,她也是他的亲戚。(迪奥·卡西乌斯解释说,"无神"意味着"落入犹太人的方式"。[22])这场战争从未被遗忘,并且直到85年,硬币上仍然刻有"攻陷犹太地"的字样。约瑟夫斯是否为皇帝提供过一些特殊服务,也许作为外交官或是间谍?

约瑟夫斯还在《人生》中告诉我们:"恺撒的妻子多米提娅从没有停止对我的善意。"[23]人们想要了解更多关于皇后的"恩惠",这位皇后的名声也不好,如果说她还不至于像波贝娅一样是个笑柄的话。据谣言称,她曾是提图斯的情妇,在他成为皇帝后,又开始与他睡觉,但她后来郑重发誓说,根本没有这回事——"尽管如果他们真有什么不正当关系,她也不会矢口否认,相反,她会以此夸耀,正像她愿意吹嘘自己的任何丑事一样。"苏维托尼乌斯评论道。[24]此外,多米提娅似乎参与了谋杀她丈夫的阴谋。

要获得如此多的恩惠,约瑟夫斯一定经常出入皇宫,尽管他的资格并不高。宫中的氛围与尼禄时候的皇宫没有太大区别,都被金钱和淫乱所掌控。(图密善特别喜欢他所谓的"床上摔跤运动"。)那里挤满了百万富翁和破产的冒险家、求职者和骗子,还有演员和娼妓——男女都有。一切都笼罩在皇帝的阴影之中,他越来越疯狂,宣称自己在活着的时候就已经是个神,成了一个嗜血的偏执狂。

与日俱增的杀戮欲从他新发明的角斗竞技中找到了发泄处。皇帝的一些竞技比赛在晚上举行,竞技场上点着火把,而矮人们和女人们之间进行着大规模的战斗,所有的人都被要求互相残杀。在他统治的最后三年里,但凡在罗马有点地位的人都惴惴不安,因为他每天都在下处决令。约瑟夫斯肯定需要强大的神经才能在这样的男人身边大献殷勤。

从宫廷政治回到古代历史，无疑是一种解脱。约瑟夫斯找到了一位新的恩主，这个人似乎长期以来一直都是他的朋友。"以巴弗提——一个热爱各种知识、喜欢学习历史的人，因为他自己参与大量的国家事务并看到了许多命运的变化，"他在《犹太古史》的序言中如此描述他，"在整个（一生）都展示了一种罕见的力量，这种力量源于高贵的天性，加上他磐石般的勇气和信念。"[25]

不幸的是，我们无法确定以巴弗提的身份。过去人们一直认为他是尼禄的前任私人秘书，就是那个帮尼禄自杀的被释奴，后来图密善因他纵容皇帝自杀而以"大不敬"的罪名将之处死。然而，还有可能是另一位同名的老年被释奴——一位在尼禄时期定居罗马的亚历山大人。马库斯·梅提乌斯·以巴弗提被描述为"像大象一样高大黝黑"，他是一位藏书家，拥有三万册藏书，喜欢标榜自己是关于荷马和其他希腊诗人的专家。鉴于他的名字，他似乎非犹太人，尽管他明显对犹太教很感兴趣。也许他让约瑟夫斯来管理他的图书馆。

约瑟夫斯在序言中告诉我们，以巴弗提已经说服了他写《犹太古史》（更正确地说应该称为《犹太考古学》）。这是他们国家的历史，从创造天地开始，以总督夫勒鲁的罪行结束。20卷中有11卷是他对圣经的复述和重新解释，他天才地发现圣经中预言了罗马将统治世界，而犹太人则应该服从他们的统治；只要有可能，他都试图在罗马人和犹太人的价值观之间协调一致。为了加强他的论证，他增加了大量的新材料，却奇怪地遗漏了一些事情，比如金牛犊的故事，也许是因为这个故事有损他民族的形象。这本书包含一些奇怪的神秘信息，例如那些与路西法一起被驱逐出天堂的堕落天使，娶了妇女，生下了可怕的邪恶之子，他们一半是天使,一半是人类,他们迫害诺亚,但被洪水灭绝。[26] 为了让罗马读者更能接受自己,他在书的后半段,从一定程度上借鉴了罗马读者熟悉的希腊作家,如波利比乌斯或斯特拉博以消除他们的疑虑。他对异教徒眼中有着离奇宗教的神秘民族的描述必定会吸引许多从未读过犹太经典的人。

有意思的是,在《犹太古史》中,他对法利赛人的评价比《犹太战争》中要高得多。他们"遵循理性的行为",他告诉我们。"因为他们认定所有事情的发生都出于命定,不会剥夺人们随意而行的自由,因为根据他们的观点,上帝宁愿创造每个人的性情作为实现自己意志的工具,让人自由地以高尚或邪恶的方式行事。"[27] 他还说:"撒都该人只说服了有钱人,并没有得到一般人的支持,群众都站在法利赛人那边。"[28] 到这时,他都以法利赛人的方式写作。

约瑟夫斯知道自己写了一本精彩的书,表现出了《犹太战争》中那种明显的虚荣心。"我认为自己以如此完善的方式写成此书,无论是其他任何一位犹太人或外国人,就算他再有这样的意念,也不可能像本书一样把这些事件更正确地写下来。"他在《犹太古史》的末尾夸口道:"我们民族的人都承认我在对属于犹太人事物的研究上远远超越他们。"

然后,突然之间,提比里亚的犹士都在一本没有幸存下来的"编年史"中攻击他。这本书将《犹太战争》描述为满纸谎言,并严厉指控其作者在犹太地战役期间的行为,指控他是促成犹太战争的始作俑者之一,指控他强迫加利利诸城起义反抗罗马,指控他大规模抢劫甚至强奸妇女。犹士都写得如此雄辩,让约瑟夫斯意识到自己正处于严重的危险之中。只有图密善的保护才能拯救他。然而，虽然皇帝化解了当局的怀疑，但这些指控继续加剧了犹太社区对约瑟夫斯的敌意，他们可能永远也不会原谅他对奋锐党人的丑化。

犹士都如此危险，是因为他和约瑟夫斯一样，是个起初支持独立战争然后又投靠罗马的加利利人。由于身处其中，他非常了解66年至67年在他的家乡发生的事情，并且能够证明，《犹太战争》至少在某种程度上歪曲了事实。他还会用希腊文流利地写作。约瑟夫斯写《人生》的原因就是为了回应他的攻击，其中大部分内容都是对犹士都的愤怒辩论，约瑟夫斯指控他在战争期间煽动群众，试图接管整个加利利，并说服提比里亚人起义反对亚基帕王。他试图说服读者犹士都是个犯罪的骗子，在韦帕芗和提图斯还活着的时候压根不敢出版他的书，因为他们知道事实的真相。从约瑟夫斯的尖锐语气可以清楚地看出，犹士都把他彻底地吓坏了。

像这样的指控困扰着他余下的职业生涯，因为反对者试图推翻他在《犹太战争》中的记录。他在最后一本书（《驳阿庇安》，记叙到他的晚年）中还不忘愤怒地回到这个话题，声称他的恩主"证实了我对真相的关注一丝不苟，如果我出于无知或偏见而扭曲或者遗漏了任何事实，他们肯定不会不露声色或者沉默不语。但是，的确有一些卑鄙之人一直在诋毁我们的历史著作，把它视为一部学校里的学生写的应承之作"。[29]

约瑟夫斯将《人生》作为附录添加到《犹太古史》后面。他可能打算写一本合适的自传，但因为急需反驳犹士都并为自己辩护而分心，便期望将之附加在《犹太古史》上，这比单独发行篇幅短小的《人生》能获得更广泛的读者。结果，他让一本原本可能出色的著作显得非常不协调。即便如此,他还是写出了唯一一部从古代世界流传下来的非基督徒自传。[30] 虽然《人生》更像是他为某段短暂职业生涯的辩护,而非他的生活故事,但它为我们提供了一些引人入胜的细节。有趣的是,关于战争起源,他给出了与《犹太战争》截然不同的解释。在那本书中,他声称犹太人一直反对与罗马交战,他们只是受一小群奋锐党人强迫。然而,在《人生》中,他承认大多数犹太人从一开始就支持这场战争。但他从未完全解释过自己的立场。

《犹太古史》的写作耗费了约瑟夫斯将近20年的时间。最后,他告诉我们,他在图密善皇帝统治的第13年,在他56岁时完成了这部作品,这就意味着它完成于93年9月到次年9月之间的某天。即使在《犹太古史》中,他也意识到了图密善的阴影,以一种谄媚的方式描绘了可怕的提比略皇帝,并赞扬他在预知未来方面的技能。每个人都知道图密善钦佩提比略;苏维托尼乌斯说他读过的唯一的书是他的前辈的回忆录和通信。

约瑟夫斯的《驳阿庇安》写于《犹太古史》之后,也献给了以巴弗提,是一篇言辞动人且结构精巧的论文,反驳了这个时期的反犹主义。阿庇安是一位埃及文法家,60年前他曾带领一批精心挑选的亚历山大学者到访罗马,以便与令人敬畏的斐洛辩论,对犹太教进行恶意攻击。在他的书中,约瑟夫斯用阿庇安为引子,来反驳对犹太民族和信仰的无知批评,并证明犹太文明——它的宗教、律法和习俗——不仅比希腊文明更古老,而且更优越。

"我最尊敬的以巴弗提,在上一卷里我已经通过腓尼基人、迦勒底人和埃及人的著述证实了我们民族古史确凿无疑,此外,我还引用了大量的希腊历史学家作为证人。"这就是他对第一卷的总结。[31] 在第二卷中，他驳倒了攻击犹太教的作者，首先是对阿庇安的反驳，读者可能偶尔会觉得这有点冷酷无情。"由于他的生殖器上长了溃疡，阿庇安就自己给自己割了包皮，"他高兴地记录了阿庇安漫长的死亡之路，"但是没有起到作用，里面还长了坏疽，最后他在极其痛苦中死去。"[32] 其他反对者，如阿波罗尼·莫隆，被指责为"无赖、诡辩家和欺诈年轻人的骗子"。约瑟夫斯用一种更积极的情绪对比了他们人民的神观与希腊的异教信仰，同时提醒读者，犹太人的历史远长于希腊人的历史。人们普遍认为，《驳阿庇安》是他写得最好的书。他仍处于智力的巅峰。[33]

我们不知道约瑟夫斯何时去世，只知道《驳阿庇安》是他的最后一本书，可能出版于他去世之后。书中没有恭维涅尔瓦，后者在96年接替了图密善成为皇帝，所以也许它是在他即位之前写的，虽然涅尔瓦没理由不继续善待约瑟夫斯。另一方面，约瑟夫斯有充分的理由感谢新皇帝，因为他禁止罗马人指责那些按照犹太人的方式生活的人，减轻了犹太人的税收负担，甚至发行宣传这种宽恕行为的硬币。[34]

这就是关于约瑟夫斯的一切。《人生》提及了亚基帕王的死，多年来人们相信国王逝世于100年左右，过去人们一直认为约瑟夫斯肯定活到了2世纪。然而，最近的学术显示亚基帕的去世可能更早，今天普遍的观点是约瑟夫斯死于95年左右。也没有任何关于他孩子的记录，尽管若21世纪仍有他的后代也并非不可能，他们将分散在今天众多以科恩（世界上最古老的姓氏）为姓氏的人中，不知道自己的祖先是谁。1世纪90年代末，在出版了《驳阿庇安》之后，曾叫作约瑟夫·本·玛他提亚·哈科恩的弗拉维奥·约瑟夫斯如果尚未被遗忘，也已是默默无闻。

25

历史的评判

现实中的约瑟夫斯是一个怎样的人？同时代人没有留下任何关于他的文字，所以我们不得不求助于他在自己书中所透露的内容。不幸的是，他是那种说得很多却透露得很少的人。他就像一个在向观众表演的演员，总是太倾向于写出他想让读者相信的内容，而想让读者相信什么，这取决于他的心情。在《犹太战争》中，他是上帝派遣来的勇敢的将军和先知，而在《人生》中，他是精明的政治家和仁慈的加利利总督，从未想过与罗马交战。对于细心的读者来说，太容易发现差异和矛盾、吹嘘和夸张，甚至是虚假和谎言，他写下的大部分内容均是如此。

这本书的标题是"耶路撒冷的叛徒"，毫无疑问，城墙上的奋锐党人就是这样看待约瑟夫斯的，这样看待这个投靠敌人的可憎之人。然而，从战争伊始，他就曾质疑犹太人取胜的能力，在约塔帕塔亲身体验罗马军事机器的可怕威力之后，他意识到冲突只会以他们宗教、国家和人民的灾难而告终。如果他帮助罗马人进行情报工作，至少他从来没有和他们并肩作战。可以说，他远非一个卖国贼，而是一个尽力拯救犹太人免于不可避免之灾难的爱国者。

最了解约瑟夫斯的历史学家们——从思考他最深入这个角度来说——感到很困惑并得出了截然不同的结论。18世纪的剑桥数学家威廉·威斯顿是约瑟夫斯迄今最著名的译者，他认为约瑟夫斯比任何其他的古代作家都更真实，还认为他的性格是"历史之谜"。（不可否认，威斯顿对约瑟夫斯有些奇怪的想法，他有种错觉，认为约瑟夫斯是一名以便尼派基督徒。）在19世纪，埃米尔·舒尔做了一个更严厉的判定。"没有人愿意为他的性格辩护，"他评论说，"他个性的基本特征就是虚荣和自满。即使他并不像他的《人生》中表现出来的那样是一个可耻的叛徒，但对于一个正在哀悼自己祖国的人来说，他在投靠罗马人，以及与弗拉维王室结成亲密联盟的过程中，表现出来的聪明和漠然也未免太过分了。"[1] 同样，一个世纪之后，G. A. 威廉姆森认为约瑟夫斯在约塔帕塔的行为是一个有关怯懦和叛国的可怕故事。[2] 不止一些作家被洞穴中自杀条约的"阴险"插曲所震惊。

然而，对于与威廉姆森同时写作的斯图尔特·佩罗恩来说，约瑟夫斯是一个敏感而合群的人，是一个颇具吸引力的人物，他首要关心的是赢得他同胞们的认可。[3] 就连舒尔都接受他所写的"是为了赞美他的人民"。[4] 罗伯特·特雷尔于19世纪40年代出品了一本英文版的《犹太战争》，他认为这本书是一个品行洁净之人的作品——"为了服务和拯救他的国家，为了向人类推荐这个国家的优良制度，随时准备进行任何安全尝试。"[5]

约瑟夫斯的近代批评者中，最有说服力的也许是理查德·拉克尔，他于1920年写作。拉克尔认为约瑟夫斯已被罗马收买，去说服犹太人不要起义，但在成为加利利的统治者之后，被迫领导了一场叛乱，那么作为其煽动者之一，他在很大程度上应对犹太地的毁灭负责。对于拉克尔来说，《犹太战争》本质上是罗马人的政治宣传。[6]

虽然他承认约瑟夫斯令人不悦的一面，但是 H. St J. 萨克雷（约瑟夫斯著作"洛布译本"的主要作者）不赞同拉克尔的"黑色肖像"。在他看来，约瑟夫斯从一开始就意识到与罗马交战是没有希望的，但由于无法让犹太人妥协，他只能竭力保卫加利利。在围困耶路撒冷的过程中，他试图通过敦促投降来避免灾难，而在灾难发生后——那时他可能几乎放弃犹太教——他用尽余生来写作，为它辩护。"他当然赢得了爱国者的称呼。"[7]

可能大多数人都会赞同威斯顿的判定，认为约瑟夫斯是一个谜。如上所述，我们之所以知道他职业生涯中最值得怀疑的一段，即约塔帕塔的自杀协议，因为他选择告诉我们——他不认为这是一件邪恶的事。就算他是一个机会主义者，他也是在以自己的方式忠于他认为的民族最佳利益，尽管正如一些历史学家所言，他的文学生涯以罗马的辩护者开始，以犹太的民族主义者结束，尽管这是一种简化的说法。[8]当约瑟夫斯像一个宣传员一样为弗拉维王朝的恩主写作时，他仍保留了他的正直。最重要的是，他仍然忠于他祖先的宗教信仰。

人们可以肯定地猜测，耶路撒冷城墙上的奋锐党人毫不怀疑那个可憎的约瑟夫斯已经背信弃义，投靠了敌人，并且正竭尽全力杀害他以前的同伴们。然而，从一开始，他就曾质疑犹太人赢得战争的能力，在约塔帕塔与罗马军团对峙之后，他意识到这只会以灾难告终。与此同时，他因奋锐党人的接管并残杀他那个阶级的人而大为恐惧。如果他从约塔帕塔逃走并返回耶路撒冷，他几乎肯定会被谋杀。尽管他是个机会主义者，但他仍以自己的方式在尽力拯救犹太地。

最不公平的是，他在成为罗马人时因试图保持犹太身份而受到批评。然而，自从巴比伦之囚以来，散居犹太人一直都需要在两个效忠对象之间做调和。有些人认为，他无比成功地向人们展示了这个信仰如何适应其家乡以外的生活。这是20世纪早期德国犹太小说家里昂·孚希特万格的观点，约瑟夫斯成了他的灵感来源。然而，孚希特万格对犹太复国主义的不安态度使他得出了一个错误的结论，即约瑟夫斯已经对犹太的复兴不抱任何希望。[9]

无论得出了什么结论，没有人会质疑《犹太战争》是一项伟大的文学成就。虽然有些评论家嘲笑圣耶柔米（《通俗拉丁文圣经》，又名《武加大译本》的译者）在4世纪所表达的观点，即约瑟夫斯是希腊的李维，但今天，人们越来越多地相信这种比较并非那么牵强附会。在泰莎·拉雅克看来，现代学术证实了他在众犹太历史学家中的地位，未来的研究将使他跻身罗马最伟大的希腊历史学家。[10] 格扎·韦尔梅同意并引用了另一位杰出的现代罗马史学家费格斯·米拉尔的观点，他甚至进一步声称约瑟夫斯的《犹太古史》是"罗马帝国最重要的单部作品"。此外，通过发展马加比人所开创的融合希腊式和犹太式方法的历史研究，并将上帝引入画卷，他不仅为4世纪的基督教历史学家提供了一个模型，也为后来的历史学家们提供了一个模型。[11]

毫无疑问，弗拉维奥·约瑟夫斯既虚荣又毫无道德原则。他对奋锐党人的诋毁难以原谅，不过他也许可以通过记载马萨达的故事使它永垂不朽来赎罪。尽管如此，有时候还是很难不对他感到某种钦佩。他对信仰和国家命运坚定不移的信念，不受灾难影响，值得我们尊重。毕竟，这个人可以告诉全世界："我们被剥夺了财富、城市和所有好东西，但是至少我们的律法仍然是不朽的。"[12]

注 释

引 言 约瑟夫斯的出生地

1. Tacitus, *The Histories and The Annals*, trans. C. H. Moore and J. Jackson (London: Loeb Classical Library, 1925-1931), V, 6.
2. Josephus, *Complete Works*, trans. H. St. J. Thackeray, R. Marcus, A. Wikgren, and L. H. Feldman (London: Loeb Classical Library, 1926-1965), 3, 41-43. See note in Bibliography.
3. S. Schwartz, "Josephus in Galilee: Rural Patronage and Social Breakdown," in F. Parente and J. Sievers (eds.), *Josephus and the History of the Greco-Roman Period: Essays in Memory of Morton Smith* (Leiden: E. J. Brill, 1994), pp.290-306.
4. Josephus, *The Jewish War*, in *Complete Works*, 3, 47.
5. Josephus, *Jewish Antiquities*, in *Complete Works*, 11, 341.
6. R. J. Coggins, "The Samaritans in Josephus," in L. H. Feldman and G. Hata (eds.), *Josephus, Judaism and Christianity* (Detroit: E. J. Brill, 1987), pp.257-273.
7. Josephus, *The Jewish War*, in *Complete Works*, 3, 51-54.
8. Ibid., 5, 241.
9. S. Perowne, *The Life and Times of Herod the Great* (London: Hodder & Stoughton, 1956), p.131.
10. Josephus, *The Jewish War*, in *Complete Works*, 5, 222.
11. E. Renan, *Jésus* (Paris, 1864), p.136.
12. Josephus, *The Jewish War*, in *Complete Works*, 5, 223.

1 年轻的贵族

1. Josephus, *Vita*, in *Complete Works*, 1.
2. Ibid., 2.
3. N. Avigad, *Discovering Jerusalem* (Oxford: Blackwell, 1984), pp.97-120.
4. "Baba Bathra," in *Babylonian Talmud*, translated by I. Epstein (London: Soncino Press, 1935-1952), 21, a.
5. Josephus, *Vita*, in *Complete Works*, 8.
6. M. Goodman, *Rome and Jerusalem: The Clash of Ancient Civilisations* (London: Allen Lane, 2007), p.174.
7. Josephus, *Vita*, in *Complete Works*, 10.
8. Josephus, *Jewish Antiquities*, in *Complete Works*, 18, 20.
9. Josephus, The Jewish War, in Complete Works, 2, 159.
10. Josephus, *Jewish Antiquities*, in *Complete Works*, 13, 171.
11. Ibid., 8, 419.
12. T. Rajak, "Josephus and the Essenes," in Parente and Sievers (eds.), *Josephus and the History of the Greco-Roman Period*, p.158.
13. Josephus, *Vita*, in *Complete Works*, 11.
14. Ibid., 12.
15. Josephus, *The Jewish War*, in *Complete Works*, 2, 162-163.
16. H. Daniel-Rops, *La vie quotidienne en Palestine au temps de Jésus Christ* (Paris, 1959), p.386.
17. Josephus, *The Jewish War*, in *Complete Works*, 2, 163.
18. Ibid., 2, 164-165.
19. S. Mason, *Flavius Josephus on the Pharisees* (Leiden: E. J. Brill, 1991), p.370: G. Jossa, "Jews, Romans and Christians," in J. Sievers and G. Lembi (eds.),*Josephus and Jewish History in Flavian Rome and Beyond* (Leiden: E. J.Brill, 2005), p.339.
20. Josephus, *The Jewish War*, in *Complete Works*, 2, 433.
21. Josephus, *Jewish Antiquities*, in *Complete Works*, 18, 4-10: Josephus, *The Jewish War*, in *Complete Works*, 2, 118, 433: T. Rajak, *Josephus*

(London: Duckworth, 2002), pp.86-87.

22.Josephus, *Jewish Antiquities*, in *Complete Works*, 18, 9.

23.Renan, *Jésus*, p.128.

2　被占领的国家

1.Luke, III, 14.

2.Goodman, *Rome and Jerusalem*, pp.376-378.

3.Josephus, *Jewish Antiquities*, in *Complete Works*, 18, 177.

4.Ibid., 18, 63-64.

5.H. Schreckenberg, "The Works of Josephus and the Early Christian Church," in Feldman and Hata (eds.), *Josephus, Judaism and Christianity*, pp.315-321.

6.G. Jossa, "Jews, Romans and Christians," in Sievers and Lembi (eds.), *Josephus and Jewish History*, p.340.

7.E. M. Smallwood, *The Jews under Roman Rule from Pompey to Diocletian* (Leiden: E. J. Brill, 1976), p.257.

8.Josephus, *Jewish Antiquities*, in *Complete Works*, 20, 97-99.

9.Josephus, *The Jewish War*, in *Complete Works*, 2, 224.

10.Acts, XXIV, 24-27.

11.Tacitus, *Annals*, XII, 54.

12.Josephus, *Jewish Antiquities*, in *Complete Works*, 20, 162-164.

13.Josephus, *The Jewish War*, in *Complete Works*, 2, 257.

14.Josephus, *Jewish Antiquities*, 20, 165.

15.Acts, XXIII, 21.

16.Ibid., XXI, 38.

17.Tacitus, *The Histories*, V, 9.

18.Josephus, *The Jewish War*, in *Complete Works*, 2, 265.

19.Josephus, *Jewish Antiquities*, in *Complete Works*, 20, 200.

20.Z. Baras, "The Testimonium Flavianum and the Martyrdom of James," in Feldman and Hata (eds.), *Josephus, Judaism and Christianity*, pp.338-348.

21. *The Cambridge History of Judaism*, ed. W. Horbury, W. D. Davies, and J. Sturdy (Cambridge: Cambridge University Press, 1999), 3, p.146.
22. Josephus, *The Jewish War*, in *Complete Works*, 2, 272-277.
23. Josephus, *Jewish Antiquities*, in *Complete Works*, 20, 214.
24. Talmud, Menahoth 13 and Pesahim 57.
25. Josephus, *The Jewish War*, in *Complete Works*, 2, 276.
26. Ibid., 7, 261.

3　罗马与波贝娅

1. Josephus, *Vita*, in *Complete Works*, 13-14.
2. Josephus, *Jewish Antiquities*, in *Complete Works*, 20, 189-196.
3. Josephus, *Vita*, in *Complete Works*, 14-16.
4. Josephus, *Contra Apionem*, in *Complete Works*, II, 282.
5. Cicero, *Pro Flacco*, 28. 69.
6. Smallwood, *The Jews under Roman Rule*, pp.212-215.
7. Goodman, *Rome and Jerusalem*, p.385.
8. Horace, *Satires*, 1.4, 140-143.
9. Augustine of Hippo, *St. Augustine's Confessions*, trans. W. Watts (London: Loeb Classical Library, 1912), VI, 8.
10. Josephus, *Vita*, in *Complete Works*, 16.
11. Tacitus, *Annals*, XIII, 45-46.
12. Josephus, *Jewish Antiquities*, in *Complete Works*, 20, 195.
13. Josephus, *Vita*, in *Complete Works*, 16.
14. Suetonius, *The Lives of the Caesars*, trans. J. C. Rolfe (London: Loeb Classical Library, 1914), VI, Nero, xxxv, 3.
15. Tacitus, *Annals*, XVI, 6.
16. Ibid., XV, 44.
17. Suetonius, *Lives of the Caesars*, VI, Nero, li.
18. See G. Hata, "Imagining Some Dark Periods in Josephus's Life," in Parente and Sievers (eds.), *Josephus and the History of the Greco-Roman*

Period.

19. Josephus, *Jewish Antiquities*, in *Complete Works*, 20, 154-156.
20. Suetonius, *Lives of the Caesars*, VI, Nero, xxxi, 2.
21. Tacitus, *The Histories*, I, 49.
22. Josephus, *The Jewish War*, in *Complete Works*, 3, 73-87 and 94-97.
23. Ibid., 3,109.
24. E. Schürer, *The History of the Jewish People in the Age of Jesus Christ, 175 bc-ad 135*, rev. and ed. G. Vermes and F. Millar (Edinburgh: T. and T. Clark, 1973), 1, p.363.
25. Tacitus, *Annals*, XIII, 35.

4　诱战犹太人

1. Josephus, *Jewish Antiquities*, in *Complete Works*, 20, 252.
2. Josephus, *The Jewish War*, in *Complete Works*, 2, 278-279.
3. Smallwood, *The Jews under Roman Rule*, p.272.
4. Tacitus, *The Histories*, V, 10.
5. Josephus, *Jewish Antiquities*, in *Complete Works*, 20, 184.
6. Ibid., 20, 184.
7. Josephus, *The Jewish War*, in *Complete Works*, 2, 308.
8. Ibid., 2, 335-341.
9. Ibid., 2, 345-401.

5　战火硝烟

1. Josephus, *The Jewish War*, in *Complete Works*, 2, 409.
2. Ibid., 2, 410.
3. Ibid., 2, 427.
4. Ibid., 2, 420.
5. Ibid., 2, 441.
6. Ibid., 2, 455-456.
7. Ibid., 2, 497-498.

8. Ibid., 2, 462-465.

9. Josephus, *Vita*, in *Complete Works*, 17-19.

10. Ibid., 20-23.

11. Josephus, *The Jewish War*, in *Complete Works*, 2, 531.

6　加利利的总督

1. Goodman, *Rome and Jerusalem*, p.424.

2. Josephus, *The Jewish War*, in *Complete Works*, 2, 556.

3. Eusebius, *The Ecclesiastical History*, trans. K. Lake and J. E. Oulton (London: Loeb Classical Library, 1914-1927), I, 171-177.

4. Josephus, *Vita*, in *Complete Works*, 25.

5. Ibid., 27.

6. Rajak, *Josephus*, p.154.

7. Josephus, *Vita*, in *Complete Works*, 28-29.

8. Josephus, *The Jewish War*, in *Complete Works*, 2, 569-571.

9. Josephus, *Vita*, in *Complete Works*, 79.

10. Ibid., 79.

11. Ibid., 30-31.

12. Ibid., 40-42.

13. Ibid., 66.

14. Ibid., 134.

15. Josephus, *The Jewish War*, in *Complete Works*, 2, 585-589.

16. M. Goodman, *The Ruling Class of Judea: The Origins of the Jewish Revolt against Rome* (Cambridge: Cambridge University Press, 1987), p.201.

17. Josephus, *The Jewish War*, in *Complete Works*, 2, 585-590.

18. Ibid., 2, 599-609; Josephus, *Vita*, in *Complete Works*, 132-141.

19. Josephus, *The Jewish War*, in *Complete Works*, 2, 610-613; Josephus, *Vita*, in *Complete Works*, 145-148.

20. Josephus, *Vita*, in *Complete Works*, 101.

21.Josephus, *The Jewish War*, in *Complete Works*, 2, 624-625.

22.Josephus, *Vita*, in *Complete Works*, 174.

23.Ibid., 175-178.

24.Ibid., 191.

25.Ibid., 225.

26.Ibid., 80.

27.Ibid., 84.

28.Ibid., 82.

29.Smallwood, *The Jews under Roman Rule*, pp.305-306.

30.Josephus, *The Jewish War*, in *Complete Works*, 2, 647.

7 罗马军团再临

1.Josephus, *The Jewish War*, in *Complete Works*, 3, 1-12.

2.Tacitus, *The Histories*, II, 5.

3.Suetonius, *Lives of the Caesars*, VIII, Vespasian, iv, 1.

4.Ibid., VIII, 4.

5.Josephus, *The Jewish War*, in *Complete Works*, 3, 9.

6.Ibid., 3, 63.

7.Ibid., 3, 115-126.

8 约塔帕塔大围攻

1.Josephus, *The Jewish War*, in *Complete Works*, 3, 144.

2.Ibid., 3, 143.

3.Ibid., 3, 193.

4.Ibid., 3, 195-196.

5.Ibid., 3, 197-201.

6.Ibid., 3, 204-205.

7.Ibid., 3, 221.

8.Ibid., 3, 229.

9.Ibid., 3, 261.

9　洞穴与预言

1. Josephus, *The Jewish War*, in *Complete Works*, 3, 341-343.
2. Ibid., 3, 351-352.
3. Ibid., 3, 354.
4. Suetonius, *Lives of the Caesars*, VIII, Vespasian, iv, 5.
5. Josephus, *The Jewish War*, in *Complete Works*, 3, 355-360.
6. Ibid., 3, 362-382.
7. Ibid., 3, 384-386.
8. Ibid., 3, 388-391.
9. Ibid., 3, 391.
10. Rajak, *Josephus*, p.171, who cites M. Gardner, *Aha! Insight* (New York: Freeman, 1978), pp.84 ff.
11. Suetonius, *Lives of the Caesars*, VIII, Vespasian, iv, 5.
12. Josephus, *The Jewish War*, in *Complete Works*, 3, 340.
13. Suetonius, *Lives of the Caesars*, VIII, Vespasian, xx.
14. Josephus, *The Jewish War*, in *Complete Works*, 3, 400-403.
15. Ibid., 3, 405.
16. Ibid., 3, 406.
17. Rajak, *Josephus*, p.188.
18. Tacitus, *The Histories*, II, 78.
19. Schürer, *The History of the Jewish People in the Age of Jesus Christ*, I, p.57.
20. M. Smith, "The Occult in Josephus," in Feldman and Hata (eds.), *Josephus, Judaism and Christianity*, pp.236-256; S. Mason, "Josephus, Daniel and the Flavian House," in Parente and Sievers (eds.), *Josephus and the History of the Greco-Roman Period*, pp.161-191.

10　约瑟夫斯被囚

1. Josephus, *Jewish Antiquities*, in *Complete Works*, 8, 46-49.
2. Josephus, *The Jewish War*, in *Complete Works*, 3, 408.

3.Josephus, *Vita*, in *Complete Works*, 414.

4.Ibid., 414-415.

5.Josephus, *The Jewish War*, in *Complete Works*, 3, 432-442.

6.Rajak, *Josephus*, p.154.

7.Josephus, *Contra Apionem*, in *Complete Works*, I, 48.

8.Suetonius, *Lives of the Caesars*, VIII, Vespasian, xxi.

9.Josephus, *The Jewish War*, in *Complete Works*, 3, 419-427.

10.Ibid., 3, 484.

11.Ibid., 3, 495-496.

12.Ibid., 3, 536-537.

13.Ibid., 4, 20.

14.Ibid., 4, 37-38.

15.Ibid., 4, 41-48.

16.Ibid., 4, 50.

17.Ibid., 4, 72.

11　吉萨拉的约翰到访耶路撒冷

1.Josephus, *The Jewish War*, in *Complete Works*, 4, 86.

2.Ibid., 4, 92-96.

3.Ibid., 4, 105.

4.Ibid., 4, 127.

5.M. Goodman, *The Ruling Class of Judea*, pp.199-200.

6.Josephus, *The Jewish War*, in *Complete Works*, 4, 145.

7.Ibid., 4, 155.

8.Rajak, *Josephus*, p.133.

9.Josephus, *The Jewish War*, in *Complete Works*, 4, 161.

10.Ibid., 4, 162-192.

11.Ibid., 4, 208.

12.Ibid., 4, 216-223.

12　奋锐党的革命

1. Josephus, *The Jewish War*, in *Complete Works*, 4, 233.
2. Ibid., 4, 241-243.
3. Ibid., 4, 271-282.
4. Ibid., 4, 310.
5. Ibid., 4, 318.
6. Ibid., 4, 326.
7. Ibid., 4, 328.
8. Goodman, *The Ruling Class of Judea*, p.201; J. J. Price, *Jerusalem under Siege* (Leiden: E. J. Brill, Leiden, 1992).
9. Josephus, *The Jewish War*, in *Complete Works*, 4, 335-344.
10. Ibid., 4, 357.
11. Rajak, *Josephus*, p.134.
12. Josephus, *The Jewish War*, 4, 397.
13. Ibid., 4, 389-393.

13　夺回犹太地

1. Josephus, *The Jewish War*, in *Complete Works*, 4, 366-367.
2. Ibid., 4, 368-373.
3. Ibid., 4, 425.
4. Ibid., 4, 441-442.
5. Ibid., 4, 477.
6. J. Neusner, *A Life of Rabban Yohanan ben Zakkai* (Leiden: E. J. Brill, 1962), pp.113-121.
7. Rajak, *Josephus*, p.188.
8. Suetonius, *Lives of the Caesars*, VI, Nero, xlix, 3.

14　西门·巴尔·吉奥拉

1. Josephus, *The Jewish War*, in *Complete Works*, 4, 503.
2. Goodman, *The Ruling Class of Judea*, p.203.

3.Josephus, *The Jewish War*, in *Complete Works*, 4, 510.

4.Ibid., 4, 536.

5.Ibid., 4, 540.

6.Ibid., 4, 561-564.

7.Ibid., 4, 573.

8.Ibid., 4, 577.

9.Numbers, xxv, 8-11.

10.Rajak, *Josephus*, pp.86-87.

15 四帝之年

1.Josephus, *The Jewish War*, in *Complete Works*, 4, 493.

2.Tacitus, *The Histories*, V, 10.

3.Ibid., II, 68.

4.Josephus, *The Jewish War*, in *Complete Works*, 4, 501.

5.Tacitus, *The Histories*, II, 74.

6.Ibid., II, 76.

7.Josephus, *The Jewish War*, in *Complete Works*, 4, 623-629.

8.Josephus, *Contra Apionem*, in *Complete Works*, II, 34.

9.Josephus, *The Jewish War*, in *Complete Works*, 1, 68-69.

10.Suetonius, *Lives of the Caesars*, VII, Vitellius, iii-iv and xiii.

11.Josephus, *The Jewish War*, in *Complete Works*, 4, 652.

12.Ibid., 4, 657.

13.Ibid., 4, 657.

14.Ibid., 1, 5.

15.M. Goodman, "Josephus as Roman Citizen," in Parente and Sievers (eds.), *Josephus and the History of the Greco-Roman Period*, p.335.

16 提图斯掌权

1.Josephus, *Vita*, in *Complete Works*, 416.

2.Suetonius, *Lives of the Caesars*, VIII, Titus, i.

3. Tacitus, *The Histories*, V, 1.
4. Josephus, *The Jewish War*, in *Complete Works*, 5, 45-46.
5. Ibid., 2, 220.
6. Josephus, *Jewish Antiquities*, in *Complete Works*, XX, 100.
7. Josephus, *The Jewish War*, in *Complete Works*, 5, 6-7.
8. Smallwood, *The Jews under Roman Rule*, p.316.
9. Josephus, *The Jewish War*, in *Complete Works*, 5, 47-49.
10. Ibid., 3, 79-84.
11. Ibid., 5, 85.
12. Ibid., 5, 97.
13. Ibid., 5, 121-127.

17　围攻之始

1. Tacitus, *The Histories*, V. 12.
2. Josephus, *The Jewish War*, in *Complete Works*, 5, 250.
3. Ibid., 5, 261.
4. Ibid., 5, 265.
5. Ibid., 5, 274.
6. Ibid., 5, 302.
7. Ibid., 5, 306.
8. Ibid., 5, 308.
9. Ibid., 5, 317-330.
10. Ibid., 5, 332-334.
11. Ibid., 5, 342-346.
12. G. Webster, *The Roman Imperial Army of the First and Second Centuries ad* (London: Adam Charles Black, 1969), pp.132-135.
13. First Book of the Maccabees, vi, 39.
14. Ibid., iv, 8.
15. Josephus, *The Jewish War*, in *Complete Works*, 5, 355.
16. Dio Cassius, *Dio's Roman History with an English Translation*, trans. E.

Cary (London: Loeb Classical Library, 1914-1927), vol.8, lxv, 5.

17. Josephus, *The Jewish War*, in *Complete Works*, 5, 363-374.
18. Ibid., 5, 376-419.
19. Josephus, *Jewish Antiquities*, in *Complete Works*, 8, 418.
20. Mason, "Josephus, Daniel and the Flavian House," in Parente and Sievers (eds.), *Josephus and the History of the Greco-Roman Period*, p.168.
21. Josephus, *The Jewish War*, in *Complete Works*, 1, 69; C. Thoma, "John Hyrcanus I as Seen by Josephus and Other Early Jewish Sources," in Parente and Sievers (eds.), *Josephus and the History of the Greco-Roman Period*, p.136.
22. Josephus, *The Jewish War*, in *Complete Works*, 5, 393.

18　圣城之内

1. Josephus, *Contra Apionem*, in *Complete Works*, I, 49.
2. Rajak, *Josephus*, p.196.
3. Josephus, *The Jewish War*, in *Complete Works*, 435-437.
4. Ibid., 5, 441.
5. Ibid., 5, 442-446.
6. Ibid., 7, 268-270.
7. Ibid., 5, 455-456.
8. Ibid., 5, 460-65.
9. Ibid., 5, 474-477.
10. Ibid., 5, 485.
11. Ibid., 5, 486.
12. S. Perowne, *The Later Herods* (London: Hodder & Stoughton, 1958), p.174.

19　木制城墙

1. Josephus, *The Jewish War*, in *Complete Works*, 5, 512-518.
2. Ibid., 5, 519.

3.Ibid., 5, 526.

4.Ibid., 5, 534-540.

5.Ibid., 5, 541-547.

6.Ibid., 5, 552.

7.Ibid., 5, 563-564.

8.Ibid., 5, 565.

9.Ibid., 5, 566.

10.Ibid., 6, 4.

11.Ibid., 6, 7.

12.Ibid., 6, 17.

13.Ibid., 6, 34-53.

14.Ibid., 6, 55.

15.Ibid., 6, 57-58.

16.Ibid., 6, 81.

17.Ibid., 6, 81-90.

20　圣殿之殇

1.Josephus, *The Jewish War*, in *Complete Works*, 6, 93-95.

2.Ibid., 6, 98-110.

3.Ibid., 6, 124-128.

4.Ibid., 6, 144.

5.Ibid., 6, 132.

6.Ibid., 6, 148.

7.Ibid., 6, 167.

8.Ibid., 6, 169-176.

9.Ibid., 6, 188-189.

10.Ibid., 6, 196-198.

11.Ibid., 6, 201-213.

12.Ibid., 6, 229-231.

13.Ibid., 6, 252.

14. Tacitus, *The Histories*, V, 13.
15. Josephus, *The Jewish War*, in *Complete Works*, 6, 250.
16. Ibid., 6, 267.
17. Ibid., 6, 270.
18. B. Levick, *Vespasian* (London: Routledge, 1999), p.118.
19. F. Parente, "The Impotence of Titus," in Sievers and Lembi (eds.), *Josephus and Jewish History in Flavian Rome and Beyond*, p.66.
20. Rajak, *Josephus*, p.211.
21. F. M. Abel, *Histoire de Palestine depuis la conquête d'Alexandre jusqu'à l'invasion arabe* (Paris, 1952), I, p.33. Tacitus, *The Histories*, II, 2.
22. Tacitus, *The Histories*, II, 2.
23. L. Feldman and G. Hata, "Editors' Preface," in L. Feldman and G. Hata (eds.), *Josephus, Judaism and Christianity*, p.17.

21 犹太大屠杀

1. Josephus, *The Jewish War*, in *Complete Works*, 6, 271-276.
2. Ibid., 6, 285.
3. Ibid., 6, 317.
4. Ibid., 6, 286.
5. Ibid., 6, 388.
6. Ibid., 6, 288.
7. Ibid., 6, 300-309.
8. Ibid., 6, 328-333.
9. Ibid., 6, 348-350.
10. Ibid., 6, 386.
11. Suetonius, *Lives of the Caesars*, VIII, Titus, v, 2.
12. Josephus, *The Jewish War*, in *Complete Works*, 6, 395-399.
13. Ibid., 6, 435.
14. Ibid., 6, 442.
15. Ibid., 7, 4.

16.Josephus, *The Jewish War*, in *Complete Works*, 6, 419.

17.Ibid., 6, 420.

18.Josephus, *Vita*, in *Complete Works*, 418.

19.Ibid., 419-421.

20.Josephus, *The Jewish War*, in *Complete Works*, 7, 38.

21.Ibid., 7, 119.

22.Josephus, *Vita*, in *Complete Works*, 422.

23.Suetonius, *Lives of the Caesars*, VIII, Titus, v, 3.

24.Ibid., VI, 1.

25.Josephus, *Vita*, in *Complete Works*, 423.

26.Josephus, *The Jewish War*, in *Complete Works*, 7, 132-157.

22 宣传之人

1.Josephus, *Vita*, in *Complete Works*, 422.

2.Z. Yavetz, "Reflections on Titus and Josephus," *Greek, Roman and Byzantine Studies* 16 (1975): 431-432.

3.Levick, *Vespasian*, pp.79-74.

4.B. W. Jones, *The Emperor Titus* (London: Croom Helm, 1984), p.87.

5.Josephus, *Vita*, in *Complete Works*, 425.

6.Josephus, *The Jewish War*, in *Complete Works*, 7, 453.

7.Josephus, *Vita*, in *Complete Works*, 424.

8.Ibid., 427.

9.Josephus, *The Jewish War*, in *Complete Works*, 1, 6.

10.F. Parente, "The Impotence of Titus," in Sievers and Lembi, *Josephus and Jewish History in Flavian Rome and Beyond*, p.66.

11.Josephus, *Jewish Antiquities*, in *Complete Works*, 1, 1-3.

12.Ibid., 1, 4.

13.Ibid., 20, 263.

14.Josephus, *Contra Apionem*, in *Complete Works*, I, 50.

15.Rajak, *Josephus*, pp.234-236.

23 马萨达与最后的奋锐党人

1.Josephus, *The Jewish War*, in *Complete Works*, 7, 163.

2.Ibid., 7, 190-215.

3.Ibid., 7, 284.

4.Ibid., 7, 323-336.

5.Ibid., 7, 341-388.

6.Ibid., 7, 401.

7.Ibid., 7, 399-401.

8.Ibid., 7, 406.

9.Ibid., 7, 419.

10.Ibid., 7, 433-436.

24 罗马公民

1.Eusebius, *The Ecclesiastical History*, I, p.227.

2.Goodman, "Josephus as Roman Citizen," in Parente and Sievers (eds.), *Josephus and the History of the Greco-Roman Period*, p.332.

3.H. M. Cotton and W. Eck, "Josephus's Roman Audience: Josephus and the Roman Elite," in E. Edmondson, S. Mason, and J. Rives (eds.), *Flavius Josephus and Flavian Rome* (Oxford: Oxford University Press, 2005), p.52.

4.P. Spilsbury, "Reading the Bible in Rome: Josephus and the Constraints of Empire," in Sievers and Lembi (eds.), *Josephus and Jewish History in Flavian Rome and Beyond*, p.240.

5.Rajak, "Josephus and the Diaspora," in Edmondson, Mason, and Rives (eds.), *Flavius Josephus and Flavian Rome*, pp.85-90.

6.Josephus, *Contra Apionem*, in *Complete Works*, 1, 51-52.

7.Josephus, *Vita*, in *Complete Works*, 363.

8.Ibid., 366.

9.Josephus, *The Jewish War*, in *Complete Works*, 4, 643.

10.Rajak, *Josephus*, p.195 n.23.

11.Jones, *The Emperor Titus*, p.93.

12. Suetonius, *Lives of the Caesars*, VIII, Vespasian, xxiii.
13. Ibid., VIII, Titus, vii.
14. Josephus, *Vita*, in *Complete Works*, 428.
15. Ibid., 429.
16. Josephus, *The Jewish War*, in *Complete Works*, 7, 85-88.
17. Suetonius, *Lives of the Caesars*, VIII, Domitian, ii, 1.
18. Josephus, *The Jewish War*, in *Complete Works*, 7, 152; S. Mason, "Reading Josephus's Bellum Judaicum in the Context of a Flavian Audience," in Sievers and Lembi (eds.), *Josephus and Jewish History in Flavian Rome and Beyond*, p.100.
19. Suetonius, *Lives of the Caesars*, VIII, Domitian, x, 1.
20. Ibid., VIII, Domitian, xiv, 1.
21. Josephus, *Vita*, in *Complete Works*, 429.
22. Dio Cassius, *Roman History*, LXVII, 14, 3.
23. Josephus, *Vita*, in *Complete Works*, 429.
24. Suetonius, *Lives of the Caesars*, VIII, Titus, x.
25. Josephus, *Jewish Antiquities*, in *Complete Works*, 1, 8.
26. Spilsbury, "Reading the Bible in Rome," p.213.
27. Josephus, *Jewish Antiquities*, in *Complete Works*, 18, 13.
28. Ibid., 13, 298.
29. Josephus, *Contra Apionem*, in *Complete Works*, I, 53.
30. S.J.D. Cohen, *Josephus in Galilee and Rome: His Vita and Development as a Historian* (Leiden: E. J. Brill, 1979), p.101.
31. Josephus, *Contra Apionem*, in *Complete Works*, II, 1.
32. Ibid., II, 143.
33. J.M.G. Barclay, "Judean Historiography in Rome: Josephus and History in Contra Apionem, Book I," in Sievers and Lembi (eds.), *Josephus and Jewish History in Flavian Rome and Beyond*, p.36.
34. M. Goodman, "The Fiscus Iudaicus and Attitudes to Judaism," in Edmondson, Mason, and Rives (eds.), *Flavius Josephus and Flavian*

Rome, p.25.

25 历史的评判

1. Schürer, *The History of the Jewish People in the Age of Jesus Christ*, I, p.57.
2. Josephus, *The Jewish War*, trans. G. A. Williamson (New York: Penguin, 1959), p.11.
3. Perowne, *The Later Herods*, p.109.
4. Schürer, *The History of the Jewish People*, I, p.57.
5. Josephus, *The Works of Josephus*, trans. R. Traill (London, 1847), p.12.
6. R. Laqueur, *Der jüdischer Histotiker Flavius Josephus* (Giesen, 1920).
7. H. St. J. Thackeray, *Josephus, the Man and the Historian* (New York: Jewish Institute of Religion Press, 1929), pp.18–22.
8. S.J.D. Cohen, *Josephus in Galilee and Rome*, p.240.
9. A. Bunzel, *La Trilogie de Josèphe de Lion Feuchtwanger*, Bibliothèque d'études germanique et centre-européennes, vol.8, University of Montpellier, 2006, pp.31–32.
10. Rajak, *Josephus*, p.xiv.
11. F. Millar, "Empire, Community, and Culture in the Roman Near East: Greeks, Syrians, Jews, and Arabs," *Journal of Jewish Studies* 38 (1987): 147.
12. Josephus, *Contra Apionem*, in *Complete Works*, II, 277.

参考文献

如下参考文献中引用到的约瑟夫斯的著作基本上指的是洛布译本，但本书中几乎所有的引文和摘录都有我自己翻译的成分，在某种程度上是受到威斯顿和特雷尔译作的启发，尽管他们的译文已相当近代化了。而有关约瑟夫斯的文学作品也很多，并且还在继续快速增长，因为世人对于他的兴趣越来越浓厚。如下所列的参考文献，除了第一手资料，已做过一番比较有代表性的选择，在时间上比较新，具备的学术意义也更大。

原始文献

Augustine of Hippo. *St. Augustine's Confessions*. Translated by W. Watts. 2 vols. London: Loeb Classical Library, 1912.

Babylonian Talmud. Translated by I. Epstein. 35 vols. London: Soncino Press, 1935-1952.

Dio Cassius. *Dio's Roman History with an English Translation*. Translated by E. Cary. 9 vols. London: Loeb Classical Library, 1914-1927.

Eusebius. *The Ecclesiastical History*. Translated by K. Lake and J.E.L. Oulton. 2 vols. London: Loeb Classical Library, 1926, 1932.

Josephus. *Josephus: Complete Works*. Translated by H. St. J. Thackeray, R. Marcus, A. Wikgren, and L. H. Feldman. 9 vols. London: Loeb Classical Library, 1926-1965.

____. *The Jewish War*. Translated by G. A. Williamson. New York: Penguin, 1959.

____. *Oeuvres complètes de Flavius Josephus*. Translated by J. Weill. 5 vols. Paris, 1900.

____. *The Works of Flavius Josephus, the Learned and Authentic Jewish Historian*. Translated by W. Whiston. London, 1736.

____. *The Works of Josephus: A New Translation*. Translated by R. Traill. London, 1847, 1851.

The Mishna. Translated by H. Danby. Oxford: Oxford University Press, 1934.

Petronius. *Petronius with an English Translation*. Translated by M. Heseltine. London: Loeb Classical Library, 1913.

____. *The Satyricon*. Translated by P. G. Walsh. Oxford: Clarendon Press, 1996.

Philo of Alexandria. *Philo with an English Translation*. Translated by F. H. Colson and G. H. Whitaker. 10 vols. London: Loeb Classical Library, 1962.

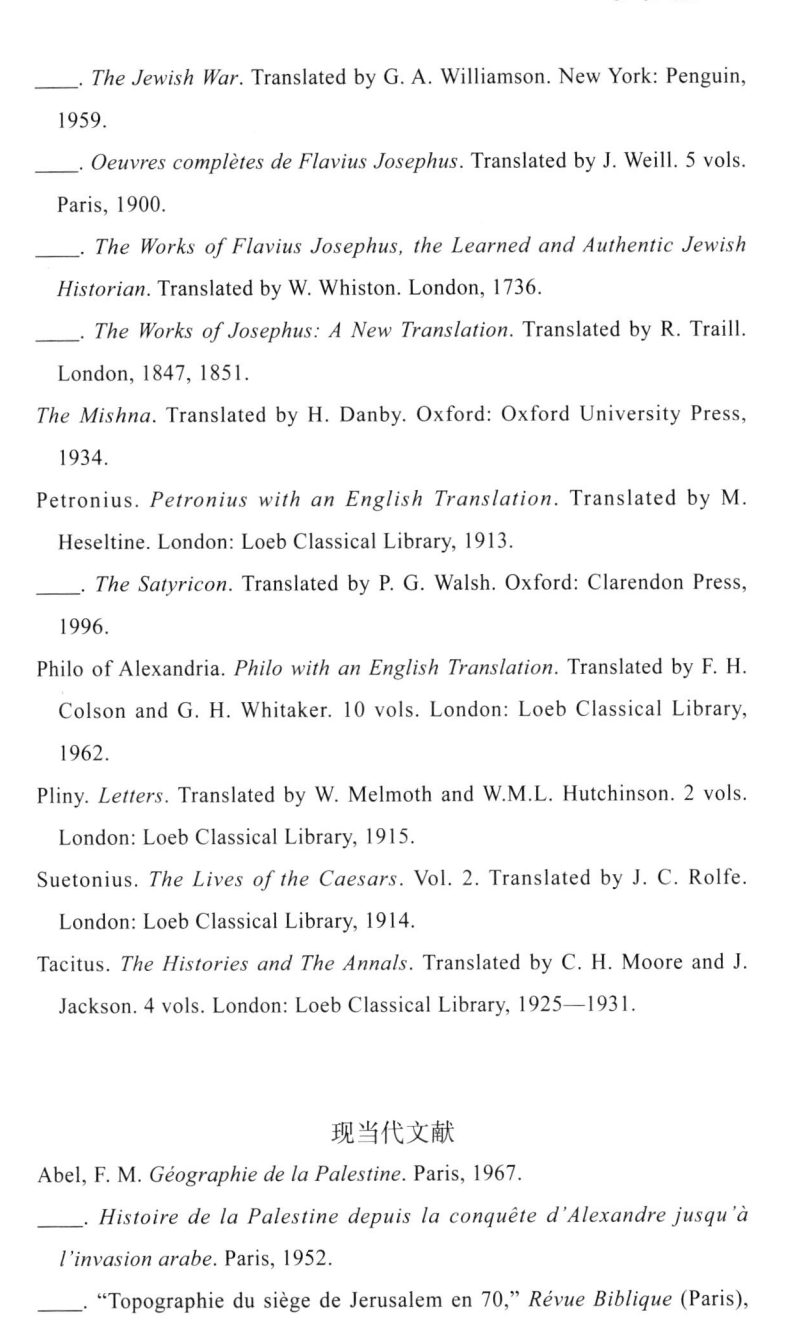

Pliny. *Letters*. Translated by W. Melmoth and W.M.L. Hutchinson. 2 vols. London: Loeb Classical Library, 1915.

Suetonius. *The Lives of the Caesars*. Vol. 2. Translated by J. C. Rolfe. London: Loeb Classical Library, 1914.

Tacitus. *The Histories and The Annals*. Translated by C. H. Moore and J. Jackson. 4 vols. London: Loeb Classical Library, 1925—1931.

现当代文献

Abel, F. M. *Géographie de la Palestine*. Paris, 1967.

____. *Histoire de la Palestine depuis la conquête d'Alexandre jusqu'à l'invasion arabe*. Paris, 1952.

____. "Topographie du siège de Jerusalem en 70," *Révue Biblique* (Paris),

1949.

Alon, E. T. *Jews, Judaism and the Classical World*. Translated by I. Abrahams. Jerusalem, 1977.

Appelbaum, S. "The Zealots: The Case for Re-evaluation." *Journal for Roman Studies* 61:155-170.

Avigad, N. *Discovering Jerusalem*. Oxford: Blackwell, 1984.

Baras, Z. "The Testimonium Flavianum and the Martyrdom of James." In Feldman and Hata (eds.), *Josephus, Judaism and Christianity*.

Barclay, J.M.G. *Jews in the Mediterranean Diaspora from Alexander to Trajan*. Edinburgh: T. and T. Clarke, 1996.

———. "Judean Historiography in Rome: Josephus and History in Contra Apionem, Book I." In Sievers and Lembi (eds.), *Josephus and Jewish History in Flavian Rome and Beyond*.

Barnes, T. D. "The Sack of the Temple in Josephus and Tacitus." In Edmondson, Mason, and Rives (eds.), *Flavius Josephus and Flavian Rome*.

Baron, S.W. *A Social and Religious History of the Jews*. Vols. 1 & 2. New York: Columbia University Press, 1962.

Betz, O. "Miracles in the Writings of Flavius Josephus." In Feldman and Hata (eds.), *Josephus, Judaism and Christianity*.

Bilde, P. "Flavius Josephus between Jerusalem and Rome: His Life, His Works and Their Importance." *Journal for the Study of the Pseudoepigraph* (Sheffield), 1988.

Bonsirven, J. *Le Judaisme Palestinien*. 2 vols. Paris, 1934-1935.

———. *Textes rabbiniques des deux premiers siècles chrétiens*. Rome, 1955.

Brinton, C. *The Anatomy of a Revolution*. New York: W. W. Norton, 1938.

Bunzel, A. *La Trilogie de Josèphe de Lion Feuchtwanger*. Bibliothèque germanique et centre-européennes. Vol. 8. University of Montpellier, 2006.

Cambridge History of Judaeism. Vol. 3. Edited by W. Horbury, W. D. Davies, and J. Sturdy. Cambridge: Cambridge University Press, 1999.

Coggins, R. J. "The Samaritans in Josephus." In Feldman and Hata (eds.), *Josephus, Judaism and Christianity*.

Cohen, A. *Everyman's Talmud*. London: J. M. Dent, 1949.

Cohen, S.J.D. *Josephus in Galilee and Rome: His Vita and Development as a Historian*. Leiden: E. J. Brill, 1979.

———. *From the Maccabees to the Mishnah*. Louisville, Ky.: Westminster John Knox Press, 2006.

Comay, J. *The Temple of Jerusalem with the History of the Temple Mount*. New York: Holt, Reinhart & Winston, 1975.

Cotton, H. M., and W. Eck. "Josephus's Roman Audience: Josephus and the Roman Elites." In Edmondson, Mason, and Rives (eds.), *Flavius Josephus and Flavian Rome*.

Crook, J. "Titus and Berenice." *American Journal of Philology* 72 (1951):162–175.

Daniel-Rops, H. *Jésus en son temps*. Paris, 1945.

———. *La vie quotidienne en Palestine au temps de Jésus Christ*. Paris, 1959.

Edersheim, A. *The Temple: Its Ministry and Services*. Rev. ed. Peabody, Mass.: Hendrickson, 1994.

Edmondson, E., S. Mason, and J. Rives (eds.). *Flavius Josephus and Flavian Rome*. Oxford: Oxford University Press, 2005.

Farmer, W. R. *Maccabees, Zealots, and Josephus*. New York: Columbia University Press, 1956.

Feldman, L. H. "Flavius Josephus Revisited: The Man, His Writings, and His Significance." In *Aufstieg und Niedergang der romischen Welt*. Part 2. Edited by Wolfgang Haase. Berlin: Walter de Gruyter, 1984.

Feldman, L. H., and G. Hata (eds.). *Josephus, Judaism and Christianity*. Detroit: E. J. Brill, 1987.

——— (eds.). *Josephus, the Bible, and History*. Detroit: Wayne State University Press, 1989.

Feldman, W. M. *The Jewish Child*. London: Bailliere, Tindall, and Cox, 1917.

Ferrar, W. J. *The Uncanonical Jewish Books: Short Introduction to the Apocrypha and Other Jewish Writings, 200 bc–100 ad*. London, 1918.

Feuchtwanger, L. *Der Jüdische Krieg*. Berlin, 1932.

Freyne, S. *Galilee from Alexander the Great to Hadrian, 323 bce to 135 ce*. Wilmington, Del.: Michael Glazier / Notre Dame, Ind.: Notre Dame University Press, 1980.

Goodman, M. "The Fiscus Iudaicus and Gentile Attitudes to Judaism in Flavian Rome." In Edmondson, Mason, and Rives (eds.), *Flavius Josephus and Flavian Rome*.

——— (ed.). *Jews in the Graeco-Roman World*. Oxford: Oxford University Press, 1998.

———. "Josephus as Roman Citizen." In Parente and Sievers (eds.), *Josephus and the History of the Greco-Roman Period*.

——— (ed.). *Oxford Handbook of Jewish Studies*. Oxford: Oxford University Press, 2002.

———. *The Roman World, 44 bc–ad 140*. London: Routledge, 1997.

———. *Rome and Jerusalem: The Clash of Ancient Civilisations*. London: Allen Lane, 2007.

———. *The Ruling Class of Judea: The Origins of the Jewish Revolt against Rome*. Cambridge: Cambridge University Press, 1987.

Grabbe, L. L. *Judaism from Cyrus to Hadrian*. London: SCM Press, 1994.

Gray, R. *Prophetic Figures in Late Second Temple Jewish Palestine: The Evidence from Josephus*. Oxford: Oxford University Press, 1993.

Greenhalgh, P.A.L. *The Year of the Four Emperors*. London: Weidenfeld & Nicolson, 1975.

Hadas-Lebel, M. *Flavius Josephus: Eyewitness to Rome's First Century Conquest of Judea*. Translated by R. Miller. New York: Macmillan, 1993.

———. "Flavius Josephus, Historian of Rome." In Parente and Sievers (eds.),

Josephus and the History of the Greco-Roman Period.

Hata, G. "Imagining Some Dark Periods in Josephus's Life." In Parente and Sievers (eds.), *Josephus and the History of the Greco-Roman Period.*

Hazel, J. *Who's Who in the Roman World.* London: Routledge, 2002.

Hengel, M. *The Zealots.* Edinburgh: T. and T. Clarke, 1989.

Hornblower, S., and A. Spawforth (eds.). *The Oxford Classical Dictionary.* Oxford: Oxford University Press, 2003.

Horsley, R. A. *Jesus and the Spiral of Violence: Popular Jewish Resistance in Roman Palestine.* San Francisco: Harper & Row, 1987.

Horsley, R. A., and J. S. Hanson. *Bandits, Prophets, and Messiahs: Popular Movements at the Time of Jesus.* San Francisco: Harper & Row, 1988.

Jeremias, J. *Jerusalem in the Time of Jesus.* London: SCM Press, 1969.

Johnson, P. *A History of the Jews.* London: Weidenfeld & Nicolson, 1987.

Jones, B. W. *The Emperor Titus.* London: Croom Helm / New York: St. Martin's Press, 1984.

———. *The Emperor Domitian.* London: Routledge, 1992.

Jordan, R. *Berenice.* London: Constable, 1974.

Jossa, G. "Jews, Romans and Christians from the Bellum Judaicum to the Antiquitates." In Sievers and Lembi (eds.), *Josephus and Jewish History in Flavian Rome and Beyond.*

———. "Josephus's Action in Galilee during the Jewish War." In Parente and Sievers (eds.), *Josephus and the History of the Greco-Roman Period.*

Kadman, L. *The Coins of the Jewish War of 66–73 ce.* Vol. 3 of *Corpus Nummorum Palaestinensium.* Tel Aviv: Schocken, 1960.

Ladouceur, D. J. "Josephus and Masada." In Feldman and Hata (eds.), *Josephus, Judaism and Christianity.*

Laqueur, R. *Der jüdischer Historiker Flavius Josephus.* Giessen, 1920.

Leon, H. J. *The Jews of Ancient Rome.* Philadelphia: Jewish Publications in America, 1960.

Levick, B. *Vespasian.* London: Routledge, 1999.

Levine, I. L. "Josephus's Description of the Jerusalem Temple: War, Antiquities and Other Sources." In Parente and Sievers (eds.), *Josephus and the History of the Greco-Roman Period.*

Madden, F. W. *The Coins of the Jews*, London, 1881.

____. *History of Jewish Coinage*. London, 1864.

Masada: The Yigael Yadin Excavations, 1963–1965. Final Report, 6 vols. Jerusalem, 1989.

Mason, S. *Flavius Josephus on the Pharisees*. Leiden: E. J. Brill, 1991.

____. *Josephus and the New Testament*. Peabody, Mass.: Hendrickson, 1992.

____. "Josephus, Daniel and the Flavian House." In Parente and Sievers (eds.), *Josephus and the History of the Greco-Roman Period.*

____. "Of Audience and Meaning: Reading Josephus's Bellum Judaicum in the Context of a Flavian Audience." In Sievers and Lembi (eds.), *Josephus and Jewish History in Flavian Rome and Beyond.*

____. *Understanding Josephus: Seven Perspectives*. Sheffield: Sheffield Academic Press, 1988.

Mattingly, H., and R.A.G. Carson. *Coins of the Roman Empire in the British Museum*. 9 vols. London, 1932–1975.

McLaren, J. S. "Josephus on Titus: The Vanquished Writing about the Victor." In Sievers and Lembi (eds.), *Josephus and Jewish History in Flavian Rome and Beyond.*

____. *Turbulent Times? Josephus and Scholarship on Judea in the First Century ce*. Sheffield: Sheffield University Press, 1998.

Mendels, D. *The Rise and Fall of Jewish Nationalism*. New York: Doubleday, 1992.

Meshorer, Y. *Jewish Coins of the Second Temple Period*. Translated by I. H. Levine. 2 vols. New York, 1982.

Millar, F.G.B. "Last Year in Jerusalem: Monuments of the Jewish War in Rome." In Edmondson, Mason, and Rives (eds.), *Flavius Josephus and Flavian Rome.*

____. *The Roman Near East, 31 bc–ad 337*. London and Cambridge, Mass.: Harvard University Press, 1993.

____. "Empire, Community, and Culture in the Roman Near East: Greeks, Syrians, Jews, and Arabs." *Journal of Jewish Studies* 38 (1987).

Mireaux, E. *La Reine Bérénice*. Paris: Albin Michel, 1951.

Mommsen, T. *The Provinces of the Roman Empire*. Translated by W. P. Dickson. 2 vols. London, 1909.

Morgan, G. *69 ad: The Year of Four Emperors*. Oxford: Oxford University Press, 2006.

Neusner, J. *A Life of Rabban Yohanan ben Zakkai*. Leiden: E. J. Brill, 1962.

____. "Josephus's Pharisees: A Complete Repertoire." In Feldman and Hata (eds.), *Josephus, Judaism and Christianity*.

Noy, D. *Foreigners at Rome: Citizens and Strangers*. London: Duckworth, 2000.

Parente, F., and J. Sievers (eds.). *Josephus and the History of the Greco-Roman Period: Essays in Memory of Morton Smith*. Leiden: E. J. Brill, 1994.

Perowne, S. *The Later Herods*. London: Hodder & Stoughton, 1958.

____. *The Life and Times of Herod the Great*. London: Hodder & Stoughton, 1956.

Price, J. J. *Jerusalem under Siege*. Leiden: E. J. Brill, 1992.

____. "The Provincial Historian in Rome." In Sievers and Lembi (eds.), *Josephus and Jewish History in Flavian Rome and Beyond*.

Rajak, T. *The Jewish Dialogue with Greece and Rome*. Leiden: E. J. Brill, 2001.

____. "Josephus and Justus of Tiberias." In Feldman and Hata (eds.), *Josephus, Judaism and Christianity*.

____. "Josephus and the Essenes." In Parente and Sievers (eds.), *Josephus and the History of the Greco-Roman Period*.

____. "Josephus and the Diaspora." In Edmondson, Mason, and Rives (eds.),

Flavius Josephus and Flavian Rome.

―――. *Josephus: The Historian and His Society.* London: Duckworth, 2002.

Rappaport, U. "Flavian Religious Policy and the Destruction of the Jerusalem Temple." In Edmondson, Mason, and Rives (eds.), *Flavius Josephus and Flavian Rome.*

―――. "Where Was Josephus Lying—In His Life or in the War?" In Parente and Sievers (eds.), *Josephus and the History of the Greco-Roman Period.*

Renan, J. *Jésus.* Paris, 1864.

Roth, C. *A Short History of the Jewish People.* London: East and West Library, Horovitz Publishing, 1969.

―――(ed.). *Encyclopedia Judaica.* 16 vols. Jerusalem, 1972.

Saddington, D. B. *The Development of the Roman Auxiliary Forces from Caesar to Vespasian (49 bc–ad 79).* Harare: University of Zimbabwe Press, 1982.

Saulnier, C. "Flavius Josèphe et la propaganda Flavienne." *Révue Biblique* 96 (1989): 545–562.

Schäfer, P. *The History of the Jews in the Greco-Roman World.* London: Routledge, 2003.

Schreckenberg, H. "The Works of Josephus and the Early Christian Church." In Feldman and Hata (eds.), *Josephus, Judaism and Christianity.*

Schürer, E. *The History of the Jewish People in the Age of Jesus Christ, 175 bc–ad 135.* Revised and edited by G. Vermes and F. Millar. 3 vols. Edinburgh: T. and T. Clarke, 1973.

Schwartz, D. "Herodians and Ioudaioi in Flavian Rome." In Edmondson, Mason, and Rives (eds.), *Flavius Josephus and Flavian Rome.*

Schwartz, S. "Josephus in Galilee: Rural Patronage and Social Breakdown." In Parente and Sievers (eds.), *Josephus and the History of the Greco-Roman Period.*

Shuttleworth Kraus, C. "From Exempla to Exemplar? Writing History around the Emperor in Imperial Rome." In Edmondson, Mason, and Rives (eds.), *Flavius Josephus and Flavian Rome*.

Sievers, J., and G. Lembi (eds.). *Josephus and Jewish History in Flavian Rome and Beyond*. Leiden: E. J. Brill, 2005.

Simon, M. *Les sects juives au temps de Jésus*. Paris, 1960.

Smallwood, E. M. *The Jews under Roman Rule from Pompey to Diocletian*. Leiden: E. J. Brill, 1976.

Smith, M. "The Occult in Josephus." In Feldman and Hata (eds.), *Josephus, Judaism and Christianity*.

Sparks, S. (ed.). *The Apocryphal Old Testament*. Oxford: Clarendon Press, 1984.

Spilsbury, P. "Reading the Bible in Rome: Josephus and the Constraints of Empire." In Sievers and Lembi (eds.), *Josephus and Jewish History in Flavian Rome and Beyond*.

Stern, M. "Josephus and the Roman Empire as Reflected in the Jewish War." In Feldman and Hata (eds.), *Josephus, Judaism and Christianity*.

———. *Greek and Latin Authors on Jews and Jerusalem*. 3 vols. Jerusalem: Israel Academy of Sciences and Humanities, 1974–1984.

Thackeray, H. St. J. *Josephus, the Man and the Historian*. New York, 1929.

Thiersch, H. *Pharos: Antike, Islam und Occident*. Leipzig and Berlin: B. G. Teubner, 1909.

Thoma, C. "John Hyrcanus I as Seen by Josephus and Other Early Jewish Sources." In Parente and Sievers (eds.), *Josephus and the History of the Greco-Roman Period*.

Vermes, G. *The Complete Dead Sea Scrolls in English*. London: Penguin, 2004.

———. *Jesus the Jew*. London: SCM Press, 2001.

———. *Who's Who in the Age of Jesus*. London: Penguin, 2006.

Vogelstein, H. *History of the Jews in Rome*. Translated by M. Hadas. Philadelphia: Jewish Publication Society of America, 1940.

de Vogüé, J. *Le Temple de Jérusalem*. Paris, 1864.

Watson, G. R. *The Roman Soldier*. London: Thames & Hudson, 1969.

Webster, G. *The Roman Imperial Army of the First and Second Centuries ad.* London: Adam and Charles Black, 1969.

Williamson, G. A. *The World of Josephus*. London: Secker & Warburg, 1964.

Yadin, Y. *Bar-Kokhba*. London: Weidenfeld & Nicolson, 1971.

———. *Masada: Herod's Fortress and the Zealots' Last Stand*. Translated by M. Pearlman. London: Weidenfeld & Nicolson, 1966.

Yavetz, Z. "Reflections on Titus and Josephus." *Greek, Roman and Byzantine Studies* 16 (1975):411–432.

出版后记

有些读者也许对于约瑟夫斯及其生平并不陌生，但不一定详细了解第一次犹太战争的实际历史。而目前市面上关于这个主题的大多是学者对约瑟夫斯做出的学术研究，鲜有为想了解它的普通读者所写的简明叙述。这本书恰好有助于解决这个问题，它更多的是简明化了的约瑟夫斯的故事，而不是对其性格的剖析，我想这正是大多数读者需要的。这也是作者写作本书的旨意——为普通读者介绍约瑟夫斯和他在第一次犹太战争中扮演的角色。

在讲述反叛时，就我们所能掌握的情况来看，它确实指出了这位著名作家是在说谎、夸大其词，还是在说真话。核心问题——约瑟夫斯是叛徒还是爱国者，仍然留给了读者，并在简短的结尾处进行了直接的处理。由于当时留下的文字资料很少，我们只能从约瑟夫斯的记录了解整个事件。约瑟夫斯在这个故事中的形象似乎还不错，而其他人却以邪恶、自负的形象出现，最后还死了。作为胜利的一方，他对反叛的说法基本上被认为是真实的，正如他们所说，胜利者可以书写历史。然而，关于犹太人的故事应该还有更多的内容，作者只是在本书中没有详细说明。

为了尽可能地对他的故事进行全面的描述，作者不仅利用了约瑟夫斯在《犹太战争》和《人生》中的描述，还利用了他在其他著作中不经意的一些自我袒露和其他历史学家的著作，同时重点叙述了他在第一次犹太战争期间的行为，在本书的后半部分也将他置于战后罗马帝国的统治背景下，有助于我们对其身份形成综合的认识——他是一个学者、作家和罗马公民。

约瑟夫斯是一个非常复杂的历史人物：他时常自我吹嘘，从有利的一面刻画自己；虽然他不时诋毁奋锐党人，但我们也不应忽视他具有的强烈的民族自豪感，这可以从他在马萨达陷落的故事章节中仍然热情赞扬奋锐党人的英勇看出来；毫无疑问，尽管他是一个机会主义者，但看到耶路撒冷及其圣殿毁灭时，他也难掩辛酸之情和幻灭之感。因而，在本书开篇，作者就从约瑟夫斯的出身着手，有助于读者更加清晰地理解约瑟夫斯的立场和举动。鉴于约瑟夫斯在学界也是一个极具争议性的人物，再加上当时留存下来的文字资料极少，作者在阅读已有的有关约瑟夫斯作品的基础上，尽力冷静客观地描述了约瑟夫斯与第一次犹太战争的故事，对其真实性做出了一些分析，但不做过多扩展和个人评价，把这一切留给各位读者自行评判，毕竟"有一千个读者，就有一千个哈姆雷特"。

综上所述，对于犹太历史和古代罗马感兴趣的大众读者而言，本书的阅读难度适中，描写流畅精彩，犹如在读一本故事书，实乃不容错过的一本佳作。还要感谢本书译者的辛勤付出，在翻译引文段落时译者还借鉴了现有的一部分有关约瑟夫斯与那段历史时期的译作，在此特做说明。由于时间有限，本书存在一些错误在所难免，欢迎各位读者批评指正。

服务热线：133-6631-2326　188-1142-1266
读者信息：reader@hinabook.com

后浪出版公司
2020 年 4 月

© 民主与建设出版社，2020

图书在版编目（CIP）数据

约瑟夫斯与第一次犹太战争 /（英）德斯蒙德·苏厄德（Desmond Seward）著；杨迎译. -- 北京：民主与建设出版社，2020.6

书名原文：Jerusalem's Traitor: Josephus, Masada, and the Fall of Judea

ISBN 978-7-5139-3014-7

Ⅰ.①约… Ⅱ.①德… ②杨… Ⅲ.①犹太人—民族历史—史料 Ⅳ.①K18

中国版本图书馆CIP数据核字(2020)第063101号

JERUSALEM'S TRAITOR: JOSEPHUS, MASADA AND THE FALL OF JUDEA
By Desmond Seward
Copyright © 2009 by Desmond Seward
This edition arranged with ANDREW LOWNIE LITERARY AGENT
Through BIG APPLE AGENCY, INC., LABUAN, MALAYSIA.
Simplified Chinese edition copyright: 2020 Ginkgo (Beijing) Book Co., Ltd.
All rights reserved.

本书简体中文版版权归属于银杏树下（北京）图书有限责任公司。

版权登记号：01-2020-2823号

地图审图号：GS（2020）2253号

约瑟夫斯与第一次犹太战争
YUESEFUSI YU DIYICIYOUTAIZHANZHENG

著　　者	[英]德斯蒙德·苏厄德	译　　者	杨迎	
责任编辑	王颂	特约编辑	沙芳洲　史文轩	
封面设计	徐睿绅　xuxgraphic@gmail.com			
出版发行	民主与建设出版社有限责任公司			
电　　话	（010）59417747　59419778			
地　　址	北京市海淀区西三环中路10号望海楼E座7层			
邮　　编	100142			
印　　刷	北京盛通印刷股份有限公司			
版　　次	2020年6月第1版	印　　次	2020年6月第1次印刷	
开　　本	889毫米×1194毫米　1/32	印　　张	11.25	
字　　数	242千字	书　　号	ISBN 978-7-5139-3014-7	
定　　价	78.00元			

注：如有印、装质量问题，请与出版社联系。